(2판)

# 사회복지행정론

신창식 저

교육과학사

# [ 2판 머리말 ]

초판을 낸 지 8년 만에 개정판을 내게 되었다. 그동안 사회복지 관련 법률과 정책들이 많이 바뀌었고, 그에 따라 사회복지서비스 전달체계의 개편도 수차례 이루어졌다. 이러한 법률과 정책들의 변화된 내용을 반영하고 저자가 사회복지행정론 강의를 진행하면서 수정·보완이 필요하다고 생각했던 사항들을 반영하기 위해서 개정 작업을 시작하였다.

이번 개정판에서는 다음과 같은 내용을 수정·보완하였다. 제1장 사회복지행정의 개관에서는 사회복지행정 이념과 함께 중요한 사회복지행정의 실천원칙을 추가하였고, 제2장 사회복지행정의 역사에서는 2013년 이후 한국 사회복지행정의 변천 과정을 정리하여 추가하였으며, 제3장 사회복지행정이론에서는 전략적 관리, 리스트럭처링, 리엔지니어링, 다운사이징, 벤치마킹, 애드호크러시 등 기타 현대조직이론을 추가하였다. 그리고 제4장 사회복지서비스 전달체계에서는 정부조직의 변화에 따른 공공 사회복지 전달체계의 개편 내용과 전달체계 개선전략을 보완하였고, 제5장 사회복지조직에서는 조직의 구조에 관한 내용을 수정·보완하였으며, 제10장 재정관리에서는 현행 「사회복지법인 및 사회복지시설 재무·회계규칙」의 규정에 맞게 관련 내용을 수정·보완하였다. 아울러 제12장 정보관리와 문서관리에서는 국가복지정보시스템 중 개편된 내용을 보완하였고, 제13장 프로그램 개발과 평가에서는 최근 변경된 사회복지공동모금회의 사업계획서 작성 요령을 반영하여 프로포절 작성 내용을 수정하였다.

개정판 원고를 마무리하면서 여러 가지 부족함과 아쉬움이 남아 있지만, 부족한 부분은 차후 보완하여 더욱 완성도가 높은 개정판을 내놓을 수 있도록 하겠다. 끝으로 개정판 출판을 위해 아낌없는 도움을 주신 교육과학사 관계자분들께 감사의 말씀을 전한다.

2021년 7월

광교산 자락에서 저자

# [ 차례 ]

## 제1장

# 사회복지행정의 개관

# 1. 사회복지행정의 개념

## 1) 행정의 개념

행정(public administration)이란 용어는 학자들에 따라 다양하게 정의되고 있다. 우선 좁은 의미의 행정은 행정부의 구조와 공무원의 활동을 포함한 정부 관료제를 중심으로 이루어지는 제반활동을 의미한다. 이처럼 행정을 국가목적을 실현하기 위한 인적자원과 물적자원의 관리로 보거나, 정책결정과 집행을 중심으로 하는 정치과정의 일부로 생각하는 경우가 있다. 반면에 넓은 의미의 행정은 조직 일반에 적용할 수 있는 인간 협동의 측면을 강조하여 '고도의 합리성을 수반한 협동적 인간 노력의 한 형태'로 정의할 수 있다(홍봉수 외, 2016). 이를 더 구체적으로 표현하면, 행정은 '정치, 경제, 사회, 문화체계와의 연관 속에서(환경), 국민의 요구에 대응하여(민주주의), 공동체의 질서를 유지 · 향상시키고, 공공욕구와 복지를 실현시킬 목적과 책임으로(역할), 행정부가 행하는(주체), 정책의 형성과 집행활동(기능)'으로 정의할 수 있다. 그러므로 행정은 이를 위해 필요한 여러 가지 자원을 동원 · 조직화하고, 인간의 협동적인 노력을 관리하며, 요구 · 지지 등의 투입을 받아 이를 산출로 처리하는 체제를 가지고 있다.

## 2) 사회복지행정의 개념

사회복지행정(social welfare administration)은 사회복지(social welfare)와 행정(administration)의 합성어로 사회복지학의 한 분야로서 독특한 학문체계를 유지하고 있는 응용과학으로 사람에게 봉사하는 조직들의 효과적인 운영관리를 연구하고 실천하는 분야이다(성규탁, 2003). 사회복지행정은 시대적 · 사회적 환경들을 반영하고 있으므로, 〈표 1-1〉과 같이 학자에 따라 다양하게 개념 정의가 되고 있다.

〈표 1-1〉 사회복지행정에 대한 학자별 정의

| 학자 | 정의 |
|---|---|
| 키드네이 (Kidneigh, 1950) | 사회복지행정은 사회복지정책을 서비스로 전환하는 과정이며 정책을 구체적인 사회복지서비스로 전환하고 그 경험을 다시 정책 수행에 반영하도록 제의하는 양방향의 과정에 있는 것이다. |
| 스펜서 (Spencer, 1961) | 사회복지행정은 목표달성을 향해 내적 관계와 사업 활동을 의식적으로 지향하고 또한 기관과 기관이 속한 지역사회 간의 상호작용과정에 의식적으로 개입하는 것이다. |
| 던햄 (Dunham, 1962) | 사회복지행정은 사회복지기관의 직접적 서비스 제공을 위해 필요하거나 부수적인 활동을 지지하거나 촉진하는 과정이다. |
| 워햄 (Warham, 1967) | 사회복지행정은 조직의 목적과 목표를 위해서 이루어지는 조직의 모든 활동과정이다. |
| 스타인 (Stein, 1970) | 사회복지행정은 체계화된 조정과 협력을 통해 조직의 목표를 규정하고 이를 달성하는 과정이다. |
| 트렉커 (Trecker, 1971) | 사회복지행정은 지역사회가 필요로 하는 서비스와 사업을 제공하려는 의도로 이용 가능한 모든 자원을 주민들이 사용할 수 있도록 그들의 에너지를 방출하고 관련시키면서 주민들과 같이 일하는 과정이다. |
| 티트머스 (Titmuss, 1974) | 사회복지행정은 단순한 사회복지기관과 시설의 행정과는 달리 사회적 제 서비스를 관리 운영하는 것이며, 그 지역사회가 필요로 하는 사회복지서비스를 대상자에게 전달되도록 인적 조직과 기구 및 서비스 선택 문제를 검토하는 것이다. |
| 스키드모어 (Skidmore, 1983) | 사회복지행정은 사회복지기관의 사회적 정책을 사회적 서비스로 전달되도록 전환하기 위해 사회적 과정을 활용하는 기관 요원들의 활동이다. |
| 패티 (Patti, 1983) | 사회복지행정은 사회복지조직의 목표달성을 위해 관리담당자들이 활용하는 일련의 상호의존적인 과업과 기능 및 관련 활동들로 구성된 하나의 체계적인 개입 활동이다. |
| 암브로시노 외 (Ambrosino et al., 2001) | 사회복지행정은 문제해결과정에서 기관(조직) 자원의 효과적인 활용을 극대화하려는 사회사업의 한 방법이다. |
| 코울세트, 물렌더, 존스, 톰슨(Coulshed, Mullender, Jones and Thompson, 2006) | 사회복지행정은 세 가지 요소, 즉 장기적 기획의 방향, 일상적 업무로서 체제를 유지하는 관리 그리고 슈퍼비전을 결합하는 것이다. |

### (1) 사회복지행정의 기본 개념

사회복지행정은 '민간기관이나 시설에서 자신의 목표를 달성하기 위해 여러 가지 인적 · 물적자원을 동원하는 협동적인 노력을 통해서 사회복지서비스를 제공하는 활동'의 범주를 넘어서 공공복지행정, 즉 중앙이나 지방정부의 복지관련 행정 전반을 포함하는 개념(넓은 의미의 사회복지행정 · 사회사업기관행정 · 공공복지기관행정)으로 다음과 같이 정의될 수 있다(황성철 외, 2009).

- 사회복지행정은 사회복지조직을 중심으로 정책이 서비스로 전환되는 과정이다.
- 사회복지행정은 사회복지조직의 목표를 달성하기 위해서 인적 · 물적자원을 관리하는 과정이다.
- 사회복지행정은 관리자를 포함한 모든 조직구성원의 역동적인 협력활동이다.
- 사회복지행정은 조직을 변화시키고 발전시키는 사회복지실천의 개입방법이다.

아울러 사회복지의 개념규정에 따른 두 가지 관점, 즉 협의의 관점에서의 사회복지행정 개념과 광의의 관점에서의 사회복지행정 개념으로 구분할 수 있다.

### (2) 광의의 사회복지행정

광의의 사회복지행정(거시적 접근)은 클라이언트 기능의 향상과 같은 사회사업적 기술보다는 사회과학적 지식과 관리 과업을 강조하여 일반적인 사회복지정책을 사회복지서비스로 전환시키는 데 필요한 사회복지조직에서의 총체적인 활동을 의미한다.

### (3) 협의의 사회복지행정

협의의 사회복지행정(미시적 접근)은 사회사업실천방법의 하나로서 사회사업행정(social work administration)이라고 한다. 요보호대상자를 주요 서비스 대상으로 하여 그들을 구호하는 것에 목적을 두고 실천되는 사회복지시설의 행정이라는 입장이다. 요보호대상자에 대한 행정은 시설보호와 거택보호로 구분되는데 일반적으로 시설보호가 주된 내용을 이루고 있다(김경우, 2007). 이는 사회복지조직(기관)의 목표달성을 위해 주로 관리자에 의해 수행되는 상호의존적인 과업을 의미한다.

## 2. 사회복지행정과 일반 행정의 비교

사회복지행정과 일반 행정을 비교하는 데 있어서 상당한 논란이 있지만, 일반적으로 사회복지행정이 행정행위를 통해서 업무를 수행한다는 점에서 일반 행정과 공통점이 있다고 하겠다. 그럼에도 불구하고 사회복지행정은 사회복지 실천에 있어서의 가치와 지식들로 인하여 일반 행정조직들과 구분되는 독특한 목적과 수단을 갖고 있다(배은영 외, 2012). 사회복지행정과 일반 행정이 어떤 점에서 공통점이 있는지, 어떤 점에서 차이점이 있는지 살펴보기로 하겠다.

### 1) 공통점

정부 관료제를 중심으로 하는 공공행정은 물론 민간기업이나 학교조직 등 모든 형태의 조직에서 행정행위를 통해 업무가 수행되고 있는 것과 같이 사회복지 행정조직도 일반 행정조직의 관리 원칙과 기술들에 따라서 업무를 수행하고 있다(권육상, 2007).

- 기본적으로 문제를 확인하고 해결 가능한 방안을 개발하는 일종의 문제해결 과정이다.
- 조직 내 개인과 집단의 목표달성을 위한 조력의 과정을 공통적으로 요구

한다.

- 인적 · 물적자원을 동원하고 조직화하는 기능을 갖는다.
- 공공의 의지를 실현시키는 것과 관련된다.
- 대안선택에 있어서 가치판단을 사용하고 창의적인 지식을 활용한다.

### 2) 차이점

사회복지행정은 기업이나 정부에서 이루어지는 행정과 원리 · 기술 면에서 공통점도 있지만, 사회복지행정조직이 다루는 사회복지서비스의 대상, 지식, 기술이 독특하기 때문에 사회복지행정과 일반 행정은 차이점을 가질 수밖에 없다(한국사회복지행정학회 편, 2003). 사회복지행정과 일반 행정을 구별 지을 수 있는 차이점은 다음과 같다.

- 사회복지행정은 지역사회 내 클라이언트의 욕구충족을 위한 독특한 성격을 갖는 사회복지서비스를 산출한다.
- 사회복지행정은 일반 행정과 관리에 관한 지식을 초월하는 범위를 가진다.
- 사회복지행정가는 사회복지조직의 내부운영을 지역사회와 관련시킬 책임을 갖고 지역사회와 밀접한 관련을 가져야 한다.
- 사회복지행정은 행정가 또는 관리자를 포함한 모든 구성원들이 행정에 참여하며 이러한 경향은 조직의 목표에 큰 영향을 미친다.
- 사회복지행정은 전문 사회복지사의 직무수행에 크게 의존하고 있다.

# 3. 사회복지행정의 이념과 실천원칙

## 1) 사회복지행정의 이념

사회복지행정의 이념은 사회복지행정이 지향하고자 하는 최고 가치와 정신을 의미한다. 이는 사회복지정책을 사회복지서비스로 전환하는 행정과정의 기준이 되며 목표가 되고 실천적 방향을 제시해 주는 것이다. 일반적으로 사회복지행정에서 논의되고 있는 이념들은 크게 행정이념 측면과 운영방법 측면으로 나누어 살펴볼 수 있다.

### (1) 행정이념 측면

① 인간적 가치의 존중

「헌법」 제10조에는 "모든 국민은 인간으로서의 존엄과 가치를 가지며, 행복을 추구할 권리를 가진다."라고 명시되어 있다. 따라서 인간은 개인으로서 인격과 존엄성을 가진 존재이며, 행복을 추구할 권리를 가진 존재이다. 그러므로 개인은 스스로 자신의 인격과 가치를 유지하고 행복을 추구하기 위하여 노력하여야 한다. 아울러 국가나 지방자치단체도 국민 개개인의 존엄성과 가치의 유지와 행복추구를 위해서 국민들의 최저생활을 보장하고, 그들의 삶의 질 향상을 위하여 노력하여야 한다. 이러한 측면에서 최저생활의 보장과 삶의 질 향상을 포함한 인간적 가치의 존중은 사회복지행정이 지향하고자 하는 최고 가치와 정신이라고 말할 수 있다(김영종, 2003; 김기태 외, 2005).

② 합법성(legality)

합법성이란 "사회복지행정이 법률적합성을 지녀야 한다."는 것이다(김기태 외, 2005). 즉, 사회복지행정활동은 법률을 준수하여 합법적으로 실행되어야 하며, 합법성의 범위 내(「사회복지사업법」, 「사회복지법인 및 사회복지시설 재무 · 회계 규칙」 준수)에서만 전문가의 재량권이 인정되며, 합법성이 강조될수록 행정의 예측성과 안전성이 도모된다. 따라서 사회복지를 담당하는 사회복지 전담공무원이나 민간 사회복지조직에 종사하는 사회복지사는 사회복지사업과 관련된 법률을 준수하여 담당 업무를 수행하여야 할 것이다.

③ **효과성**(effectiveness)

효과성은 클라이언트가 가지고 있는 욕구의 충족 또는 문제 해결에 있어서 선택된 서비스나 프로그램이 당초 계획된 목표를 어느 정도 달성했느냐의 여부를 측정하는 것이다. 아울러 효과성은 서비스나 프로그램의 질과 관련된 합목적적인 개념으로 사회복지조직의 목표가 명확하게 설정되어 있어야만 그 달성의 정도를 알 수 있다. 따라서 사회복지조직의 목표 설정이 선행되어야 효과성 이념을 실현할 수 있다.

④ **효율성**(efficiency)

효율성은 일반적으로 최소의 자원을 투입하여 최대의 효과를 내는 것을 의미한다. 이는 사회복지행정활동의 결과로 이루어진 성과물들이 행정활동에 투입한 자원과 비교하여, 최소 비용으로 얼마나 최대의 산출을 얻었는가를 측정하는 것이다.

⑤ **공평성**(equity)

공평성은 동일한 욕구를 가진 클라이언트는 동일한 서비스를 받아야 한다는 것으로 서비스를 받을 기회와 내용뿐 아니라 그 비용 등을 포함한다. 즉, 비용과 혜택이 여러 집단에 평등하게 배분되어야 한다는 것이다.

⑥ **접근 용이성**(convenience)

접근 용이성은 사회복지서비스를 받고자 하는 클라이언트가 항상 쉽게 해당

서비스를 이용할 수 있어야 한다는 것이다. 특히, 비화폐적 욕구 충족은 금전 급부와는 달리 현물 또는 상담서비스로 제공되기 때문에 클라이언트가 쉽게 이용할 수 있도록 해야 한다. 어떤 서비스의 욕구 충족에 있어서 시설 서비스를 필요로 할 경우에는 시설이 충분한 설비와 기능을 갖추고 있도록 하여야 할 것이며, 접근성을 높이기 위해서는 기관의 위치나 교통수단 등 물리적인 요소뿐 아니라 서비스 비용, 서비스에 대한 홍보 등의 요소들이 고려되어야 할 것이다. 또한 그 시설의 운영이 지나치게 관료적이어서 클라이언트가 접근하기가 곤란하면 클라이언트의 욕구 충족 기능을 다하지 못하게 될 것이다(김치영 · 최용민, 2006).

⑦ 책임성(accountability)

책임성이란 사회복지행정이 목표를 달성하고자 하는 노력으로, 사회복지조직은 국민의 권리로 인정한 사회복지서비스를 소비자에게 전달하도록 위임받은 조직이므로 서비스 전달에 책임을 져야 한다. 책임성의 결과는 효과성이나 효율성으로 나타나며, 앞에서 언급한 사회복지행정의 이념들은 책임성을 확보하는 중요한 요소가 되면서도 책임성은 다른 이념들을 더욱 높이는 기능이기도 하다(우종모 외, 2004).

⑧ 민주성

민주성이란 행정과정의 민주화를 의미하고, 사회복지행정의 근간을 이룬다고 할 수 있다. 사회복지에 있어 행정 절차와 과정의 민주화는 사회복지조직이 지역사회 주민들과의 관계에서 해당 주민의 욕구를 수렴해 조직의 정책에 적극적으로 반영하는 것이다. 즉, 사회복지조직은 지역주민들을 대상으로 하는 심층적인 욕구조사를 통해서 사업이 기획되고, 구체적인 프로그램 계획들이 수립되어야 할 것이며, 그들의 뜻에 따라 모든 프로그램과 서비스가 제공되어야 한다. 아울러 사회복지조직의 운영에 지역사회 주민들을 참여시키고, 행정과정 일체를 공개하며, 주민의 요구가 적극적으로 조직의 운영에 반영될 수 있는 체계를 구축할 필요가 있다(홍봉수 외, 2016). 이러한 민주주의적 절차에 의한 서비스 제공은 개인의 인권이 존중되고, 클라이언트의 자립과 참여를 추구하는 사회복지의 기본가치에 부합된다고 할 것이다.

#### (2) 운영방법 측면

① 보편주의적 운영방법

보편주의적 운영방법은 모든 국민을 대상으로 하고, 복지대상자에게 특정한 자격이나 조건을 부여하지 않는다. 이 운영방법은 합법성과 형평성 측면에서 장점을 가지고 있으며, 궁극적으로 사회복지의 맥락인 인간의 존엄성, 사회통합, 그리고 생존권의 권리성 강화 측면에서 보면 사회복지행정 이념은 보편주의적 운영방법을 목표로 삼아야 한다. 그러나 이 방법은 예산이 많이 든다는 단점이 있다.

② 선별주의적 운영방법

선별주의적 운영방법은 수급대상자에게 특정 자격이나 조건이 있어야만 서비스를 제공하는 방법이다. 이 운영방법은 효율성과 효과성 측면에서 장점을 가지고 있으며, 부족한 자원을 효율적으로 분배하는 기능을 가지고 있어서 사회복지 분야에서 널리 채택되고 있다. 그러나 이 방법은 낙인문제와 빈곤의 덫 문제가 발생할 수 있다.

### 2) 사회복지행정의 실천원칙

사회복지행정은 궁극적으로 클라이언트의 삶의 질 향상을 목적으로 하며, 이를 위한 행정적 차원의 실천원칙은 다음과 같다(이봉주 외, 2012).

- 사회복지 가치의 원칙: 사회복지의 가치는 서비스의 개발과 제공의 근본이다.

- 지역사회와 서비스 수요자의 욕구 원칙: 지역사회와 서비스 수요자의 욕구는 사회복지기관과 기관이 제공하는 서비스의 존립 근거이다.
- 기관 목적의 원칙: 기관의 사회적 목적은 명확하게 설정되고, 제시되고, 이해되며, 실제로 활용되어야 한다.
- 문화적 장의 원칙: 지역사회 욕구가 표현되고, 그에 대한 서비스가 제공되고 이용되는 방식에 영향을 미치는 지역사회의 문화에 대한 이해가 필수적이다.
- 목적의식이 있는 관계의 원칙: 행정가와 이사회, 직원, 그리고 지역사회 구성원들 간에 효과적이고 목적의식이 충만한 관계가 형성되어야 한다.
- 기관의 정체성 원칙: 기관은 전체로서 그리고 일체로서 이해되어야 한다. 기관은 서로 관련된 부분들로 구성된 생동하는 하나의 총체적인 수단으로 인식되어야 한다.
- 전문적 책임성의 원칙: 행정가는 전문적 서비스의 기준에 부합하는 고품질의 전문적 서비스를 제공할 책임이 있다.
- 참여의 원칙: 역동적이고 지속적인 참여의 과정을 통해 이사회, 직원, 지역사회 구성원들이 기여할 수 있어야 한다.
- 소통의 원칙: 열린 소통은 사람들의 기능을 최대로 가능케 하는 중요한 요소이다.
- 리더십의 원칙: 행정가는 기관의 목적 성취와 전문적인 서비스의 제공을 위해 리더십을 발휘할 책임이 있다.
- 기획의 원칙: 효과적인 서비스를 위해서는 지속적인 기획이 핵심적이다.
- 조직화의 원칙: 조직 구성원들의 책임과 관계가 명확히 정의되기 위해서는 직원들의 직무가 체계적으로 정리되고 구조화되어야 한다.
- 위임의 원칙: 사회복지사와 같은 전문직에게는 책임과 권위의 위임이 필수적이다.
- 조정의 원칙: 기관이 미션을 달성하고 중요한 과업들을 성공적으로 완수하기 위해서는 조직 구성원들에게 맡겨진 직무들이 조정되어야 한다.

- 자원 활용의 원칙: 사회가 기관에 부여한 신뢰에 부응하기 위해서는 예산, 시설, 인력 등의 자원들을 개발하고 보호하며 활용하는 데에 신중을 기해야 한다.
- 변화와 혁신의 원칙: 기관과 지역사회 내에서의 변화의 과정은 지속적이다.
- 평가의 원칙: 기관의 목표 성취를 위해서는 과정과 프로그램에 대한 지속적인 평가가 필수적이다.
- 성장의 원칙: 행정가는 도전적인 직무를 부여하고, 사려 깊은 슈퍼비전을 제공하며, 개인과 집단에 학습의 기회를 부여함으로써 모든 조직 구성원들의 성장과 발전을 지향해야 한다.

## 4. 사회복지행정의 영역과 과정

### 1) 사회복지행정의 영역

사회복지행정의 영역을 규정하기란 어려운 것이 사실이지만, 몇몇 학자들에 의해서 영역의 구분이 이루어지고 있다. 오세영(2018)은 사회복지행정의 영역을 사회복지조직관리, 사회복지자원관리, 그리고 사회복지프로그램관리 등 세 가지로 구분하였고, 황성철 외(2009)는 사회복지행정의 영역을 수평적 영역, 수직적 영역, 그리고 기술영역으로 구분하였다. 수평적 영역은 크게 조직관리, 환경관리, 자원관리, 프로그램관리로 다시 구분되고, 수직적 영역은 관리자의 위계수준에 따라 그들의 주된 활동영역이 구분되며, 기술영역은 관리활동에 사용되는 기술의 유형에 따라 사회복지행정의 영역이 구분된다고 한다. 이 책에서는 앞서 언급된 학자들의 영역 구분을 참고하여 사회복지행정의 영역을 사회복지조직관리, 사회복지환경관리, 사회복지자원관리, 그리고 사회복지프로그램관리로 구분하기로 하겠다.

### (1) 사회복지조직관리

사회복지조직관리란 사회복지조직의 유지와 발전을 위해서 주로 조직의 내부적인 구조인 계층제와 팀제로 형성하는 것을 비롯하며 조직기술, 클라이언트 문화, 리더십 등의 작용과 활동도 포함하며, 조직의 구조와 조직화, 조직이론과 그 적용, 기획과 의사결정, 의사소통, 리더십 등의 작용과 활동을 포함한다.

### (2) 사회복지환경관리

사회복지환경관리는 사회복지조직에 크게 영향을 미치는 환경적 요소(법 · 제도적 환경, 정치적 환경, 기술적 환경, 경제적 환경, 인구사회학적 환경, 문화적 환경)를 관리하고 지역사회 내에서 다른 조직들과의 관계를 적절히 유지하고 관리하는 활동영역이다. 오늘날 모든 조직은 개방체계로 환경과의 부단한 상호작용을 통해서 성장과 발전을 할 수 있기 때문에 환경과 조직 간의 관계는 사회복지행정의 영역에 반드시 포함시켜야 한다.

### (3) 사회복지자원관리

사회복지자원관리는 인적자원과 물적자원의 관리로 구분된다. 인적자원관리는 사회복지조직을 중심으로 직원의 선발, 직무 분석, 성과 평가, 직원개발 등 일련의 관리활동과정을 의미한다. 물적자원관리는 조직의 관점에서 예산을 편성하고 집행하는 행정행위를 포함하며, 프로그램과 서비스 제공에 필요한 재원을 동원하고 관리하는 재정관리와 마케팅을 포함한다.

### (4) 사회복지프로그램관리

사회복지프로그램관리는 사회복지프로그램을 개발하여 실행에 옮긴 후 프로그램의 목표달성 정도를 평가하는 전 과정을 체계적으로 관리하는 활동이다. 사회복지정책을 구체적인 서비스로 전환시키는 데 있어서 중요한 매개체가 바로 프로그램이다. 따라서 사회복지조직관리, 자원관리와 더불어 사회복지프로그램에 대한 관리활동은 사회복지행정에서 매우 중요할 수밖에 없다.

〈표 1-2〉 사회복지행정의 영역

| 영역 | 내용 |
|---|---|
| 사회복지조직관리 | • 사회복지조직의 구조와 조직화<br>• 사회복지조직 이론<br>• 기획과 의사결정<br>• 의사소통<br>• 리더십 |
| 사회복지환경관리 | • 법 · 제도적 환경<br>• 정치적 환경<br>• 기술적 환경<br>• 경제적 환경<br>• 인구 사회학적 환경<br>• 문화적 환경 |
| 사회복지자원관리 | • 인적자원관리<br>• 재정관리<br>• 마케팅과 홍보 |
| 사회복지프로그램관리 | • 프로그램 정보관리<br>• 프로그램개발과 평가 |

## 2) 사회복지행정의 과정

사회복지행정의 기본적인 과정은 일반적으로 기획, 조직, 인사, 지시, 조정, 보고, 재정, 평가이며 영어 알파벳 첫 글자를 따서 'POSDCoRBE'로 표현된다.

### (1) 기획(Planning)

목표의 설정과 목표를 달성하기 위한 과업 및 활동, 과업을 수행하기 위해 사용되는 방법을 결정하는 단계로서, 과업을 달성하기 위한 방법은 변화하는 목표에 따라 달라질 수 있으며, 사회복지행정가는 변화하는 목표에 맞춰 과업을 계획하고 방법과 기술을 결정해야 한다.

### (2) 조직(Organizing)

조직 구조를 설정하는 과정으로, 과업이 할당되고 또는 조정된다. 조직 구성에 있어서 구성원들에게 역할과 책임이 분명하지 않으면 직원 간 갈등이 초래되고 비효율적이고 비효과적인 조직이 된다.

### (3) 인사(Staffing)

직원의 채용과 해고, 직원의 훈련, 우호적인 활동조건의 유지 등이 포함되는 활동이다. 사회복지행정 책임자는 직원의 임면뿐만 아니라 훈련과 교육, 직원의 적절한 활동 환경의 유지에 대해서도 책임을 진다.

### (4) 지시(Directing)

행정책임자는 합리적인 결정, 능동적인 관심, 헌신적인 태도, 직원의 공헌을 칭찬하고 책임과 권한을 효과적으로 위임하며 개인과 집단의 창의성을 고려하고 지시하는 지도자가 되어야 한다.

### (5) 조정(Coordinating)

조직활동에서 구성원들을 상호 연관 짓는 중요한 기능으로, 사회복지행정가는 부서 간, 직원들 간의 효과적인 의사소통의 망을 만들어 유지하고 조정해야 한다. 이를 위한 방법으로 위원회와 같은 조직 등이 있는데, 위원회에서는 프로그램, 인사, 재정 및 긴급한 문제 상황, 임시적 활동 등을 다루게 된다.

### (6) 보고(Reporting)

보고는 사회복지행정가가 직원, 이사회, 지역사회, 행정기관, 후원자 등에게 조직에서 일어나는 상황을 알려주는 과정으로, 주요활동으로는 기록, 정기적인 감사, 조사연구 등이 있다.

#### (7) 재정(Budgeting)

사회복지조직은 재정을 투명하게 사용할 수 있어야 하며, 조직의 재정행정가는 현재를 포함하여 중 · 장기적인 재정계획을 수립해야 하고 회계 규정에 따라 재정 운영에 대한 책임을 갖는다.

#### (8) 평가(Evaluating)

평가는 크게 효과성 평가와 효율성 평가의 두 가지 척도를 적용할 수 있는데, 클라이언트의 욕구나 문제의 해결에 적절했는지에 대한 서비스의 효과성과 자원의 투입과 산출과 관련된 효율성을 평가한다.

## 5. 사회복지행정가의 자질과 역할

### 1) 사회복지행정가의 자질

조직을 유지하고 발전시킬 책임이 있는 사회복지행정가는 그 역할을 수행하기 위해서 세 가지 자질을 가져야 한다. 하나는 사회복지사로서의 지식, 기술, 경험과 사회복지사를 지휘 · 감독할 능력, 또 하나는 사회욕구를 충족시킬 복지 프로그램을 개발 · 발전시킬 수 있는 능력, 다른 하나는 복지조직을 유지 · 관리, 발전시킬 수 있는 지식과 경험이 있어야 한다. 즉, 조직 관련된 모든 영역에 대한 지식과 기술(방법)이 요구된다고 할 수 있으며(신복기 외, 2019), 조직과 클라이언트를 위하여 전문가로서의 윤리와 지식이 필요하다고 하겠다(우종모 외, 2004).

#### (1) 사회복지행정가가 지녀야 할 능력

미국사회복지사협회(NASW)에서는 사회복지행정가가 지녀야 할 능력을 다음과 같이 제시하고 있다(Skidmore, 1995).

- 현실적으로 앞서서 생각하고 계획할 수 있는 능력
- 특정한 계획의 실행여부에 접근할 수 있는 능력
- 대안을 생각할 수 있는 능력
- 결정에 따라 일어날 수 있는 가능한 결과나 영향력들을 평가하고 예견할 수 있는 능력
- 우선순위를 정할 수 있는 능력
- 결정할 수 있는 능력
- 다양한 역할을 동시에 수행할 수 있는 능력
- 개인적 균형을 유지할 수 있는 능력
- 관료주의 기능, 조직이론을 이해할 수 있고 이 이해를 조직의 목적의 성취를 위해서 사용할 수 있는 능력
- 다른 사람들이나 집단의 특수한 재능을 개발하여(제한점을 극복하고) 생산적으로 일할 수 있게 할 수 있는 능력
- 건설적으로 권위를 위임하고 사용할 수 있는 능력
- 다른 사람과 효과적으로 대화할 수 있는 능력
- 결단력 있게 행동할 수 있는 능력

### (2) 사회복지사가 가지고 있어야 하는 지식과 기술

스키드모어(Skidmore, 1995)는 사회복지행정가가 가지고 있어야 하는 지식과 기술을 다음과 같이 제시하고 있다.

- 사회복지행정가는 기관의 목적과 정책, 서비스 그리고 자원을 알아야 한다.
- 사회복지행정가는 역동적 인간 행동에 대한 기초적 지식을 가지고 있어야 한다.
- 사회복지행정가는 지역자원, 특히 자신이 일하는 조직과 연관이 있는 지역자원에 대한 포괄적인 지식을 가지고 있어야 한다.

- 사회복지행정가는 기관에서 활용하고 있는 사회복지실천방법들(조사기법, 실천기법 등)을 이해할 수 있어야 한다.
- 사회복지행정가는 관리원칙과 기법들을 알아야 한다.
- 사회복지행정가는 사회복지분야에 관련된 다양한 전문적 협회들을 잘 알아야 한다.
- 사회복지행정가는 조직이론을 알고 이해해야 한다.
- 사회복지행정가는 평가과정과 기술을 알아야 한다.

### (3) 사회복지행정가의 태도

사회복지실천윤리강령에서는 사회복지사로서 사회복지행정가에게 요구되는 기본적 윤리기준을 다음과 같이 제시하고 있다.

① 전문가로서의 자세

- 사회복지사는 전문가로서의 품위와 자질을 유지하고, 자신이 맡고 있는 업무에 대해 책임을 진다.
- 사회복지사는 클라이언트의 종교, 인종, 성, 연령, 국적, 결혼상태, 성 취향, 경제적 지위, 정치적 신념, 정신, 신체적 장애, 기타 개인적 선호, 특징, 조건, 지위를 이유로 차별 대우를 하지 않는다.
- 사회복지사는 전문가로서 성실하고 공정하게 업무를 수행하며, 이 과정에서 어떠한 부당한 압력에도 타협하지 않는다.
- 사회복지사는 사회정의 실현과 클라이언트의 복지 증진에 헌신하며, 이를 위한 환경 조성을 국가와 사회에 요구해야 한다.
- 사회복지사는 전문적 가치와 판단에 따라 업무를 수행함에 있어, 기관 내외로부터 부당한 간섭이나 압력을 받지 않는다.
- 사회복지사는 자신의 이익을 위해 사회복지 전문직의 가치와 권위를 훼손해서는 안 된다.
- 사회복지사는 한국사회복지사협회 등 전문가단체 활동에 적극 참여하여,

사회정의 실현과 사회복지사의 권익옹호를 위해 노력해야 한다.

② 전문성 개발을 위한 노력

- 사회복지사는 클라이언트에게 최상의 서비스를 제공하기 위해, 지식과 기술을 개발하는 데 최선을 다하며 이를 활용하고 전파할 책임이 있다.
- 클라이언트를 대상으로 연구하는 사회복지사는 저들의 권리를 보장하기 위해, 자발적이고 고지된 동의를 얻어야 한다.
- 연구과정에서 얻은 정보는 비밀보장의 원칙에서 다루어져야 하고, 이 과정에서 클라이언트는 신체적, 정신적 불편이나 위험·위해 등으로부터 보호되어야 한다.
- 사회복지사는 전문성을 개발하기 위해 노력하되, 이를 이유로 서비스의 제공을 소홀히 해서는 안 된다.
- 사회복지사는 한국사회복지사협회 등이 실시하는 제반교육에 적극 참여하여야 한다.

③ 경제적 이득에 대한 태도

- 사회복지사는 클라이언트의 지불능력에 상관없이 서비스를 제공해야 하며, 이를 이유로 차별대우를 해서는 안 된다.
- 사회복지사는 필요한 경우에 제공된 서비스에 대해, 공정하고 합리적으로 이용료를 책정해야 한다.
- 사회복지사는 업무와 관련하여 정당하지 않은 방법으로 경제적 이득을 취하여서는 안 된다.

## 2) 사회복지행정가의 역할과 관리행동 요소

### (1) 사회복지행정가의 역할

패티(Patti, 2000)는 사회복지행정가가 조직의 목표를 성공적으로 달성하고 더 나은 조직적 성과를 생산하기 위해서 반드시 수행해야 할 역할들을 다음과 같이 제시하였다.

- 사회복지행정가는 윤리적으로 방어적인 결정을 요구하는 도덕적 딜레마에 직면해 있지만 행정적 결정은 사회적 가치에 입각해서 이루어져야 하며 그 가치는 사회정의, 상호신뢰, 공평성 등이 될 수 있다.
- 사회복지조직의 관리는 외부 성원들의 기대와 선호에 영향을 주고 그들과 화해하고 이견이 있을 때에는 중재하기 위한 노력을 필요로 한다.
- 사회복지행정가는 사회적으로 차별받고 있는 낙인화된 그리고 무시받고 있는 집단들을 옹호하고 이들을 위해 대중들로부터의 자원과 감정적 지지를 이끌어내야 한다.
- 사회복지행정가는 클라이언트의 문제를 해결하기 위한 자원을 동원하기 위해 다른 조직과 협력하여야 한다.
- 사회복지행정가는 지지자, 후원자, 자원활동가, 직원들의 도덕적 사명감을 격려하고 고취하기 위해서 조직이나 프로그램이 추구하는 목적과 가치를 명확히 하여야 한다.
- 사회복지행정가는 조직수행력을 측정할 수 있는 측정도구를 찾기 위해 노력하여야 한다.
- 사회복지행정가는 직원들을 지지하고 역량을 강화시키는 프로그램을 개발하기 위해서 노력하여야 한다.
- 사회복지행정가는 프로그램에 대한 통제권을 반드시 가지고 있어야 한다.
- 사회복지행정가는 서비스전달의 성과와 서비스전달을 위한 수단의 선택에 직접적으로 개입되어 있어야 한다.

### (2) 사회복지행정가의 관리행동 요소

스키드모어(Skidmore, 1995)는 사회복지행정가가 전문적인 태도를 견지하고 사회복지서비스를 보다 효과적으로 그리고 효율적으로 전달하기 위한 사회복지행정가의 관리행동 요소를 다음과 같이 제시하였다.

- 수용(accepting)
- 관심과 보호(caring)
- 창의성 발휘(creating)
- 민주성 발휘(democratizing)
- 신뢰(trusting)
- 인정(approving)
- 개인적 균형과 조화를 유지하기
- 기획(planning)
- 조직화(organizing)
- 우선순위 결정(prioritizing)
- 위임(delegating)
- 지역사회 및 타 전문직과의 관계유지
- 의사결정(decision making)
- 행동촉진 및 조장(facilitating)
- 의사소통(communicating)
- 직원발전의 촉진(building others up)
- 동기부여(motivating)

제2장

# 사회복지행정의 역사



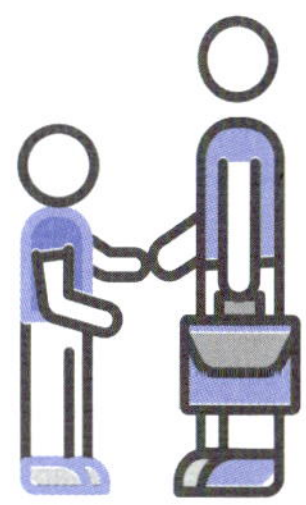

사회복지행정의 역사를 고찰함에 있어서도 역시 사회사업전문직의 발전에 따라 사회복지행정이 독립된 분야로 가장 먼저 발전한 미국의 역사를 고찰한 후 한국 사회복지행정의 역사를 고찰하는 것이 바람직하다. 왜냐하면 한국은 사회복지행정에 관한 지식과 기술에 있어 대부분 미국의 것을 수용해 왔으므로 상호비교를 통해 이해의 폭을 확대할 수 있음과 동시에 한국 사회복지행정에 있어서의 장래 과제 및 방향을 설정하는 데 중요한 함의를 얻을 수 있기 때문이다(신복기 외, 2019).

## 1. 미국 사회복지행정의 역사

미국 사회복지 역사의 단계적 분류는 학자들마다 조금씩 차이가 있다. 이 책에서는 미국 사회복지행정의 역사를 고찰함에 있어 그 발달과정상에 나타나는 중요한 사항들과 전체과정을 패티(Patti, 1983: 1-23)가 제시한 시기구분과 내용을 중심으로 인식기(1870년대~1920년대), 기초정립기(1930년대~1950년대), 정체기(1960년대), 발달기(1970년대~1980년대 중반), 그리고 최근의 경향을 포함한 도전과 응전기(1980년대 후반~현재) 등 5단계로 구분하고자 한다.

### 1) 인식기(1870년대~1920년대)

이 시기는 남북전쟁 이후 공업화가 가속화되고, 이러한 공업화는 도시로의 인구집중, 이민 등을 유발하였으며, 이와 관련하여 빈민과 실업자들이 대량 발생하며 다양한 사회문제, 즉 도시 슬럼화, 공중위생, 범죄의 증가, 정신질환의 급증, 미혼모의 증가 등이 유발되었다. 이는 개인이나 가족의 해결 능력을 벗어나는 문제로 국가와 지역사회의 체계적 개입이 요구되었으며(김경우, 2007), 이러한 요구들은 민간사회복지의 시작으로 볼 수 있는 COS와 더불어 공동모금회,

지역사회복지협의회의 창립과 운영으로 이어지게 되었다.

### (1) COS 기관의 설립과 운영

1869년 영국에서 시작된 민간자선조직협회(Charity Organization Societies: COS)가 1877년 미국 동부 버펄로에서 처음으로 조직되어 점차 미국 전역으로 확산되었다. 민간자선조직협회를 통해 보다 효율적인 민간자선활동에 대한 관심이 증대되었고, COS 기관의 설립은 체계적인 민간 사회복지 운영의 시작이었다(김기태 외, 2005). COS 기관의 설립과 운영은 지역사회의 자원을 조달하여 자선의 효과성과 효율성을 제고하고자 하였다는 점에서 사회복지행정에 많은 영향을 주었다. 즉, 미국의 COS 운동은 합리적이고 효율적인 자선을 지향하였다는 점에서 오늘날의 사회복지행정의 성격을 엿볼 수 있다고 하겠다.

### (2) 지역공동모금회(Community Chest)와 지역사회복지기관협의회(Council of Social Agencies)의 창설

지역공동모금회(Community Chest)와 지역사회복지기관협의회(Council of Social Agencies)의 창설로 행정가들의 역할이 증대되었다. 이러한 조직들이 창설되었던 이유는 제1차 세계대전 전후로 지방사회복지기관의 공통적인 재정문제에 효과적으로 대응하고, 지역 차원에서 사회복지협의체 구성의 필요성을 느낀 사회복지기관의 행정가들이 이러한 조직체를 만드는 데 앞장섰기 때문이다. 실제로 지역 내의 개별복지관이 연중 내내 재정적인 원조를 요청하는 번거로움을 없애고 일시에 집중적으로 모금해서 배분하는 방법에 지역사회복지기관의 행정가들이 모두 동의했기 때문에 공동모금회가 창설될 수 있었다. 그리고 지역사회의 빈곤문제와 사회복지욕구를 공동으로 조사하여 전체 지역사회문제를 체계적으로 대처해야 할 필요성이 모든 사회복지기관들에 의해서 인정되었기 때문에 지역사회복지협의회가 생겨나게 되었다(김기태 외, 2005).

#### (3) 사회복지행정 교과목 채택

1914년 사회사업 교과과정에 최초로 사회복지행정이 등장하고, 1923년 미국 사회사업대학협의회에서 사회복지행정을 선택과목으로 채택하였다. 이후 1929년에 열린 밀포드(Milford) 회의에서는 사회사업의 기본적인 기준들을 가르칠 전문적 사회사업교육기관을 위한 교과과정이 제안되었다. 제안된 교과과정에 사회복지행정이 포함되어 개별사회사업, 집단사회사업, 지역사회조직, 사회사업조사 등과 함께 기본적인 실천방법으로 인정되었다. 그러나 이 제안에서는 사회복지기관에 필요한 조직구조의 틀과 기준 등에 관한 언급은 있었지만, 필요한 기술과 과정에 대한 언급은 없었다(배은영 외, 2012).

### 2) 기초정립기(1930년대~1950년대)

이 시기는 1930년대 경제공황, 1940년대 제2차 세계대전 등 급격한 사회변동의 시기로, 전통적인 사회복지기관의 행정이 크게 도전받게 되어 상당한 변화와 발전을 이룩한 시기였다. 우선 1930년대 초반 경제공황에 따른 대량실업과 빈곤문제는 미국 사회복지제도에 근본적인 변화를 초래하였다(김기태 외, 2005).

#### (1) 사회복지행정의 기반 마련

1935년 사회보장법 제정과 함께 이루어진 공공복지행정의 확대로 인해 공공복지부문에서 사회복지사에 대한 수요가 증가하였고, 이에 따라 사회복지행정에 대한 교육이 확대되었다. 지방정부의 소극적인 빈민구호 프로그램으로는 이러한 문제를 해결하기 어렵다고 판단한 연방정부가 사회보험과 공공부조 프로그램을 비롯한 다양한 사회복지서비스 프로그램을 제도화하였다. 이와 같은 공공복지행정의 대규모 확충으로 인하여 공공부조와 사회복지서비스를 제공할 사회복지사들이 대거 채용되어 정부기관에서 본격적으로 공공복지행정을 담당하게 되었다.

### (2) 사회복지행정의 체계화 노력

1950년대에 들어서서 행정학의 발전이 가속화됨에 따라 행정을 사회사업의 가치와 규범에 접목시켜 사회복지행정을 체계화하려는 노력이 이루어진다. 그 결과 사회복지행정이 일반 행정과는 구별되는 속성이 있다는 것이 인정되었다. 그리고 사회사업의 지식인 인간관계 기술을 행정에 적용시킴으로써 행정이 사회사업 전문직의 주류에 포함되었다. 사회복지행정을 사회사업과 본질적으로 같은 선상에 놓음으로써 사회복지행정가는 사회사업에서 확립된 원칙과 실무를 활용할 수 있었다(오세영, 2018).

### (3) 사회복지행정 교육의 재검토

1935년 사회보장법 제정 이후 사회보험과 공공부조 프로그램을 비롯한 다양한 사회복지서비스 프로그램이 제도화되었다. 이와 같은 추세에 따라 공공복지 분야에서 사회복지사에 대한 수요가 급증하였고, 사회복지사에 대한 수요와 공급이 맞지 않아 사회사업대학의 교과과정에 대한 재검토가 이루어졌다. 종래의 민간복지기관에서 개별사회사업을 중심으로 한 직접적 실천가 양성에서 공공복지부문의 실천가 양성으로의 교과과정의 전환이 이루어졌다. 이렇게 전환된 교과과정으로 교육받은 사회복지사들이 공공부문에서 근무하게 되고, 그에 따라서 사회복지행정의 실천영역이 확대되게 되었다. 그리고 개정된 교과과정에 의해 교육을 받은 사회복지사들이 민간사회복지기관에 근무하게 됨으로써 기관의 효율적 운영에 기여하게 되었다. 이러한 일련의 변화로 인해 사회복지행정의 개념과 실천이론이 개발될 토대가 마련되었다(배은영 외, 2012).

### (4) 공동모금의 확대 발전

1950년대 공동모금이 전국적인 범위로 확장되고, 그 명칭이 지역공동모금회 'United Fund'로 변경되었다가 이후 미국사회복지공동모금회(United Way)로 발전되었다.

## 3) 정체기(1960년대)

1960년대 시작된 '빈곤과의 전쟁(War on Poverty)'에서 사회복지기관들은 적절히 빈곤과 사회문제를 해결하는 데 있어 그 역할을 수행하지 못한 데 따른 국민들의 불신과 문제제기로 비판을 받기도 하였다. 이러한 비판으로 인하여 사회복지행정의 발달에 정체를 맞이하게 되었다.

### (1) 사회복지행정가의 역할과 책임 강화

1960년대에 들어서면서 사회복지행정에 큰 변화와 발전을 가져오게 된다. 공공부조 프로그램 개혁조치로 인해 수혜자의 범위가 확대되어 공공복지행정가와 사회사업가의 인력 수요 및 활동이 촉진되었다. 또한 지역사회 중심의 다양한 사회복지기관이 출현함으로써 사회복지행정가의 역할과 책임들이 강화되었다(오세영, 2018).

### (2) 지역사회행동기관들의 출현

1960년대는 흑인인권운동, 반전운동, 복지권운동 등 각종 민주화 운동이 활발히 이루어진 시기였다. 그 결과 다양한 지역사회행동(community action) 기관들이 출현하게 되었다. 이들 지역사회에 기반을 둔 기관들은 관료제적인 구조를 최소화하기 위해 노력하였다. 이러한 프로그램 특성으로 인해 사회사업 배경을 가진 사회복지행정가들이 많이 참여하게 되는 계기가 되었다(김영종, 2017).

### (3) 지역사회정신보건센터의 탄생과 확충

정부가 지원하는 지역사회정신보건센터(Community Mental Health Centers)의 탄생과 확충으로 사회복지행정가의 필요성이 더욱 증대되었다. 사회복지행정가들은 조직의 발전과 프로그램 혁신 등에 관한 경영 리더십이라는 새로운 영역에 참여하는 기회를 갖게 되었다. 이러한 경향은 케이스워크 실천방법에 입각한 지식이나 기술들의 범위를 벗어나는 것이기도 하였다(김영종, 2017).

#### (4) 사회복지행정위원회 설립

1960년에 미국사회복지사협회(NASW)에서 사회복지행정과 지역사회조직을 연구하는 연구소를 후원하였고, 이어 NASW는 1963년 사회복지행정에 관한 관심의 증대를 반영하여 협회 산하에 사회복지행정위원회(Council on Social Work Administration)를 설립하였다.

### 4) 발달기(1970년대~1980년대 중반)

#### (1) 효과성과 효율성에 관한 관심의 증대

1970년대 이후 미국에서는 1960년대에 비약적으로 확대된 사회복지프로그램들에 대한 효과성과 효율성 및 사회적 책임성이 강하게 대두되기 시작하였다. 그 배경은 1960년대 후반 이후 베트남 전쟁, 사회복지비 지출의 증가, 스태그플레이션으로 인한 경제 성장의 둔화 등이 자리하고 있다. 정부의 사회복지프로그램에 대한 재정적 지원이 더 이상 어렵게 되자, 최소의 비용으로 최대의 효과를 낼 수 있는 프로그램들을 중심으로 재정지원이 이루어졌다(오세영, 2018).

#### (2) 사회복지행정 교과과정의 확장

사회복지프로그램에 대한 효과성과 효율성 및 책임성이 강하게 대두되자 이에 대처하기 위해 사회사업대학에서는 사회복지행정 교과과정이 확장되기 시작하였는데, 1975년까지 전체 84개의 사회사업대학들 중 19개가 사회사업행정에 대한 교과과정을 갖추게 되었다. 2년이 지난 1977년에는 35개로 급격하게 늘어났다. 1976년에는 이 분야 최초의 전문학술지인 사회사업행정(Administration in Social Work) 논문집이 창간되어 사회복지행정의 학문적 체계가 확립되었다. 아울러 각종 대학 및 전문협회 등에서 사회복지행정에 대한 관심이 증대되는 현상이 나타났다(김영종, 2017).

#### (3) 사회복지행정가의 역할 증대

1970년대 이후부터 기존의 사회복지조직들은 프로그램의 확장과 유지에 많은 관심을 기울여 왔으며, 사회복지프로그램들이 세분화되고 다양화됨으로써 이러한 사회복지프로그램들을 어떻게 효과적이고 효율적으로 운영하고 관리할 것인가에 관심을 가져야만 했다. 그래서 이제까지 관심을 가지지 않았던 비용-효과분석이나 프로그램 평가와 같은 재정적이고 기술적인 경영 부문에 관심을 가져야만 하는 등 사회복지프로그램을 조정하고 관리하는 사회복지행정가의 역할이 증대되었다(오세영, 2018).

### 5) 도전과 응전기(1980년대 후반~현재)

1980년대 레이건 행정부의 사회복지 축소 이후 사회복지 부문의 민영화와 프로그램 예산의 축소 등에 따라 사회복지프로그램에 대한 엄격한 관리와 분석, 자원동원 등의 능력을 갖춘 관리자에 대한 수요가 증가하여 사회복지행정에 대한 도전과 응전이 나타났다.

#### (1) 민영화 전략 추진

1980년대에는 레이건 행정부가 강력한 국가를 지향하면서 기존의 사회복지프로그램을 대폭 축소하는 신자유주의 정책을 추진하게 된다. 그 대표적인 전략은 민영화(privatization)였다. 민영화는 정부의 부담을 줄이면서도 서비스의 다양성과 범위를 확보할 수 있도록 하기 위해 정부재원으로 공공복지조직을 운영하는 대신에 민간사회복지프로그램에 대해 정부가 보조금을 지급하거나 또는 정부가 민간서비스를 구입하는 계약을 체결하는 것과 같이 사회복지에 민간부문을 적극 참여시키는 것이었다. 민영화로 인해 급증하는 민간기관과 프로그램은 사회복지행정의 전문지식과 기술을 가진 인력을 필요로 하게 되었다. 이러한 사회적 요구에 부응하기 위하여 사회복지행정의 교육내용에 있어서도 기존의 사회복지행정의 지식과 기술뿐만 아니라 일반행정영역의 조직관리기법들도 포함되었다(배은영 외, 2012).

### (2) 민간 사회복지기관의 확대

민영화의 결과로 보조금과 서비스 구입계약을 통해서 재정자원을 확보함으로써 조직을 운영하는 많은 민간 사회복지기관들이 생겨났다. 이로 인해 민간 사회복지기관에서는 행정적 전문지식을 갖춘 관리자들이 더욱 필요하게 되었다. 이 시기에는 사회복지행정가의 자격요건으로 프로그램 평가, 비용효과분석, 자원동원 등의 분야에서 능력과 자격을 갖춘 관리자가 각광을 받게 되었다(Austin, 2000: 39). 실제로 1980년대 말에는 사회복지프로그램의 민영화가 더욱 심화되어 민간 사회복지기관 관리자에 대한 수요도 팽창하였고, 그들의 직무수행에서 능력평가는 얼마나 많은 정부지원 프로그램을 계약으로 유치하는가의 여부와 정도에 달려 있었다(황성철 외, 2009).

### (3) 상업화의 확산

1980년대에 추진되었던 민영화의 결과는 1990년대에 들어서 본격적으로 나타나기 시작한다. 사회계층 간의 소득불평등이 확대되었고, 민간의 사회복지기관은 자원부족 현상을 겪게 되었다. 여기에 사회복지서비스 전달에 영리기관들이 참여하는 상업화(commercialization)가 확산되어 전통적으로 비영리민간복지기관과 영리민간복지기관의 구분도 모호해졌다. 사회복지기관의 관리자는 다양한 방법을 통해 자원을 확보해야 하는 상황에 직면하게 되었다(Hansenfeld, 1996; 오세영, 2018).

### (4) 재정관리와 마케팅 기법의 등장

1990년대 이후 재정관리와 마케팅이 점차 강조되고, 사회복지조직들의 합병과 연합 등 새로운 경영기법과 가치관이 사회복지분야에 확대되었다. 사회복지서비스의 민영화와 상업화가 급속도로 진행되었고, 증대되는 복지욕구를 충족시키기 위해서는 안정적인 재원확보가 무엇보다 중요한 과제가 되었다. 그리하여 조직 내부적으로는 비용절감의 경영이 강조되고, 외부적으로는 전략적 기획을 수립하여 보다 공격적인 마케팅과 홍보를 강화시키게 되었다(김기태 외, 2005).

### (5) 다양한 복지 수요에 대응할 사회복지자원 부족 현상

신자유주의 정책에 따른 사회복지서비스 제공의 민영화와 상업화로 인하여 사회복지기관의 관리자는 정부지원, 후원금, 클라이언트가 지불하는 이용료 등 자원획득의 통로를 다변화해야 하는 상황에 직면하게 되었다.

### (6) 사회복지행정가 인증프로그램 창설

기존의 NASW 전문가 회의에서 행정가들의 모임이 사회복지관리자 네트워크로 전환되고, 1998년 이 네트워크가 중심이 되어 사회복지행정가 인증학회(the Academy of Certified Social Work Managers)를 설립하고 동 학회는 사회복지행정가 인증프로그램을 창설하여 사회복지행정가의 관리기술 향상을 위한 새로운 방안을 모색하고 있다(Patti, 2000; 신복기 외, 2019).

〈표 2-1〉 미국 사회복지행정의 역사

| 시기 | 연대 | 내용 |
|---|---|---|
| 인식기 | 1870년대 ~ 1920년대 | • 민간자선조직협회(Charity Organization Societies: COS) 설립(1877)<br>• 지역공동모금회(Community Chest) 창설<br>• 지역사회복지기관협의회(Council of Social Agencies) 창설<br>• 사회사업 교과과정에서 최초로 행정 등장(1914)<br>• 미국 사회사업대학협의회에서 사회복지행정을 선택과목으로 채택(1923)<br>• Milford회의에서 전문적 사회사업교육기관을 위한 교과과정에 사회복지행정 포함(1929) |
| 기초 정립기 | 1930년대 ~ 1950년대 | • 사회보장법 제정(1935)<br>• 공동모금의 전국적인 범위로 확대, 지역공동모금회(United Fund)를 거쳐 미국사회복지공동모금회(United Way)로 발전 |
| 정체기 | 1960년대 | • 다양한 지역사회 행동(Community Action) 기관들 출현<br>• 지역사회 정신보건센터(Community Mental Health Centers) 설립<br>• 사회사업가협회에서 행정 관련 연구 및 행정 발달에 대한 건의안 발표<br>• 사회복지협의회에서 사회복지행정에 관한 요소를 다룬 논문 발표<br>• NASW산하 사회사업행정위원회 설립(1963) |
| 발달기 | 1970년대 ~ 1980년대 중반 | • 84개 대학 중 19개 대학이 사회복지행정 과목 교육(1975)<br>• 사회복지행정을 필수과목으로 정한 대학이 35개로 증가(1977)<br>• 1976년 최초의 전문학술지인 「Administration in Social Work」 창간(1976) |
| 도전과 응전기 | 1980년대 후반 ~ 현재 | • 레이건 행정부의 사회복지 역할 축소 이후 사회복지행정에 대한 도전과 응전<br>• 민간의 사회복지행정에 참여 증대(공공관료조직 퇴조, 민간부문의 직접 서비스 전달에서의 역할 증대, 민간 · 공공의 엄격한 조직적 구분 퇴조)<br>• 재원확보를 위한 재정관리와 경영기법 도입<br>• 국가행정정보화에 따른 복지행정정보시스템 개발 및 구축<br>• 「개인책임및노동기회조정법」 제정으로 공공부조제도를 근본적 전환(빈곤가정일시부조 제도 신설)<br>• 사회복지행정가 인증학회(the Academy of Certified Social Work Managers) 설립 및 사회복지행정가 인정프로그램 도입(1998)<br>• 사회복지사의 활동과 클라이언트 성과의 연결망 구축<br>• 사회복지공급 주체 다원화 및 다선화(지방정부, 영리 및 비영리 민간단체)로 다양성 확대<br>• 실천가 교육과 행정가 교육의 불균형 극복 방안 모색 |

# 2. 한국 사회복지행정의 역사

한국 사회복지행정의 역사를 체계적으로 논의하기는 대단히 어렵다. 그것은 행정의 역사가 일천한 측면도 있지만 역사를 정리하고 평가하는 데 필요한 기본적인 문서자료들이 매우 부족하기 때문이다(신복기 외, 2019). 이러한 한계를 가지고 이 책에서는 남기민과 최성재(2000)가 제시한 시기구분과 내용을 중심으로 미인식 단계(광복 이후~1950년대), 명목상 인정 단계(1960년대~1970년대), 실질적 중요성 인식 단계(1980년대 이후) 등 3단계로 구분하여 한국 사회복지행정의 역사를 살펴보고자 한다.

## 1) 미인식 단계(광복 이후~1950년대)

1950년대는 한국전쟁으로 인해 야기된 많은 사회문제들을 해결하는 데 있어서 외원단체와 토착민간단체들이 주도적 역할을 수행하였고, 사회복지서비스 공급은 거의 대부분 민간기관이 담당하며 정부는 행·재정적 지원만을 담당하면 된다는 관행이 성립된 시기였다. 또한 외원단체에 의해 미국식 전문사회복지실천의 방법과 이론이 도입되면서 사회사업교육이 시작되었다. 그러나 이 시기의 사회복지행정은 혼란과도기에 대처하기 위한 구호행정으로 기아의 방지와 최저생계 유지 및 의료보호 등에 중점을 둔 응급적인 임시방편책이었다. 따라서 이 시기의 사회복지행정은 근대적 사회복지개념에 입각한 사회복지행정이라고 보기 힘든 사회복지행정의 미인식 단계라고 할 수 있다(김기태 외, 2005).

### (1) 외원단체와 토착 민간단체들의 주도적인 역할 수행

광복 후 정치적 혼란기에는 일제 강점기 조선구호령(1944)의 틀이 그대로 유지되었다. 그러나 한국전쟁이 발발하면서 수많은 전쟁고아, 전쟁 피해자, 상이자가 발생하였고, 어느 때보다 심각한 가족해체 상황에 직면해 있었으며, 이들에 대한 구호가 국가의 중대한 과제가 되었다. 그러나 한국 정부가 이러한 상황에 대해 취한 정책적 대응은 실로 미미한 것이었다. 당시 전쟁 초유의 가족해체 상황에 직면하면서도 오히려 한국 정부는 복지지출예산을 삭감하였는데, 이것이 가능했던 것은 바로 외원단체와 토착민간단체의 사회복지사업 덕택이었다. 전쟁복구와 가족의 보존을 위한 물자 구호와 시설보호를 담당한 것은 국가가 아닌 외원단체들과 토착민간단체들이었던 것이다(오세영, 2018).

반면에 외원단체에 의한 사회복지는 요보호자에 대한 외원단체의 단순 시설보호와 물자구호 및 민간차원에서의 자선적 활동에 국한되었기 때문에 사회복지행정의 필요성을 인식하지 못하였다(성규탁, 2003; 오세영, 2018). 당시 민간사회복지기관들을 운영하는 사람들에 있어서 행정과 관리의 방법보다는 구호물자의 효율적인 배분이 사회복지행정과 관련된 주요 관심사였다(황성철 외, 2009; 오세영, 2018).

#### (2) 사회복지행정 교육 시작

1947년 이화여자대학교를 시작으로 1952년 중앙신학교(현 강남대학교), 1958년 서울대학교 대학원 등에 사회복지 교육과정이 수립되었고, 이들 학교에서 1960년대부터 사회복지행정에 관한 교육을 시작하였다. 그리고 1952년에 사단법인 한국사회사업연합회가 설립되었고, 1956년에는 사회복지전문인력을 양성하는 국립중앙사회사업종사자 훈련소가 창설되었으며, 이후에 국립중앙사회복지연수원으로 개편되었다.

### 2) 명목상 인정 단계(1960년대~1970년대)

1960년대와 1970년대에 실천현장의 사회복지행정은 여전히 외원기관의 지원하에 수용시설 위주의 긴급구호와 시설보호가 민간사회복지기관의 주된 업무였고, 체계적인 기관행정과 관리의 요소는 전무하였다. 1970년대 민간사회복지기관들은 외원기관의 원조 감소와 철수에 대비하는 조직 및 자원관리의 문제에 대해서 별다른 대책이 없었다. 한편, 대학에서 사회사업학과는 꾸준히 증설되었고 사회복지행정의 중요성이 인식되어 교과목으로 채택된 점으로 보아 학문으로서의 사회복지행정은 그 중요성이 어느 정도 인정되고 있음을 알 수 있다(황성철 외, 2009; 오세영, 2018). 그러나 민간사회복지기관에서는 조직적이고 체계적인 조직운영이나 관리가 충분히 이루어지지는 않아 사회복지행정의 명목상 인정 단계라고 볼 수 있겠다(오세영, 2018).

#### (1) 국가 중심의 체계적인 사회복지제도 정착

1960년대는 한국전쟁의 복구에서 벗어나 군사정부가 경제개발정책을 강력히 추진한 시기이다. 1960년대 초에 사회보험 및 생활보호를 중심으로 한 사회복지법제가 마련되었다. 제도의 시행 면에서는 성공을 거두지 못했지만, 구빈적인 성격에서 탈피해서 국가 중심의 체계적인 사회복지제도로서 정착하는 계기가 되었다. 이것은 무엇보다도 쿠데타에 대한 정당성을 확보하기 위해 정치적으로 사회복지를 이용했다는 의미가 강했다(오세영, 2018).

#### (2) 외원단체의 원조에 의존

1960년대 당시는 사회복지에 투자할 자원은 절대적으로 부족한 상태였다. 실제로 민간사회복지기관들은 외원단체의 원조에 의존할 수밖에 없었다. 정부예산의 두 배가 넘는 민간 외원단체의 원조로 사회복지의 문제와 욕구를 해결하였다. 당시 123개 외원기관이 있었는데, 이들 중 일부는 미국적 사회사업의 방법론을 적용하려는 노력을 하였다. 그러나 사회사업의 전문성은 크게 발휘되지 않았다. 이러한 노력은 사회복지행정의 실천과 연구에 연결되지는 못하였다(남기민 · 최성재, 2000).

#### (3) 사회복지에 대한 투자 억제

1970년대에도 '선성장 후분배'라는 정책기조하에 경제성장 우선정책을 추진해 감으로써 정권의 정당성을 확보하는 데 성공한다. 이러한 과정에서 사회복지에 대한 투자는 억제되었고, 사회복지가 경제성장에 나쁜 영향을 미친다는 사회적 인식을 가지게 하였다. 사회적인 요구에 의해 사회복지제도가 실시되어도 그것은 경제능력이 있는 사람을 위한 것이 되어버렸고, 가난한 사람들은 보다 힘든 생활을 강요받는 결과를 초래하였다(한국사회복지행정학회 편, 2002).

### (4) 외원단체의 원조감소와 철수

토착민간단체에 의한 사회복지기관의 설립은 매우 저조하였고 여전히 외원단체가 운영하는 민간사회복지기관이 주류를 이루었다. 그러나 정부가 추진한 경제발전정책으로 인해 국민소득이 향상되고 국가의 재정능력이 향상되었다는 외원단체들의 평가에 따라, 외원단체들은 원조를 점차 줄이거나 중단 또는 철수하기 시작하였다. 이로 인해 민간사회복지기관은 시설운영에 필요한 자원의 결핍이라는 문제가 더욱 심화되었으며, 여전히 효과적이고 효율적인 서비스를 제공하기 위한 행정적인 지식과 기술을 활용하려는 인식은 부족했다(한국사회복지행정학회 편, 2002).

### (5) 사회복지행정 교육의 확대

1960년대에 접어들면서 7개 대학에 사회사업학과가 설립되어 총 10개 대학으로 늘어났으며, 1970년대에 3개 대학에 사회사업학과가 설립되면서 총 13개 대학에서 사회복지행정 교과목을 개설하면서 사회복지행정 교육의 확대를 가져왔다. 이러한 교육의 확대에도 불구하고 1970년대까지 주된 전공 분야로 사회복지행정을 연구하는 학자는 거의 없었고, 사회복지행정과 관련된 학술 논문도 거의 없었던 상황이었다(성규탁, 2003; 남기민 · 최성재, 2000).

### (6) 사회복지사업법 제정

1970년에는 「사회복지사업법」이 제정됨에 따라 각종 복지사업 및 복지시설 운영 등에 공통이 되는 기본적 사항을 규정하여 그 운영의 공정성을 기함으로써 사회복지의 증진을 도모할 수 있는 계기를 마련하였다(김만두, 1993).

### 3) 실질적 중요성 인식 단계(1980년대 이후)

1980년대 이후는 한국에서 사회복지행정의 실천이 본격적으로 전개된 시기라고 볼 수 있다. 그 계기는 각종 사회복지기관이 설립되고 공공복지행정체계가 마련된 점에서 찾을 수 있다. 그리고 1990년대 이후는 사회복지행정이 실제적으로 인정받고 사회복지행정에 관한 연구 활동도 활성화된 사회복지행정의 실질적 중요성 인식 단계라고 하겠다(오세영, 2018).

#### (1) 사회복지서비스 관련 법률의 제정

1980년대 이후는 급속한 산업화와 도시화의 부산물로 각종 사회문제가 분출하였고, 군사정부가 퇴진하고 사회의 민주화가 급속도로 진행되어 사회 각 계층에서 나타난 사회복지 욕구의 분출도 폭발적이었다(황성철 외, 2009). 따라서 이러한 문제를 해결하기 위한 정부의 제도적 뒷받침이 이루어졌는데, 아동, 노인, 장애인을 위한 사회복지서비스 관련법들이 제정 및 개정되기 시작하였다. 이에 따라 공적 및 사적 사회복지부문에도 많은 변화가 있었다(오세영, 2018).

#### (2) 사회복지 전문요원제도 시행

1990년대에 들어와서 공적 부문에서 사회보장과 관련한 공공부조서비스의 전달인력을 사회복지전문 인력(사회복지전문요원)으로 대체하기 시작하면서 공적 부문에서 사회복지행정에 대한 필요성이 강하게 나타나게 되었다(한국사회복지행정학회 편, 2002).

#### (3) 민간 사회복지기관의 증가

민간 부문에서는 민간 사회복지기관으로 하여금 아동, 노인, 장애인을 위한 사회복지서비스를 제공해 주도록 복지정책을 시행하였다. 그 결과 전문적인 사회복지조직, 특히 종합사회복지관을 중심으로 한 상담 및 치료전문 사회복지기관의 수가 급격히 증가하기 시작하였고, 이것은 각 기관조직의 효과적인 관리를 위해 사회복지행정의 필요성이 실제적으로 나타났음을 의미하는 것이었다(김영종, 2017; 오세영, 2018).

### (4) 사회복지 인력에 대한 수요 증대

1980년대의 사회복지에 대한 투자 증대는 사회복지 인력에 대한 수요의 증대로 이어졌다. 그 결과, 1980년대에만 전국적으로 30개 대학에서 사회복지학과 혹은 사회사업학과가 신설되었다. 사회복지행정에 관한 석・박사 논문들이 나타나기 시작하였고, 사회복지행정을 전공하거나 가르치는 교수들이 증가하기 시작하였다(성규탁, 2003). 아울러 1990년대는 사회복지행정이 학문적으로도 활성화되는 시기였다. 대학에서 사회복지행정에 관한 석・박사 논문들이 점증하였고, 사회복지학과가 개설된 거의 모든 대학에서 사회복지행정을 필수과목으로 개설하였다. 또한 1999년 3월 27일에는 청주대학교에서 한국사회복지행정학회가 창립되었다. 이러한 모든 사실들은 사회복지를 연구하는 학계나 사회복지실천 현장에서의 사회복지행정에 대한 중요성과 관심이 지대하게 증가하였음을 반영하고 있다(오세영, 2018).

### (5) 국민기초생활 보장법 시행으로 인한 행정 환경의 변화

우리나라 공공부조의 근간이 되어 왔던 「생활보호법」(1961)이 폐지되고 「국민기초생활 보장법」(1999)이 제정되어 새로운 제도가 도입되었다. 과거 「생활보호법」에 의해 시혜대상으로서의 보호대상자들이 수급권자가 되었으며, 권리성이 강화됨에 따라 수급범위가 확대되었고, 그로 인해 수급권자의 수가 증가하고 있었다. 그러나 신청자들의 소득과 재산을 정확히 파악하고 자활지원계획과 연계한 적절한 서비스를 제공하기 위해서는 체계적인 사회복지행정의 발전이 없이는 불가능하였다. 이러한 측면에서 국민기초생활보장제도는 우리나라 사회복지행정의 역사에 획기적인 전환점이 되었다고 할 수 있다(김기태 외, 2005).

### (6) 사회복지사 1급 자격 국가시험 시행

사회복지분야를 담당한 인력의 전문성을 보다 강화하기 위하여 사회복지사 자격제도를 개선하였다. 기존에 정규대학 사회복지(사업)학과를 졸업하고 신청하면 당연히 1급 자격증을 교부받을 수 있었으나, 2003년부터는 2급 자격을 교부하고 사회복지사 1급은 국가시험에 합격하여야 한다는 규정에 따라, 국가시험에 합격한 자에 한하여 1급 자격증을 교부하도록 하였다. 사회복지사 1급 국가시험 과목에서는 사회복지행정론이 필수 8과목 중의 하나로 포함되었다.

### (7) 사회복지사무소 시범사업 추진

2003년 출범한 참여정부는 공공복지 전달체계의 문제점에 대한 개선 방안으로 사회복지사무소 설치 등 사회복지전달체계 개편을 제안하였다. 이에 보건복지부는 사회복지사무소 시범사업(2004. 1.~2006. 6.)을 추진하였다. 사회복지사무소 시범사업은 당시 공공복지 전달체계의 문제점으로 지적되고 있던 시·군·구 복지행정의 전문성 부족 문제, 즉 중앙정부 복지정책의 단순 전달 역할과 지역 특성에 맞는 정책개발이 미흡한 문제와 읍·면·동 사회복지직 공무원의 효율적 운영이 미흡한 문제, 즉 1~2명이 모든 복지업무를 전담함으로써 나타나는 깔때기 현상으로 인해 취약계층 발굴의 어려움, 상담과 전문서비스가 곤란한 문제 등을 해결하기 위한 목적으로 전국 9개 시·군·구에서 시범 운영하였다(신복기 외, 2019).

### (8) 지역사회복지협의체 운영

2003년 「사회복지사업법」 개정을 통해 시·군·구에 설치되어 있던 사회복지위원회를 폐지하고, 그에 갈음하여 시·군·구에 지역사회복지협의체를 설치하도록 하고, 관할 지역 안의 사회복지사업에 관한 중요사항과 지역복지계획을 심의하도록 하였다. 지역사회복지협의체는 2005년 8월부터 운영되었다. 또한 시·도지사 및 시장·군수·구청장은 지역보건의료계획과 연계하여 시·도 및 시·군·구 지역복지계획을 수립·시행하도록 하고, 보건복지부장관 또는 시 · 도지사는 시 · 도 또는 시 · 군 · 구의 지역복지계획의 시행결과를 평가할 수 있도록 하였다.

### (9) 주민생활지원서비스 전달체계 개편

주민생활지원서비스 전달체계 개편은 보건복지부가 발표한 '희망한국 21'이라는 종합복지대책에 사회안전망 확충에 따른 복지예산의 효율적 집행과 국민의 복지 체감도를 높이는 맞춤서비스 제공을 위해 종래 복잡하고 비효율적인 공급자 위주의 복지서비스 체계를 수요자 중심의 맞춤형 통합서비스 전달체계로 개편하고자 하는 것으로, 지방행정의 틀을 복지 중심으로 바꾸고 민 · 관협력의 거버넌스 체제를 갖추어 참여복지를 실현하기 위한 것이었다. 그리하여 2006년 7월 행정자치부에 주민생활지원국이 신설되었다(신복기 외, 2019).

### (10) '희망복지' 전달체계 시범사업 실시

2009년 1월부터 사회복지서비스 제공의 효율화와 수요자 중심의 통합적 서비스 제공이라는 목표하에서 사회복지서비스 전달체계의 개편과 사회복지통합관리망 구축을 위해 '희망복지' 전달체계 시범사업이 실시되었다.

### (11) 사회복지통합관리망 개편

2010년 1월부터 각종 사회복지 급여와 서비스 제공을 지원해 온 지방자치단체의 정보시스템이 '행복e음'이라는 사회복지통합관리망으로 개편되었다.

### (12) 사회보장정보시스템 개통

2013년 2월부터 개인별 · 가구별 복지서비스 이력 관리, 중복 · 부정적 수급 방지, 중앙부처 복지사업 정보제공, 복지사업 업무처리 등을 위한 '사회보장정보시스템'이 개통되었다. 사회보장정보시스템은 전 부처 복지사업을 대상으로 개통되었는데, 복지재정을 효율적으로 운영하여 누락이나 중복 없이 꼭 필요한 국민에게 맞춤형 서비스를 제공하고, 정보의 공동활용을 통한 효율적 복지행정

업무처리 지원을 목적으로 하고 있다.

### (13) 사회보장정보원 출범

2015년부터는 복지사각지대를 해소하고 지역복지의 역량을 강화하기 위해 복지사각지대 취약계층 발굴, 복지수요자와 기부자의 연계 · 지원, 동 단위 민간 네트워크 구축과 사례관리 등 다양한 활동을 전개하였다. 특히 정보시스템을 통한 복지사각지대 대상자 발굴을 강화하기 위해 2015년 7월에 사회보장정보원이 출범하였다.

### (14) 읍 · 면 · 동 복지허브화 추진

2016년 2월부터 읍 · 면사무소 및 동 주민센터를 행복복지센터로 명칭을 변경하여 읍 · 면 · 동의 복지기능을 강화하는 '읍 · 면 · 동 복지허브화'가 추진되었다. 읍 · 면 · 동 허브화라는 말은 박근혜 정부 때 사용되었고, 2017년 5월에 들어선 문재인 정부는 '찾아가는 복지서비스'로 바꾸어 부르고 있다. 읍 · 면 · 동 복지허브화 전달체계 개편은 읍 · 면 · 동 차원에서 맞춤형 복지팀을 중심으로 민관협력을 강화하고, 지역사회보장협의체의 활성화를 통해 복지사각지대 및 민간자원의 발굴과 연계를 적극 추진하는 것을 목표로 하였다. 맞춤형 복지 전달체계 개편의 일환으로 국민의 복지체감도를 향상시키기 위한 민 · 관협력 활성화의 중요성이 부각되면서 지역사회보장협의체가 주목을 받았다.

### (15) 읍 · 면 · 동 지역사회보장협의체 설치 · 운영

지역밀착형 복지기능 강화와 읍 · 면 · 동 단위 협력기구 활성화 차원에서 2016년 7월부터 읍 · 면 · 동 지역사회보장협의체가 설치 · 운영되기 시작하였다. 읍 · 면 · 동 지역사회보장협의체는 지역사회 복지문제 해결을 위해 읍 · 면 · 동 단위에서 활성화되는 주민 네트워크 조직으로 복지사각지대 발굴 및 지원연계, 지역사회 특화사업 등을 추진하고 있다.

〈표 2-2〉 한국 사회복지행정의 역사

| 단계 | 시기 | 내용 |
|---|---|---|
| 미인식 단계 | 광복 이후 ~ 1950년대 | • 사회부 내 보건행정 분리하여 보건부 신설(1949)<br>•「후생시설설치기준령」 제정(1950)<br>• 중앙신학교(현 강남대) 사회사업학과 개설(1953)<br>• 외국 원조기관이 들어오면서 사회복지행정 실천의 장 마련(1955)<br>• 보건부와 사회부를 보건사회부로 통합(1956)<br>• 사회복지 전문인력 단기양성소인 국립중앙사회사업종사자 훈련소 창설(1958)<br>• 이화여대-기존 기독교사회사업학과 개칭, 서울대 대학원에 사회사업학과 창설(1959)<br>• 서울대학교 학부에 사회사업학과 개설(1959)<br>•「공무원연금법」 제정(1960) |
| 명목상 인식 단계 | 1960년대 ~ 1970년대 | •「생활보호법」 제정(1961)<br>• 전쟁고아 문제해결을 위해 「고아입양특례법」, 「아동복리법」, 「고아후견직무에관한법률」 제정(1961)<br>•「군인연금법」 제정(1963)<br>•「산업재해보상보험법」 제정(1963)<br>•「사회복지사업법」 제정(1970)<br>• 총 13개 대학에서 사회사업학과(사회복지학과) 설립 |
| 실질적 중요성 인식 단계 | 1980년대 이후 ~ 현재 | • 사회복지전문요원 제도 시행(1992)<br>• 정부조직법 개정에 따라 보건복지부로 명칭 변경(1994)<br>• 한국사회복지행정학회 창립(1999)<br>•「국민기초생활 보장법」 제정(1999)<br>• 지역사회복지협의체 시범사업 실시(2001)<br>• 사회복지사 1급 국가시험 실시(2003)<br>• 사회복지사무소 시범사업 추진(2004)<br>• 지역사회복지협의체 운영(2005)<br>• 주민생활지원서비스 전달체계 개편(2007)<br>• 희망복지 전달체계 시범사업 실시(2009)<br>• 사회복지통합관리망 개편(2010)<br>• 사회보장정보시스템 개통(2013)<br>• 사회보장정보원 출범(2015)<br>• 읍 · 면 · 동 복지허브화 추진(2016)<br>• 읍 · 면 · 동 지역사회보장협의체 설치 · 운영(2016) |

## 제3장

# 사회복지행정이론



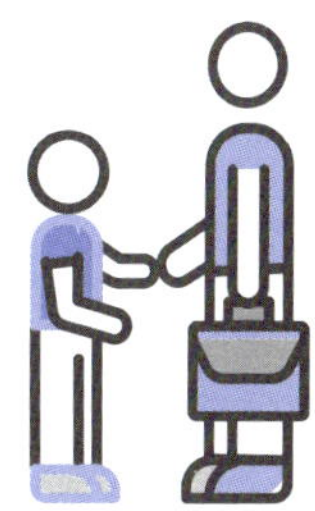

# 1. 고전이론

고전이론이 가지고 있는 기본적인 가정은 다음과 같다. 첫째, 조직구성원들은 주로 경제적으로 동기부여된다. 둘째, 개인들은 그들에게 경제적 유인이 주어질 경우에 조직의 목표를 위해 노력한다. 셋째, 조직이 개인에게 경제적으로 보상할 수 있다면 개인의 목표와 조직의 목표가 일치할 수 있다. 넷째, 조직은 합리적 체계이며 기계와 같이 계획될 수 있다. 고전이론은 사회복지조직에 부적절한 것으로 평가되기도 했지만, 조직관리 분야에서 아직도 지배적인 이론으로 남아 있다. 고전이론에는 관료제이론과 과학적 관리론이 포함된다.

## 1) 관료제이론

베버(Max Weber)에 의해 처음으로 체계적으로 연구되고 분석된 관료제이론은 고도로 전문화된 지식을 바탕으로 합법적이고 합리적인 규칙과 최대한의 효율성을 목적으로 한 조직구조의 독특한 체계이다.

### (1) 관료제이론의 주요 특성

베버는 행정의 관료화가 완전히 성취되는 것이 사회체계 내에서 자원과 권력을 동원하는 가장 효율적인 도구라고 보았으며, 관료제의 속성은 현대사회의 특성을 반영한 합법적이고 합리적인 규칙과 최대한의 효율성에서 찾을 수 있다고 했다. 이와 같이 관료제이론은 권위의 위계구조, 규칙과 규정, 사적 감정 배제, 분업과 전문화, 경력지향성, 능률성 등을 강조하고 있으며 주요 특성은 다음과 같다.

#### ① 권위의 위계구조

조직구성원의 개별성보다 공적인 지위에 기반을 둔 위계적인 권위구조를 강조한다. 이처럼 일련의 권리와 책임을 수반하는 권위의 위계를 강조하는 수직적 조직 체계에 따라 상급자는 합법적으로 하급자를 통제한다.

② 규칙과 규정

조직활동의 통일성과 안정성을 보장하기 위하여 의도적으로 마련된 일관성 있는 규칙과 규정에 의해서 업무를 분장하고 인력을 배치한다.

③ 사적 감정 배제

조직을 운영함에 있어서 개인적인 생각이나 감정이 무시되고 공식적인 원칙과 절차가 중요시된다. 조직의 생산성은 합리성에 기초한 의사결정에 따라 집행되었을 때 확보될 수 있기 때문에 조직구성원의 사적 감정은 배제된다.

④ 분업과 전문화

명확하고 고도로 전문화된 업무 분업을 강조하기 때문에 조직에서 수행되는 모든 과업은 각 구성원에게 분담된다.

⑤ 경력지향성

조직구성원의 전문적인 능력과 기술을 중요시하기 때문에 승진은 일정한 규칙하에 연공서열과 실적에 따라 이루어진다.

⑥ 능률성 강조

조직의 능률을 최대한 끌어올리기 위해서 합리적인 의사결정과 행정능률의 극대화를 강조한다.

⑦ 문서화되어 있는 서류의 강조

문서화되어 있는 서류를 강조하며, 행정행위나 결정 및 규칙은 공식화되며, 모든 업무는 문서에 의해 처리된다.

### (2) 사회복지조직에서의 관료제이론 적용

① 유용성

- 거의 모든 사회복지조직은 규모에 상관없이 어느 정도 관료제화되어 있다.
- 조직구성원의 다양한 활동을 체계적으로 분화시켜 규칙에 의한 서비스의 질적 통제와 관리를 가능케 한다.
- 사회복지조직 활동을 합리화할 수 있다.

② 한계점

- 사회복지조직에 관료제를 적용시킬 경우 사회복지사들이 규칙과 규정에 지나치게 의존하고, 서비스 전달과정에서 직원과 클라이언트 간의 비인간적인 관계(규정과 규칙을 강조함으로 인해 인간적인 관계가 사라짐), 서비스 제공 과정의 융통성 결여, 성원들을 비인격적으로 평가하려는 문제 등에 대한 비판이 있다.
- 관료제이론은 틀에 박힌 듯한 업무를 수행하는 데 효과적이고 합리적인 모형이지만 사회복지 조직에서는 일률적인 업무가 아니므로 수정되어야 한다.
- 엄격한 규칙과 규정의 적용은 사회복지서비스 전달을 경직화시킬 가능성이 있다.
- 관료제에 의한 일방적 지시와 통제가 비효과적일 수 있다.
- 효과적인 서비스를 전달하는 데 있어 필요한 융통성이나 유연성이 부족하다.
- 정해진 업무 이외의 업무에 대한 책임성의 결여가 나타난다.
- 사회복지사들의 업무에 있어 창조성의 결여가 나타난다.
- 권의주의적인 지도자의 배출에 따른 조직의 경직성이 나타난다.
- 변화를 추구하기보다는 현실에 안주하려는 경향이 강하다.

## 2) 과학적 관리론

과학적 관리론은 Midvale 철강회사의 엔지니어였던 테일러(F. W. Taylor)가 산업현장에서 일어난 자신의 경험을 바탕으로 당시에 새롭게 관심을 받고 있던 경영 및 생산의 기술들을 종합하여 고안하였다. 테일러는 조직의 효율성과 생산성을 극대화하기 위해서 노동의 분업, 작업유인 및 시간의 효율적인 사용을 강조하였다.

### (1) 과학적 관리론의 특징

과학적 관리론의 관점은 조직을 관리하는 데 있어 최상의 목표로서 합리성과 효율성을 강조한다. 테일러는 기능적 관리(functional management)를 주장하였는데, 이 관점은 작업을 분담하여 각자가 수행할 수 있는 기능을 갖고 권위와 책임을 정확히 할당하는 것이다. 이처럼 개인의 과업에 대한 소요시간을 극대화하기 위하여 기본 동작의 형태 및 소요시간을 표준화하고, 고도의 분업을 통해 과업의 성과에 따라 임금을 지급하는 것을 제시하였다. 과학적 관리론의 특징은 다음과 같다.

① 분업

작업의 효율은 노동의 분업에 의해 얻어질 수 있다.

② 과업 수행에 필요한 시간 및 동작에 초점

과업을 수행하는 데 필요한 시간 및 동작에 초점을 두며, 개인의 동작에 대한 소요시간을 표준화하고, 적정한 일일 작업량을 정하여 분업을 확립한다.

③ 육체적 능력의 중요성 강조

육체적 능력의 중요성을 강조하여 과업을 달성한 정도에 따라 과업을 달성한 자에게는 높은 임금을 지불하고, 과업을 달성하지 못한 자에게는 낮은 임금을 지급한다.

④ 권한과 책임성

권한과 책임성은 행정 간부에게만 주어진다.

⑤ 업무의 과학적 분석

조직 내 직원의 업무를 과학적으로 분석하며 이에 관한 지식을 적극적으로 활용하여 조직의 능률성을 극대화시킨다.

### (2) 사회복지조직에서의 과학적 관리론 적용

① 유용성

- 사회복지조직의 목표를 설정하고, 체계적으로 업무를 분화할 수 있다.
- 사회복지 특정 업무에 가장 적합한 인력을 모집하고, 훈련하고, 배치할 수 있다.
- 과학적 관리론의 적용을 통하여 비용의 최소화와 낭비요소를 제거할 수 있어 사회복지조직관리의 능률성과 효율성을 향상시킬 수 있다.

② 한계점

- 사회복지 조직이 외부 환경으로부터 받는 많은 외적 영향, 즉 지역사회 내 다른 조직 및 사람들과의 관계를 무시한다.
- 조직구성원을 단지 목표달성을 위한 수단으로 간주하는 한계를 가지고 있다.
- 조직의 목적 또한 명확히 정해져 있다고 간주하기 때문에 구성원 간, 또는 클라이언트를 둘러싸고 있는 이해집단의 상이한 규범이나 가치체계에 따라 목표가 달라지는 사회복지 조직에는 들어맞지 않을 수 있다.
- 행정 간부에게만 조직의 목표를 설정할 수 있는 책임을 부여하기 때문에 엘리트주의적이다. 그러나 사회복지행정 조직의 의사결정 과정은 전 직원

의 참여를 통한 민주적인 절차이다.

- 조직구성원들 사이의 권력 배분에 영향을 미치는 내적, 외적, 정치적 과정을 무시하고 조직을 갈등과 불화가 없는 협동체제로 본다.
- 구성원들은 오로지 금전적인 요인에만 반응한다고 가정함으로써 인간에 대한 기계적인 견해를 갖게 한다.
- 효율성의 정도보다는 서비스의 질과 효과성이 강조되며 인간을 다루는 데 있어서의 윤리적 규범적인 문제가 도외시될 수 없는 특수한 형태의 사회복지조직에서 수행되는 상담, 치료, 재활, 보호 등 본질적인 업무의 관리에 적용 가능성이 낮아진다.
- 사회복지기관의 전문가에 의한 본질적인 업무수행에는 적용하기 힘들고 부수적이고 지원적인 업무의 효율화에 어느 정도 설득력이 있다.

## 2. 신고전이론

### 1) 인간관계이론

인간관계이론은 메이오(Mayo)[1)]에 의한 호손(Hawthorne)실험[2)]을 통하여 생산

1) 하버드 대학의 심리학 교수였던 메이오(E. Mayo)는 어떤 요인들이 근로자들로 하여금 자발적으로 열심히 일을 하게 하고 또 만족을 주는가를 연구하였다. 그 과정에서 근로자들 사이의 인간관계가 중요한 것임을 밝힘으로써 인간관계론을 주창한 학자로 인정받게 되었다.

2) 호손실험이란 미국의 호손(Hawthorn)시에 있는 Western Electric 회사의 공장에서 행한 실험을 말한다. 1924년부터 약 10년간에 걸쳐 실시된 이 실험의 주요 결과를 보면 다음과 같다. 조명실험의 결과 조명의 질과 양이 노동자의 능률에 영향을 미치지 않았으며, 릴레이 조립실험의 결과 작업환경이나 금전적 요인이 생산성 향상에 큰 영향을 미치지 않음을 발견하였다. 그 대신 심리적 요인, 즉 긍지나 동료들 사이의 좋은 감정이 생산성 향상에 중요한 요인임을 알게 되었다. 또한 작업장의 물리적 조건보다는 심리적 조건이 근로자의 태도나 생산성에 영향을 미치며, 회사의 공식적 조직과는 별개로 자연발생적인 비공식적 조직의 존재도 처음으로 인식하게 되었다. 메이오는 근로자들의 생산성과 심리적 요인은 관계가 깊다는 사실과 근로자들은 경제적 조건뿐만 아니라 사회적 · 심리적 조건에 의해 영향을 받는 다면적 존재라는 사고방식을 정립하였다. 다시 말하면 인간은 물질적 요인에 의해서만 움직이는 것이 아니고 정신적인 요인에 의해서도 영향을 받는 사실을 알아낸 것이다.

과 관리에서 인간적인 요소와 감정의 중요성, 인간의 사회적 · 심리적 욕구와 구성원의 사회적인 상호작용이 중요한 영향을 미친다는 연구결과가 나온 것으로부터 출발하여 고전적 이론과는 다른 관점에 기반을 두어 형성되었다.

### (1) 인간관계이론의 특성

① 심리사회적 요인 강조

작업능률과 생산성은 인간관계에 의해 좌우된다. 조직의 목표 달성에는 기술적 요인보다 더욱 중요한 사회적 요인인 조직구성원 간의 인간관계에 보다 큰 관심을 두어야 한다는 점을 강조한다. 집단 내의 인간관계는 정서적인 것과 같은 비합리적인 요소에 따라 이루어진다. 근로자는 경제적인 욕구나 동기에 입각한 합리적 행동보다도 비경제적 요인인 사회적, 심리적 욕구나 동기에 입각한 행동을 중시한다.

② 비공식 집단 강조

조직 내 비공식 집단은 개인의 생산성에 영향을 미친다. 조직에는 비공식 집단이 별도로 존재하는데 이 비공식 집단은 개인의 태도와 생산성에 강력한 영향을 미친다.

③ 집단의 일원으로서 근로자

근로자는 개인으로서가 아니라 집단의 일원으로서 행동하며, 집단 내의 인간관계는 일련의 비합리적, 정서적 요소에 따라 이루어진다.

### (2) 사회복지조직에서의 인간관계이론 적용

① 유용성

- 대인관계 기술, 클라이언트 노력과 동기부여 등 사회복지 조직에서 중요시하는 요소들과 인간관계이론의 기본 관점이 부합하며, 사회복지실천의 근

본적 가치와 조화를 이룬다.

- 사회복지 조직의 효과성은 조직목표에 대한 클라이언트 동기, 태도 및 헌신 여하에 달렸는데, 여기서 인간관계가 중요한 역할을 한다. 이를 바탕으로 해서 능력과 동기와 자율성이 인정되는 인사관리를 통해 조직의 효과성을 극대화시킬 수 있다.
- 자아의 활용은 사회복지실천에서 매우 중요하기 때문에 성원 간의 관계는 성원-클라이언트 간의 관계에 영향을 미친다는 점에서 인간관계이론의 적합성이 있다.
- 자율성 인정과 참여를 권장하는 리더십을 토대로 하고 있어서 사회복지 조직에서 기본적으로 많이 적용되는 이론적 모형이다.

② 한계점

- 사회심리적 변수 이외의 조직에 중요한 영향을 미치는 환경, 자원의 목적, 조직 크기, 클라이언트 요인들, 임금과 활동조건 등의 변수들을 고려하지 못한다. 조직의 효과성을 결정하는 목표, 자원, 기술, 구조적인 특성 등을 소홀히 다루는 경향이 있다.
- 업무수행에 영향을 미치는 조직 내의 정치 및 경제적 과정을 무시하는 경향이 있다. 갈등과 지배의 본질을 간과하며, 경제적 보상이 전혀 고려되지 않는 등 인간의 정치경제적 과정을 경시하는 경향이 있다.
- 사회복지 조직에서 인간관계적 기술을 사용할 때 실천가들이 자신의 활동을 조작하는 결과를 초래할 수도 있다.
- 인간관계론을 강조하여 사회복지실천가들과 분석가들의 관심을 조직문제의 실제요인으로부터 멀어지게 하고 잘못 해석하게 할 수도 있다.
- 적절한 지도와 통제의 문제점이 있다.

## 2) X · Y이론

1920년대와 1930년대 개발된 인간관계이론은 1960년대 맥그리거(D. McGregor) 등에 의해서 새롭게 조명되어 각광을 받기 시작하였다. 1960년 맥그리거는 조직의 관리자가 직원을 보는 기본적인 시각의 차이에 따라 전혀 다른 관리방법이 고안될 수 있다는 X · Y이론을 제시하여 인간관계이론의 맥을 이어갔다(임창희, 2007).

이렇듯 맥그리거는 인간의 본성과 행위에 관해 각각 상이한 가정을 바탕으로 X이론과 Y이론을 발전시켰는데, X이론은 지시와 통제가 행해지는 전통적인 관리이론이며, 인간관계론의 관점을 갖고 있는 Y이론은 인간의 권리와 제안이 고무되고 지지되며 민주적인 참여가 이루어지는 작업상황과 분위기를 강조하였다.

### (1) X · Y이론의 주요 가설

맥그리거에 따르면 X이론의 가설은 다음과 같다.

- 사람은 본래 일하는 것을 싫어하며, 가능하면 일을 하지 않으려고 한다.
- 조직의 목표를 성취하려면 통제와 지시가 필요하다.
- 사람은 지시받기를 좋아하고, 야망이 적고 책임을 회피하려고 하며 안정을 원한다.
- 대다수의 사람들은 조직문제를 해결할 만한 창의성이 없다.
- 조직목표를 달성하기 위해서는 강제, 명령, 처벌 등의 방법을 이용해야 한다.

반면에 Y이론은 다음과 같은 가설을 제시하고 있다.

- 사람은 본래 일하기를 좋아하는 존재이며, 육체적, 정신적 노력의 지출은 놀이나 휴식과 같은 자연스러운 것이다.

- 조직의 목표가 주어지면 스스로 자기통제와 자기지시를 할 수 있다.
- 대부분의 사람들은 조직의 문제해결에 있어 비교적 높은 수준의 상상력과 창의력을 발휘할 능력이 있다.
- 목표에 대한 헌신은 보상의 기능을 하며, 자기만족과 자기실현의 욕구가 중요한 보상이 될 수 있다.
- 사람은 책임을 받아들이고 책임성을 가지려고 노력한다.
- 사람의 지적 가능성은 단지 부분적으로 활용되고 있고, 추가적인 무한한 잠재력을 인정한다.
- 조직의 효과와 생산성은 조직의 구조와 과정이 구성원들로 하여금 자아실현을 달성할 수 있게끔 이루어질 때 극대화될 수 있다.

### (2) 사회복지조직에서의 X・Y이론의 적용

맥그리거는 과거의 사람들이 생각했던 전통적 인간관, 즉 X이론형의 관점은 옳지 않다고 주장하면서 X이론형의 모든 관리방식은 바뀌어야 한다고 믿었다. 예를 들어, X이론형의 인간관을 가진 관리자는 부하를 신뢰하지 않고 감독을 철저히 한다. 그렇게 되면 관리자가 자기를 신뢰하지 않는다는 것을 깨달은 부하는 무책임한 행동을 하며 감독이 있을 때만 하는 척할 것이다. 부하의 이러한 행동을 알아차린 관리자는 그를 더 불신하게 되고 훨씬 더 엄격한 통제를 할 것이며, 결국은 이것이 악순환된다. 따라서 권한위임, 책임부여, 직무확대, 재량권의 부여, 직원들의 의사결정 참여, 스스로의 목표 설정 및 평가 등과 같은 새로운 관리방식이 요구된다고 보았던 것이다(오세영, 2018).

## 3. 개방체계이론

사회복지행정과 관련된 이론은 환경에 대한 관점에 따라 크게 폐쇄체계적 관점과 개방체계적 관점으로 구분할 수 있다. 개방체계는 다른 체계와 에너지, 정보, 자원 등을 상호 교류하는 체계로, 체계 내 사람들이 환경 또는 다른 체계들과 빈번한 상호작용을 하는 경우를 말한다. 반면에 폐쇄체계는 엄격한 조직의 경계 속에서 내부의 합리적인 의사결정과 관리활동 등이 주된 관심의 대상이 된다. 이러한 폐쇄체계 관점에는 고전이론(관료제이론, 과학적 관리론)과 인간관계이론이 해당되며, 개방체계이론에는 상황이론, 체계이론, 정치경제이론, 제도이론 등이 해당된다.

## 1) 상황이론

### (1) 상황이론의 주요 특성

고전모형과 인간관계이론에서 제시되는 근본적인 전제를 부정하고, 조직화하는 데 유일한 최선의 방법은 없으며, 조직의 상황에 따라 적절한 조직화 방법을 결정하여야 한다고 전제한다.

- 환경으로부터의 요구는 조직 내 구조변화의 형태를 결정한다.
- 조직이 사용하는 기술의 속성이 이 기술을 사용하는 부서의 구조를 결정한다.
- 상황이론가들은 특정한 조직구조와 관리방법이 다른 구조와 방법보다 효과적이라는 가정을 부정한다. 효과적인 조직은 다양할 수 있으며, 그 조직의 특성과 환경과의 적합성이 조직의 성패를 좌우한다고 보았다.

### (2) 사회복지조직에서의 상황이론의 적용

① 유용성

- 사회복지 조직의 내부적 특성을 잘 설명하고 상황과 환경의 중요성을 강조한다는 점에서 시사하는 바가 크다. 실제로 사회복지조직은 클라이언트 집단에 따라 그 조직의 특성이 매우 다르다. 따라서 제각기 다른 특성을 충분

히 이해하고 조직화와 관리방법 및 형태를 결정해야 한다는 점은 시사 한 바가 크다.

- 기존의 조직이론이 환경과의 관계를 도외시한 반면 상황이론은 환경적 변수의 중요성을 강조한 측면이 사회복지 조직에 적용가능성을 더욱 크게 하고 있다. 실제로 사회복지조직은 환경적 변화에 크게 좌우되기 때문에 그에 따른 조직구조와 관리스타일의 적용이 절실히 요구되므로 이론적 타당성은 충분하다.

② 한계점

사회복지행정가가 상황이론을 활용할 경우 자신이 운영하는 사회복지조직의 특성과 욕구를 명확히 파악하고 환경적 특성을 잘 이해해야 한다. 그러나 상황이론은 부분적인 상황요인만 중시하고 전반적인 사회적·정치적·문화적 변수는 배제하고 있고, 조직구조 형성의 주체인 의사결정, 가치관, 의도, 목적을 간과하고 있다는 점 등이 한계로 지적되고 있다. 이러한 점에서 상황이론은 어떠한 상황이나 환경에 효과적이라는 일정한 원칙과 지침을 제공해 주는 데 실패했기 때문에 실제로 이 이론을 과학적으로 검증하거나 현실에 적용하는 데에는 일정한 한계가 있다.

### 2) 체계이론

체계(system)란 상호작용하는 관련부분과 외부 환경의 집합으로서, 여기서 환경은 한 부분의 변화가 다른 부분의 변화를 자극하는 것을 말한다. 체계는 환경에서 세력과 자원을 취하고, 일정한 방법으로 환경을 처리하거나 변화시키며, 다시 환경으로 세력과 생산물을 돌려보내기 위해서 주기적으로 작용한다. 사회복지조직을 이해하는 데 체계적 관점을 도입하여 여러 가지 하위체계로 파악하고자 하는 것이 체계이론이다.

### (1) 체계이론의 기본 가정

체계이론은 고전이론, 인간관계이론, 구조주의이론이 하나로 통합되어 다음과 같은 기본 가정을 가지고 있다.

- 조직은 각각의 기능을 수행하는 하위체계로 구성된 복합체이다.
- 체계이론은 조직의 문제를 체계를 통해 분석할 수 있기 때문에 관리자에게 유리한 이론이다(고전주의 관점).
- 하위체계 간의 업적을 비교, 평가할 수 있다(고전주의 관점).
- 하위체계는 역동적이며 하위체계 간의 갈등은 불가피하다(구조주의 관점).
- 하위체계는 생산 하위체계, 유지 하위체계, 경계 하위체계, 적응 하위체계, 관리 하위체계로 구성된다.
- 관리체계가 하위체계들을 조정한다.

### (2) 체계이론에서의 하위체계

체계이론은 다섯 개의 하위체계, 즉 생산 하위체계, 유지 하위체계, 경계 하위체계, 적응 하위체계, 관리 하위체계로 구성되어 있다.

#### ① 생산 하위체계(production subsystem)

모든 조직은 결과물로서의 '생산품' 생산을 위해 조직되고 운영된다. 사회복지기관의 경우는 서비스 전달의 과제와 직결되어 있으며 과제의 분담, 역할과 업무의 특수화를 통한 업무의 숙련화가 달성된다.

#### ② 유지 하위체계(maintenance subsystem)

조직으로서의 사회복지기관과 이용자 간의 욕구를 둘러싼 갈등을 중재, 해결함으로써 조직의 안정을 기한다. 인간과 조직의 욕구를 통합시키기 위해서 조직 활동의 공식화, 보상체계의 확립, 신입직원의 사회화, 직원선발과 훈련기능 등과 밀접한 관계가 있다.

③ 경계 하위체계(boundary subsystem)

생산지원의 측면에서 협상과 조작을 통한 다른 조직과의 관계를 '제도화'의 측면에서 조직의 주변 환경으로부터 지원과 정당성을 확보하는 기능과 관련되어 있다. 조직과 환경적인 요인을 강조하고 조직이 환경에 영향을 미칠 수 있는 기반 구축에 역점을 둔다.

④ 적응 하위체계(adaptive subsystem)

연구와 기획의 기능을 담당하여 조직의 업무수행 능력에 대한 평가와 외부환경의 변화에 대한 모니터링을 통해서 조직의 변화의 방향을 제시한다.

⑤ 관리 하위체계(managerial subsystem)

앞서 언급한 네 가지 하위체계의 요소를 통합하는 과제를 담당한다. 갈등해소, 조정, 외적 조정 등의 방법을 사용한다.

### (3) 사회복지조직에서의 체계이론의 적용

① 유용성

- 체계이론의 핵심적인 내용은 조직을 형성하고 있는 다양한 구성체와 단위 간의 상호의존성이다. 사회복지조직에 있어서도 사회복지사들의 행동, 결정 등이 불가피하게 다른 조직성원들의 행동, 전체조직과 연루된다. 조직성원들은 결코 독립적, 독자적인 성원이 될 수 없다. 무엇보다도 사회복지사는 변화지향적인 반면, 조직은 현상유지 지향적인 유기체로 묘사될 때 그 갈등은 고조된다. 조직과 사회복지사는 공생적인 관계에 있다는 점에서 조직과 사회복지사들 간에는 연대가 요구된다.
- 체계이론에서 또 하나의 중요한 점은 조직은 조직 나름대로의 욕구를 가지고 있다는 점이다. 조직의 욕구에는 외적 욕구와 내적 욕구가 있다. 외적 욕구는 조직의 기능을 수행하고 지역사회의 기제에 부응하기 위한 자원

(시설, 기금, 이용자)을 의미한다. 내적 욕구는 구성하는 요소와 단위들 간의 통합, 조직성원들 간의 충성과 헌신, 자원을 동원하고 개발할 수 있는 기술적·정치적 능력과 같은 것이다. 조직의 욕구를 이해하는 것은 사회복지사들이 나름대로 조직 내에서 그들의 영향력을 행사할 수 있는 여지가 있음을 시사한다. 이를 위해 조직의 욕구를 파악하여 그 욕구를 충족시키는 역할을 하나의 전략으로 활용할 수 있는 여지를 부여한다. 전략적 역할로서는 프로포절 작성, 평가사업, 홍보, 기금모금 등을 예로 들 수 있다.

- 체계이론에서는 조직 환경의 중요성을 강조한다. 사회복지조직도 조직이 속한 환경 속에서 다양한 형태의 자원을 확보하고 그 자원을 여러 형태의 서비스로 전환시키는 등 조직과 교환관계를 형성하고 있다.

② 한계점

체계이론은 조직 내의 갈등이나 분파적인 요소보다는 조직의 통합과 상호의존성, 균형 등을 강조한다. 그러나 조직 내의 개별성이나 집단들은 반드시 통합과 균형을 이루기 위해서 변화에 적응한다고만은 볼 수 없다(김형식 외, 2013).

## 3) 정치경제이론

정치경제이론은 조직과 환경 간의 상호작용이 조직의 내부 역학관계에 미치는 영향에 초점을 두고 있으며, 권력의 상호작용과 권력 행사자들이 성취하려는 목적 및 생산적 교환체계를 강조하고 있다.

### (1) 정치경제이론의 주요 특성

① 환경과 조직

조직은 서비스를 생산하고 생존하는 데 필요한 정치적 자원(합법성과 세력 등)과 경제적 자원(물적자원, 클라이언트, 인력 등)을 업무환경과의 관계에서 획득하는데, 이러한 외부 환경적 요소는 조직의 내부에 영향을 미치고, 조직 내에서의 권력과 경제적 관계들이 조직 내 서비스 기술과 의사결정에 영향을 미친다.

② 조직

조직이란 조직이 필요로 하는 자원들을 보유하고 있는 조직 내부 및 외부에 존재하는 다양한 이익집단들이 그들의 가치관을 조직을 통해서 최대한으로 활용하기 위해 경쟁하는 장이다.

### (2) 사회복지조직에서의 정치경제이론의 적용

① 유용성

정치경제이론은 사회복지조직의 내・외부 정치경제적 관계가 조직의 서비스 전달체계에 미치는 영향을 잘 설명해 준다. 특히, 외부 환경에 의존적인 사회복지조직이 이에 적응하는 과정에서 채택하는 전략들이 사회복지조직의 구조와 과정에 있어서 어떠한 영향을 미치는지를 잘 설명해 준다. 이 이론에서는 클라이언트를 중요한 자원으로 보고, 조직에 영향을 주는 이해집단으로 본다. 이것은 사회복지조직이 클라이언트 집단에 대해서 어떻게 반응해야 하는지를 예측 가능하게 한다(Hasenfeld, 1992; 오세영, 2018).

② 한계점

정치경제이론은 사회복지조직의 형태를 설명하는 데 있어서 매우 유용하지만, 다음과 같은 한계도 지적되고 있다. 즉, 정치경제이론은 조직의 형태를 설명하는 데 있어서 돈이나 파워 같은 정치・경제적 자원들에만 한정하고 있는데 사회복지조직은 이에 전적으로 좌우되는 것은 아니다. 또한 정치경제이론은 조직을 이끄는 가치와 이념을 간과하고 있으나, 사회복지조직은 무형의 가치와 이념에 의해 주도되는 경향이 있다(Hasenfeld, 1992; 오세영, 2018).

## 4) 제도이론(institutional theory)

제도이론은 조직 그 자체의 규범과 조직을 둘러싼 사회적 가치와 규범의 결집체인 제도적 환경이 조직의 특성과 형태를 좌우한다는 점을 강조한다.

### (1) 제도이론의 주요 특성

기존의 조직환경이론들은 과업환경에 대한 관심을 집중시켰으나, 제도이론은 사회복지조직을 위시한 휴먼서비스조직들이 기술적인 특성보다는 제도적인 환경 속에 존재하는 규범이나 규칙들에 의해서 조직의 성격이 결정된다고 주장한다. 개별조직들은 그들이 수행하는 활동에 대한 지원과 정당성을 얻기 위해서 반드시 따라야만 하는 사회적 규범과 가치 및 문화적 규칙 시스템, 즉 제도환경에 순응하는 것의 중요성에 관심을 둔다. 제도적 환경이야말로 조직의 행동과 구조에 영향을 미치는 핵심적 원천이며, 조직은 사회적 정당성을 확보하기 위해서 제도환경에서 기대하는 요소나 특성을 조직의 행동이나 구조에 반영하고 정착시켜야 하는 존재로서 동조적인 방식을 통해 정당성을 확보해 나간다고 보았다.

### (2) 사회복지조직에서의 제도이론의 적용

#### ① 유용성

제도이론은 도덕적인 이념이나 가치에 의해서 그 존립의 정당성이 확보되는 경향이 있고, 정부와 전문직의 제도적 규범이 강하게 작용하며 조직을 이해하는 데 도움을 준다. 따라서 사회복지조직을 이해하는 데 있어서 제도이론은 매우 유용하다(Hasenfeld, 1992; 오세영, 2018).

#### ② 한계점

제도이론의 핵심이라고 할 수 있는 '제도화'과정 자체에 대해서 명확하게 언급하고 있지 않고, 또한 기술적 환경과 제도적 환경의 상호연관성에 대해서도 언급하고 있지 않다. 그러한 이유 때문에 구체적인 조직관리의 원칙을 도출할 수 없을 뿐만 아니라 실천을 위한 개입 지식으로 활용되기가 어려운 것이다(오세영, 2018).

## 4. 현대조직이론

### 1) 목표관리(Management by Objectives: MBO)

목표관리는 드러커(Drucker)에 의해 1953년에 최초로 제창되고 맥그리거(McGregor)가 1957년에 소개하였다. 본래 목표관리는 사기업 부문에서의 회사 경영관리를 위하여 적용되어 온 경영관리기술이었는데, 1973년 닉슨 대통령이 연방정부의 21개 주요 기관에 MBO를 실시하라고 지시함에 따라 공공부문에 채택되어 공공기관에 공식적으로 도입되었다. MBO는 명확한 목표 설정과 책임한계의 규정, 참여와 상하협조, 피드백의 개선을 통한 관리계획의 개선, 조직구성원의 동기유발, 그리고 업적평가의 개선 등을 도모하고 궁극적으로는 조직의 효율성을 증진시키려는 총체적 관리체제이다.

#### (1) 목표관리의 특징

목표관리의 주요 특징은 다음과 같다.

- 목표는 자원들이 실시한 수행에 기반을 둔 과업 분석과 일관된다.
- 목표는 성과 지향적이며, 궁극적이고 현실적이며, 측정 가능하다.
- 목표는 직원들과 함께 설정한다.
- 계획은 어떻게 목표를 달성할지 결정하기 위해서 필수적이다.
- 목표를 향한 진행상황에 대해 정기적인 검토가 요구된다.
- 피드백과 보상은 목표 달성을 위해서 필수적이다.

### (2) 사회복지조직에서 목표관리의 적용

① 유용성

- 목표관리는 전체 조직 · 부서 · 개인의 목표가 조직원 모두의 참여를 통해 정확히 설정되어 있기 때문에 조직의 목표와 개인들의 목표를 통합시킬 수 있고, 참여를 통한 조직의 인간화로 조직발전에 기여할 수 있는 장점이 있다.
- 평가의 객관적 기준이 있어 결과 측정이 용이하고 결과에 대한 책임 한계가 명확하므로 조직의 효과성과 효율성이 제고된다.
- 관리자에 의한 주관적이고 즉흥적인 업무계획이 지양되고, 업무수행 시 갈등이 감소할 수 있다.
- 참여적 의사결정 행위로 인해 조직 참여자의 사기를 높여 주며 관료제의 부정적 속성을 제거하는 데 유용하다.

② 한계점

- 구성원 전체가 참여하므로 시간과 노력이 과다 소요되는 경향이 있어 목표 설정이 곤란하다.
- 불확실한 상황에서는 의도된 목표를 달성하기 어렵다.
- 목표 설정을 자주 해야 하므로 실현 가능한 단기적 목표를 남용함으로써 장기적이며 이상적인 목표를 저하시킬 수 있다. 단기적 목표와 계량적 측정이 쉬운 업무에만 주력하는 경향을 가져온다.
- 목표와 결과를 중시하므로 업무과정에 나타나는 수단의 적절성과 정당성이 무시되기 쉽다.
- 목표관리를 도입하는 데 시간이 많이 걸리고 운영절차가 번잡하다.
- 관리상황이 유동적이기 때문에 MBO가 성과를 거두기 어렵다.

## 2) 총체적 품질관리(Total Quality Management: TQM)

총체적 품질관리는 조직이 산출하는 서비스의 질을 향상시켜 궁극적으로 소비자 만족을 추구하기 위해서 조직문화와 질적 향상을 위한 효과적인 관리기법을 통합적으로 운영하는 조직관리 방법이다.

### (1) 총체적 품질관리의 특징

총체적 품질관리의 특징은 고객의 욕구나 필요에 따라 조직의 목표가 설정(고객 중심)되고, 조직운영과 서비스 개선을 통한 양질의 서비스 산출 및 조직경쟁력 증대를 위해 전 조직구성원들이 참여하며 노력하는 경영시스템을 갖추는 것이다(김경우, 2007). TQM의 주요 특징은 다음과 같다.

- 고객의 요구 존중
- 지속적 개선
- 집단적 노력 강조
- 신뢰관리
- 과학적 방법 사용
- 총체적 적용
- 인간의 존중
- 장기적 시간과 예방적 통제
- 분권적 조직구조

### (2) 사회복지조직에서 총체적 품질관리의 적용

① 유용성

- 우리나라 사회복지조직은 실적 위주의 관리운영을 해왔고, 나아가 목표 위주의 사업이 지나치게 강조되어 조직 내의 사기는 물론 외부기관과의 협

력, 클라이언트의 만족도 등은 간과되어 왔다. 따라서 이러한 문제를 극복하기 위하여 TQM의 도입이 필요하다.

- 국내 사회복지조직들이 준거틀로 정립해야 하는 전문적인 관리운영 모델에 대한 논의조차 정리되지 않았다. 즉 우리나라 사회복지조직에 시급한 것은 관리운영체계를 표준화하는 작업과 관리운영 모델을 개발하는 것인데, 아직 이에 대한 연구가 활발하게 이루어지고 있지 않으며, 사회복지의 가치를 반영한 사회복지조직의 관리모델을 제시하지 못하고 있다. 이러한 시점에서 TQM은 사회복지의 가치와 양립할 수 있는 기법이므로 적용의 가치가 있다.
- 급격히 변화하는 외부 환경의 변화에 사회복지조직도 대응하지 않으면 경쟁에서 살아남기 어려운 시대상황에 직면해 있다. 결국 과거의 시장 독점적 자만에서 벗어나 양질의 사회복지서비스를 제공하지 못하면 경쟁 속에서 도태될 수밖에 없는 상황 속으로 가고 있다.
- 국민의 복지의식이 향상되고 복지욕구가 점차로 증대하고 있으며 과거와 같은 구호성 사회복지가 아니고 실제적인 사회복지서비스를 요구하고 있다.

② 한계점

- 사회복지조직이 산출하는 사회복지서비스의 효과성과 질을 객관성 있고 타당하게 측정할 수 있는 척도가 부족하다.
- 성공적인 TQM의 시행은 조직 리더의 의지와 직원의 자발적인 참여가 선행되어야 하는데 한국 사회복지조직의 특성상 이러한 선행요건이 충족되어 있지 않다.
- TQM을 시행하기 위한 다양한 관리기법의 활용에 대한 지식과 기술이 구비되어야 하는데 아직도 한국의 사회복지조직의 관리자나 직원들은 이러한 효과적인 관리 기법의 활용에 관한 지식이 결여되어 있다.

## 3) 학습조직이론

학습조직이란 '조직구성원들이 진실로 원하는 성과를 달성하도록 지속적으로 역량을 확대시키고, 새롭고 포용력 있는 사고능력을 함양하며, 집중된 열의가 자유롭게 설정되고, 학습방법을 서로 공유하면서 지속적으로 배우는 조직'이다(신복기 외, 2019). 즉, 조직구성원이 진정으로 바라는 결과를 창조할 능력을 확장하고, 새롭고 확대된 사고 패턴이 육성되며, 집단적 목표나 열망이 자유롭게 선정되고, 함께 학습하는 방법을 지속적으로 배우는 조직을 의미하며, 조직 학습 행위의 일상화 · 습관화로 인해 언제라도 새로운 환경에 적응할 수 있도록 변화를 용이하게 하는 조직을 학습조직이라 한다.

### (1) 학습조직이론의 특징

학습조직이론의 특징은 다음과 같다.

- 학습조직은 개인의 통제감, 정신적 모델(사고의 틀), 비전공유, 팀 학습, 체계적 사고와 같은 조직의 주요영역이 역량 강화될 수 있다.
- 학습조직은 조직구성원인 개인, 팀, 조직이 지속적으로 학습을 권장하는 분위기로 조직을 변형, 발전시키는 결과를 가져온다.
- 학습조직에서 강조되는 것이 조직학습의 과정과 방법인데, 아르기리스(Argyris)에 의하면 학습은 두 가지 경우, 즉 성공적일 때(조직의 목표와 성과가 일치)와, 시정조치가 이루어질 때(조직의 성과와 목표가 불일치) 일어난다. 조직운영의 결함이 발견되어 교정하는 방법이 임시방편적이거나 부분적인 변화를 초래할 때는 단선적 학습만 가능하다. 시정방법이 전체조직운영의 틀을 고치는 방향으로 전개된다면 복선적 학습이 일어난다. 복선적 학습이 조직과 구성원을 임파워 하는 데 더욱 효과적이다.
- 조직을 학습조직화한다는 것은 매우 어렵고 오랜 시간과 많은 자원이 소요되지만, 학습을 강조하는 조직문화와 리더십을 갖추어 새로운 지식과 기술

을 축적하여 활용한다면 그 조직은 경쟁력 있는 조직으로 변모되고 궁극적으로 조직의 역량은 크게 강화될 수 있다.

#### (2) 사회복지조직에서 학습조직이론의 적용

학습조직이론은 사회복지조직에의 적용이 가능하다. 학습조직을 통해서 사회복지조직과 인력의 능력을 강화시켜 클라이언트 집단에 효과적인 서비스를 제공할 수 있으며, 아울러 서비스 질 향상, 새로운 서비스와 기술의 발전, 직원의 사기 진작에 영향을 끼칠 수 있다(김경우, 2007). 특히 사회복지사가 전문가로서의 역할을 수행하는 데 있어 질 높은 서비스를 제공하기 위해서는 끊임없는 학습이 필요하다. 한편 조직을 학습조직화하기 위해 오랜 시간과 많은 자원이 소요될 수 있다.

### 4) 기타 현대조직이론

#### (1) 전략적 관리

전략적 관리(SM: Strategic Management)는 1980년대부터 시작, 개발된 경영 방법으로, 1990년대 들어서 중요한 개념으로 자리 잡기 시작하였다. 전략적 관리는 환경과의 관계를 중시하는 변혁적 관리로서 조직에 영향을 미치는 변화의 효율적 관리를 지향하고 있으며, 역동적인 환경에 처하여 변화를 겪고 있는 조직에 새로운 지향노선을 제시하고 그에 입각한 전략, 기술을 개발하여 집행함으로써 조직이 그 활동과 운명을 스스로 통제할 수 있게 하는 것을 강조한다.

#### (2) 리스트럭처링

1981년 잭 웰치는 취임 직후부터 본격적인 구조조정과 사업구조 재편에 속도를 냈고, 리스트럭처링을 통해 GE의 사업구조를 미래지향적이며 경쟁력 있게 바꾸고, 기업의 자원을 올바르게 배분하였으며, 지금은 수익이 조금 나더라도, 10년 후에는 기업에 마이너스가 될 것 같은 사업들은 정리대상이 되었다. 리스트럭처링(Restructuring)은 조직의 기존 사업구조나 조직구조를 좀 더 효과적으로 개선하거나 효율을 높이고자 실시하는 구조개혁 작업으로, '사업구조조정' 또는 '기업구조조정'이라고 한다. 성장성이 희박한 사업분야의 축소나 폐쇄, 중복성을 띤 사업의 통폐합, 인원의 감축, 부동산 등 소유자산의 매각처분 같은 방법은 수동적 기법이고, 국내외의 유망기업과 제휴하여 새로운 기술을 개발시킨다거나 전략적으로 다른 사업 분야와 공동사업을 추진하는 방법 등은 적극적 기법이다.

### (3) 리엔지니어링

리엔지니어링(Reengineering)은 1990년 마이클 헤머가 제창한 기업 체질 및 구조의 근본적인 변혁을 말하고, 경쟁조직의 증가 및 고객 욕구의 다양화 등에 대응하기 위한 방편으로 제시되었다. '리스트럭처링'의 하위개념으로 볼 수 있다. 비용, 품질, 서비스, 속도와 같이 핵심이 되는 경영 성과의 지표들을 비약적으로 향상시킬 수 있도록 사업활동을 근본적으로 다시 생각하여 조직구조의 업무방법을 혁신시키는 재설계 방법이다.

### (4) 다운사이징

일반적으로 다운사이징이란 해고와 합병을 통한 기구축소 또는 감원을 의미하며 조직을 축소한다는 뜻으로 사용된다. 불필요하고 불합리한 임원이나 지원부서를 축소하여 조직의 계층구조를 감소시키는 전략으로, 이 과정에서 중간관리층이 대폭 줄어들게 된다. 원가절감이 주요 목표이기는 하지만 단기적 비용전략이 아니라 장기적인 경영전략 차원에서 추진된다.

### (5) 벤치마킹

벤치마킹(Benchmarking)은 1970년대 후반 미국의 복사기 제조사인 제록스(Xerox)가 경쟁사들을 분석하면서 도입된 개념으로, 지속적인 개선을 달성하기 위해 조직 내부의 활동과 기능, 관리능력 등을 성공 사례인 외부의 조직과 비교,

평가함으로써 조직이 자기혁신을 추구한다. 그리고 벤치마킹은 사전 준비가 부족하거나 단순 견학이나 모방에 그칠 때에는 성공하기 어렵고, 구성원의 참여유도에 실패하거나 관행에서 벗어나지 못할 때에도 실패의 가능성이 높아진다.

### (6) 애드호크러시

애드호크러시(Adhocracy)는 토플러(Toffler)의 저서인 "미래의 충격(Future Shock, 1970)"에서 등장한 말로서 유기적, 기능적, 임시적 조직이라는 뜻을 가지고 있으며 '특별임시위원회'라고도 번역하기도 한다. 애드호크러시(Adhocracy)는 관료제와 대조를 이루는 개념으로 관료제가 대규모성, 복잡성, 고정적 구조와 계층적 구조를 갖는 데 비해 애드호크러시 구조는 융통성이 있고, 적응도가 높고 쇄신적인 성격을 띠고 있다. 그리고 구조가 복잡하지 않고, 형식주의나 공식성에 얽매이지 않으며, 의사결정권이 분권화되어 있음을 주된 특징으로 하고 있으며, 대체로 고도의 전문지식을 가진 사람들로 충원되기 때문에 고도의 수평적 분화가 이루어진 구조를 갖게 되어 이를 통한 환경변화에 대한 신속한 대응을 꾀한다.

### (7) 위험관리

위험관리(위기관리)는 조직을 운영하거나 서비스를 제공하는 과정에서 나타날 수 있는 위험을 예측하고 그에 대비하는 것이며, 사고가 발생했을 때 적절하게 대처하는 것을 말한다. 이러한 위험관리는 서비스의 질 향상, 이용자의 안전확보 및 만족도 향상, 조직의 유지 및 발전을 위해 그 중요성이 점차 강조되고 있다.

제4장

# 사회복지서비스 전달체계



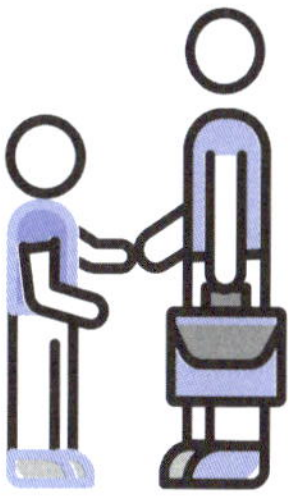

# 1. 전달체계의 개념

## 1) 전달체계의 개념

사회복지서비스 전달체계(이하 "전달체계"라 한다)는 사회복지급여 및 사회복지서비스를 필요로 하는 수요자들에게 사회복지급여와 사회복지서비스를 적절하게 제공할 수 있도록 하는 환경 및 구조로 이해할 수 있으며(이현주 외, 2003), 지역사회체계 속에서 사회복지서비스의 공급자 간 또는 공급자와 소비자 간을 연결시키기 위한 조직적 장치라고 할 수 있다(Gilbert and Terrell, 1988). 따라서 전달체계는 정부 간 관계, 일선 사회복지시설의 조직구성, 인력, 그리고 제공자 간 연계 등 다양한 측면을 포괄하는 개념이며, 공공과 민간 제공자의 관계를 포괄한다고 하겠다(이현주, 2007). 이처럼 전달체계는 일반적으로 정부에 의해 제공되는 공공서비스의 전달체계로 간주하기 쉬우나, 사실상 이는 사회복지사업의 조직적인 환경을 모두 포괄하는 것이라고 이해할 필요가 있다. 사회복지수요자의 관점으로 볼 때 조직적인 환경이란 그들에게 직접적인 도움을 주는 사회복지기관이나 시설은 물론 중앙에서 지방 일선에 이르기까지의 모든 공·사 조직을 포괄하는 것이라고 할 수 있다.

이처럼 전달체계에 대한 개념 정의는 학자들에 따라 상이하여 통일된 정의는 존재하지 않는다. 전달체계에 대한 주요 학자들의 정의는 다음의 〈표 4-1〉과 같다.

〈표 4-1〉 전달체계의 정의

| 학자 | 정의 |
|---|---|
| 프리들랜더와 엡트(Friedlander & Apte, 1980) | 클라이언트를 둘러싼 일체의 공적·사적 복지기관의 서비스 전달체계망 |
| 호지와 안토니(Hodge & Anthony, 1982) | 국가가 제공하는 사회복지서비스를 수혜자에게 가장 효율적으로 전달할 수 있는 조직구조 |
| 길버트와 스펙트(Gilbert & Specht, 1986) | 사회복지서비스 공급자 간, 그리고 공급자와 사회복지 급여의 수혜자 간의 조직상의 배치 |
| 최일섭 (1987) | 복지수혜자에게 직접 도움을 주는 사회복지기관이나 시설은 물론 중앙에서 지방일선에 이르기까지의 모든 공·사 조직으로 사회복지사업의 조직적인 환경 |
| 성규탁 (1993) | 서비스를 제공하는 기관에 대한 투입으로 시작해서 수혜자인 클라이언트에게 각종 서비스를 전달하는 전환과정을 거쳐 산출에 이르는 협동체계 |
| 황진수 (1993) | 사회정책을 구체적 서비스로 바꿔 대상인구에게 전달하는 행정조직 |
| 박풍규 (1999) | 사회복지서비스를 필요로 하는 사람에게 질적·양적으로 적정한 서비스를 효율적으로 제공하는 것과 관련된 체계 및 제도 |
| 김태진·박미선 (2001) | 공공부문 전달체계와 민간부문 전달체계로 나누어지고, 이는 복지대상자들에게 적합하고 필요한 과정이며, 전달체계는 행정조직, 전달자, 복지대상자 사이의 조직적 배열 |
| 최성재·남기민 (2006) | 사회복지서비스의 공급자와 공급자를 연결시키기 위하여, 또는 사회복지서비스 공급자와 소비자 사이를 연결시키기 위하여 만들어진 조직적 체계 |
| 조성한·임재현·주재현·한승준(2008) | 사회복지전달체계는 사회복지 고객에게 서비스를 제공하기 위해 공·사 부문을 포함하는 서비스 제공자와 서비스 수혜자들을 연결시키는 조직적 장치 |

## 2) 전달체계의 구성요소

길버트와 스펙트(Gilbert & Specht, 1974)는 전달체계의 구성요소를 배분, 급여제공, 전달, 재정으로 제시하고 있다.

### (1) 배분

배분은 사회복지 급여를 누구에게 제공해야 할 것인가에 대한 것으로, 사회복지 급여를 소수로 제한할 것인지 아니면 전 국민으로 확대하여 제공할 것인지를 결정해야 하는 것이다.

### (2) 급여제공

급여제공은 사회복지 대상자들에게 무엇을 제공하고, 어떤 종류의 급여를 전달할 것인가에 관한 것으로 급여의 형태를 말한다. 즉, 사회복지 대상자에게 현물로 급여를 제공할지, 현금으로 급여를 제공할지를 결정해야 하는 것이다.

### (3) 전달

전달은 앞서 언급한 배분과 급여제공의 형태가 결정된 후 어떠한 방식으로 전달할 것인지에 관한 것으로, 사회복지 급여를 제공하는 주체와 그 수급자 간의 조직체계를 말한다. 여기서는 권한의 소재, 업무 수행자와 그 자격, 조직의 유형과 규모 등이 중요하고, 수급자들의 접근용이성, 조직의 통합성, 연속성, 책임성 등이 강조된다.

### (4) 재정

재정은 사회복지수요를 해결하기 위하여 어떤 재원을 사용하는가에 관한 것으로 재정조달방식을 의미한다. 예를 들어 일반세, 목적세, 보험료 중에서 어떠한 재원으로 사회복지 예산을 편성하고 집행할 것인지를 결정하여야 한다.

### 3) 전달체계의 구분

전달체계는 구조 · 기능적 차원과 공급과 운영주체 차원으로 나누어 살펴볼 수 있다.

#### (1) 구조 · 기능적 구분

전달체계는 구조 · 기능적으로 행정체계와 집행체계로 구분된다. 구조 · 기능적 구분은 서비스를 공급하는 자(정부, 기관, 시설, 단체, 개인 등)들 상호 간에 구조와 기능이 어떻게 나누어져 있는가를 보는 것이다.

① 행정체계

행정체계는 주로 서비스 전달을 기획, 지시, 지원, 관리, 감독하는 업무를 맡고 있으며, 보건복지부, 광역시 · 도, 시 · 군 · 구가 이에 해당한다. 예를 들어 국민기초생활보장제도의 전달체계는 보건복지부 → 특별시 · 광역시 · 도 → 시 · 군 · 구 → 읍 · 면 · 동 → 기초생활보장 대상자로 연계되는 조직체계로 되어 있다. 여기에서 보건복지부에서 시 · 군 · 구까지의 체계는 기초생활보장제도를 기획, 관리, 지원, 감독하는 업무를 맡고 있기 때문에 행정체계라고 할 수 있다.

② 집행체계

집행체계는 주로 대상자에게 직접 서비스를 제공하는 업무를 맡고 있으며, 읍 · 면 · 동이 이에 해당한다. 앞서 든 예와 같이 기초생활보장제도에서 읍 · 면 · 동과 기초생활보장 대상자 간의 체계는 구체적인 급여와 서비스(금품 지급과 상담 등)를 제공하는 업무를 주로 하기 때문에 집행체계라고 할 수 있다.

〈표 4-2〉 전달체계의 구조 · 기능적 구분

| 전달체계 | 기능 | 적용의 예 |
|---|---|---|
| 행정체계 | 서비스 전달을 기획, 지휘, 지원, 관리하는 기능(간접 지원 기능) | 국민기초생활 보장의 경우 보건복지부, 특별시 · 광역시 · 도, 시 · 군 · 구 |
| 집행체계 | 전달자가 서비스를 소비자에게 직접 전달(직접 지원 기능) | 국민기초생활 보장의 경우 읍 · 면 · 동과 수급자 관계이며, 대부분의 일선사회복지조직 |

### (2) 공급과 운영주체별 구분

전달체계는 공급과 운영주체에 따라 공공 전달체계와 민간 전달체계로 구분된다.

#### ① 공공 전달체계

공공 전달체계는 사회보험과 공공부조에 관련되는 서비스들을 제외한 대부분의 사회서비스들을 민간 전달체계에 의존하고 있다(김영종, 2002). 어느 국가에서건 사회복지서비스의 가장 대표적인 주체는 국가이다. 국가는 중앙정부와 지방정부로 크게 구분된다. 따라서 중앙과 지방 간의 관계설정이 어떻게 되어 있느냐에 따라 전달체계 역시 그에 따라 달라질 수밖에 없다.

#### ② 민간 전달체계

대부분의 나라들에서 사회복지는 주로 정부의 주도에 의해 수행되지만, 어느 나라이건 민간부문에서의 사회복지의 비중과 역할은 무시할 수 없다. 민간부문의 사회복지는 가정이나 자선단체의 구호기능, 지역사회개발 및 정부위탁사업 등 다양한 영역에서 역할을 수행하고 있다. 민간부문의 사회복지전달체계는 시장원리에 따라 사회복지서비스의 교환이 이루어지는 시스템을 의미한다. 민간 전달체계에는 영리를 목적으로 하지 않는 사회복지법인, 재단법인 및 사단법인, 종교단체, 법정단체 및 기타 특수법인, 등록단체나 그 법인 또는 단체가 사회복지사업을 목적으로 운영하는 시설과 기관 등이 포함된다.

〈표 4-3〉 전달체계의 운영 · 주체별 구분

| 전달체계 | 구성 |
|---|---|
| 공공 전달체계 | • 보건복지부를 중심으로 한 정부 조직 관련 부서의 위계적인 체계망<br>• 보건복지부 - 특별시 · 광역시 · 도 - 시 · 군 · 구 - 읍 · 면 · 동 - 국민기초생활 보장 수급자<br>• 특별시 · 광역시는 자치구, 도는 시 · 군 · 구 |
| 민간 전달체계 | • 개인, 민간단체(복지재단, 자원봉사단체, 사회복지협의회, 이용 및 수용시설) 등의 수평적인 체계망 |

## 2. 전달체계 구축의 원칙

현대사회에서 사회복지 수혜 대상자에게 만족스러운 서비스를 제공하기 위해서는 우선 사회복지서비스 제도가 완비되어야 함과 동시에 전달체계가 기능적으로 설계되어야 한다. 그러므로 효과적이고 효율적인 전달체계를 구축하기 위해서는 기본적인 원칙이 구축되어야 한다. 전달체계의 구축에 고려되어야 할 여러 가지 원칙을 〈표 4-4〉의 학자들이 주장하였듯이, 그중에서도 중요한 원칙을 조직, 인력, 서비스전달 범주 측면에서 제시하면 다음과 같다(성규탁, 2003; 남기민 · 최성재, 2000; 김치영 · 최용민, 2006; 김영종, 2017; 홍봉수 외, 2016; 배은영 외, 2012).

〈표 4-4〉 학자별 전달체계 구축의 주요 원칙

| 학자 | 주요 원칙 |
|---|---|
| 길버트와 스펙트(Gilbert & Specht, 1986) | 비단편성(통합성), 연속성(지속성), 책임성, 접근(용이)성 |
| 게이트 (Gate, 1980) | 통합성(비단편성), 연속성(지속성), 책임성, 접근(용이)성, 포괄성 |
| 성규탁(1992) | 통합성, 연속성(지속성), 접근가능성, 포괄성, 공평성(평등성), 적절성, 적합성 |

| | |
|---|---|
| 최성재 · 남기민 (2001) | 통합성, 연속성(지속성), 책임성, 접근(용이)성, 포괄성, 평등성, 충분성(적절성), 전문성 |
| 김영종(2006) | 충분성(적절성), 접근(용이)성, 연속성(지속성), 비편파성(통합성), 책임성 |

### 1) 전문성의 원칙

핵심 업무는 반드시 전문가가 담당해야 한다. 사회복지업무는 일반 행정과는 달리 높은 전문성을 필요로 한다. 현재 우리나라의 사회복지는 보건복지부의 지침에 의한 단순한 물질적 전달업무가 대부분을 차지하고 있지만, 통합의 원칙에 의한 전달체계를 구성하고 지역특성에 맞는 사회복지를 계획하게 된다면, 고객의 수요를 분석하고 개개인의 욕구를 파악하는 전문적인 복지행정인력 없이는 효과성을 제고하기 어렵다. 특수한 욕구와 서비스를 필요로 하는 사람들에게 적절한 서비스를 제공하기 위해서는 관련된 사회복지전문가가 반드시 필요하다.

### 2) 충분성(적절성)의 원칙

서비스는 클라이언트의 문제해결과 목표(재활 및 자활) 달성에 충분해야 한다. 정부가 제공하는 사회복지서비스가 지역사회의 대인적 또는 사회적 문제들을 해결하기 위해 양적 · 질적 측면 및 시간적 측면에서 충분하게 제공되고 있는가를 파악하는 것이다. 충분성을 충족시키기 위해서는 지역사회의 인적자원과 물적자원들이 충분해야 한다. 또한 기존의 중앙정부의 상의하달식 복지정책만이 아니라 지역복지계획을 활성화시킬 수 있는 제도적 장치가 마련되어야 한다.

### 3) 포괄성의 원칙

다양한 욕구나 문제해결을 위해 다양한 서비스를 포괄적으로 지원해야 한다. 지역 사회의 개인적 또는 사회적 문제에 대하여 영향을 미치기에 충분한 질과 양 또는 충분한 시간 속에서 급여의 범위가 주어지는 것을 포괄성이라고 한다. 다시 말하면 사람들의 욕구는 다양하고 복합적이기 때문에 이를 해결하기 위해서는 동시에 혹은 순차적으로 다양한 서비스를 필요로 한다. 따라서 이상적인 전달체계는 클라이언트의 다양한 욕구를 처리할 수 있도록 구성되어야 한다.

### 4) 통합성의 원칙

문제해결을 위한 서비스 프로그램은 서로 연관되어야 한다. 사회복지의 재화와 서비스는 그 전달방법이 매우 다양하기 때문에, 누구에게나 인간다운 생활을 할 수 있는 기본적 욕구를 모두 만족시키기 위해서는 제공되는 재화나 서비스에 대한 조정과 체계화가 필요하다. 즉, 바람직한 전달체계가 이루어지기 위해서는 특정한 재화나 서비스들이 특정한 사람들에게 단편적으로 제공되어 특정 사람들이 어떤 재화나 서비스를 불필요하게 많이 받는다거나, 또는 정작 필요한 사람들이 필요한 것을 받지 못하는 현상을 방지하여야 한다. 그러나 현실의 전달체계를 살펴보면 보건과 의료 및 보험이 분리되어 집행되고 있어서 각 기구마다 공통기능을 지닌 행정인력이 중복되고, 기구의 다변화에 따른 시설비의 추가 등으로 예산이 낭비되고 있으며, 복지 관련 부서들이나 기관들의 연계성 부족으로 인한 서비스전달의 혼선이 가중되고 있다.

### 5) 연속성(지속성)의 원칙

문제해결에 필요한 서비스가 연속적으로 일정 기간 제공되어야 한다. 사회복지의 수혜대상자들에게 제공되는 재화나 서비스는 지속적으로, 안정적으로 제공되어야 한다. 또한 하나의 욕구가 해결되어 다른 욕구로의 이행이 필요할 때, 전달체계 간의 긴밀한 연계성을 이루면서 끊김 없이 제공되어야 한다. 지속적이고 안정적인 서비스를 제공하기 위해서는 안정적인 재원을 뒷받침으로 한 전달체계가 필요하다.

### 6) 평등성의 원칙

국가는 특별한 경우를 제외하고는 기본적으로 연령, 성별, 소득, 지역, 종교, 지위와 무관하게 누구에게나 평등하게 사회복지서비스를 제공하여야 한다.

### 7) 책임성의 원칙

사회복지조직은 서비스 전달에 대해 책임져야 한다. 사회복지정책은 본질적으로 국민의 욕구와 요구를 반영해야 한다는 규범성을 지닌다. 책임성이란 사회복지서비스 수혜자들의 욕구에 전달체계들이 대응적이고 책임적인가의 문제이다. 전달체계가 그 책임을 다하고 있는가는 수혜자와 서비스 공급자 간에 평가가 상이할 수도 있다. 수혜자 관점에서의 책임성은 전달체계가 개별적이고 독특한 욕구들을 가진 이용자들의 문제와 욕구들에 적절히 반응하는가, 혹은 이용자들이 불만을 표시할 수 있는 과정들을 시스템이 마련하고 있는가 등을 통해 판단될 수 있다.

### 8) 접근(용이)성의 원칙

누구나 서비스 이용에 아무런 장애가 없어야 한다. 사회복지정책을 통하여 제공되는 재화나 서비스의 내용이 아무리 좋더라도 수혜자들이 실제로 그것을 사용하는 것이 어렵다면 그 정책의 실효성은 크게 떨어질 수밖에 없다. 따라서 전달체계는 공간적, 시간적인 측면에서 수혜자가 서비스를 보다 쉽게 이용할 수 있도록 설계되어야 한다. 일반적으로 서비스의 접근이 용이한 전달체계가 되기 위해서는 지역의 지리적 특성과 교통에 적합한 전달체계가 마련되어야 하며, 그것을 이용하는 데 소요되는 경제적 부담도 적어야 한다.

## 3. 공공 전달체계

### 1) 공공 전달체계의 현황

공공 전달체계는 「사회보장기본법」에 제시된 공공부조와 사회서비스 정책을 기획 · 집행하여 공적 서비스 기관을 통해 다양한 사회복지서비스를 국민에게 전달하고 있다. 현재 우리나라의 사회복지행정체계는 보건복지부의 정책을 기초로 하여 광역자치단체, 기초자치단체, 읍 · 면 · 동의 구조를 통해 집행을 담당하고 있다. 아울러 보건복지부를 비롯하여 〈표 4-5〉와 같이 중앙부처(기획재정부, 행정안전부, 교육부, 여성가족부, 국방부, 고용노동부, 농림축산식품부, 국가보훈처, 법무부 등)가 연관되어 사회복지서비스 전달에 관여하고 있다.

〈표 4-5〉 사회복지 제도별 공공 전달체계 현황

| 부처 | 담당부서 | 담당업무 |
|---|---|---|
| 보건복지부 | 사회복지정책실<br>보건산업정책국<br>건강정책국<br>연금보험국<br>저출산고령화사회정책실<br>장애인정책국<br>보건의료정책실 | • 복지정책총괄, 사회복지전문요원, 사회복지사 자격제도<br>• 노인, 장애관련사업 총괄<br>• 국민연금 관련업무 총괄<br>• 의약품, 식품 등 공공보건 관련업무 총괄<br>• 자원봉사, 사회복지관, 사회복지 공동모금회 등 시설 지원 |

| | | |
|---|---|---|
| 고용<br>노동부 | 노사협력정책국<br>근로기준국<br>산업안전보건국 | • 여성, 장애인의 고용에 관한 업무<br>• 근로자 복지후생, 근로조건의 기준<br>• 산업안전보건<br>• 산업재해보상보험<br>• 직업안정 및 실업대책(고용보험) |
| 행정<br>안전부 | 경찰청<br>생활안전국<br>성과후생관<br>연금복지과 | • 여성, 청소년 비행 방지에 관한 업무<br>• 비행청소년의 보호지도<br>• 공무원연금제도의 연구 및 개선<br>• 공무원연금공단의 제도개선 및 업무지침<br>• 공무원연금재정의 장기 전망 및 분석평가<br>• 공무원연금기금운용심의회의 운용 |
| 여성<br>가족부 | 여성정책국<br>권익증진국<br>청소년가족정책실 | • 여성정책에 관한 종합계획수립 및 조정<br>• 남녀평등의식 및 문화 확산을 위한 교육<br>• 가정폭력 및 성폭력 예방과 피해자 보호계획의 수립 및 조정<br>• 청소년/가족관련사업 총괄 |
| 기획<br>재정부 | 경제정책국<br>사회정책국 | • 고용안정 및 근로자복지 관련 시책의 조정<br>• 국민복지증진에 관한 투자계획 및 관련정책의 종합 조정 |
| 교육부 | 인재정책실<br>교육발전기획과 | • 의무교육정책에 관한 종합계획의 수립조정<br>• 유아, 특수교육에 관한 업무<br>• 교육공무원의 보수제도 및 후생복지 |
| 국방부 | 보건복지관 | • 군인연금제도의 발전과 계획 및 조사연구<br>• 군복지행정의 수립 및 제도발전<br>• 군인연금에 관한 사항<br>• 군보건정책의 수립조정 |
| 농림<br>축산<br>식품부 | 농촌정책국<br>농촌정책과 | • 농촌복지에 관한 업무<br>• 농촌교육여건 개선<br>• 농촌생활 개선과 농림건강관리 |
| 국가<br>보훈처 | 복지증진국<br>보상정책국 | • 국가유공자 및 그 유족에 관한 지원<br>• 국가유공자복지계획의 수립 총괄지도<br>• 국가유공자 등에 대한 의료보호시책 및 제도의 연구<br>• 복지시설 투자계획의 수립 및 집행 |
| 법무부 | 범죄예방정책국 | • 보호행정의 종합계획 및 조사연구<br>• 갱생보호에 관한 사항<br>• 보호소년 및 위탁소년의 교과교육, 직업훈련, 생활지도 |

## 2) 공공 전달체계 개편 과정

1980년대 초반부터 공공 전달체계의 개선을 위한 노력이 있었으며, 그 후에도 효율적인 전달체계의 구축을 위해 여러 차례 개편작업이 진행되었다.

### (1) 1980년대

1981년도에는 제5차 경제사회발전 5개년 계획(1982~1986)이 수립되어 전달체계 개선, 사회복지행정 개선, 시범복지사무소 설치 및 운영이 제시되었으며, 한국개발원에서 발간한「빈곤의 실태와 영세민 대책」보고서에서 사회복지사무소의 설치를 제안하였다.

한편 1985년에는 제6차 경제사회발전 5개년 계획(1987~1991)을 수립하여 사회복지사무소의 설치를 다시 제안했으며, 1986년에는 보건사회부에서 '국민복지증진 대책'을 발표하여 사회복지사무소에 대한 설치 논의가 있었으나 경제기획원의 반대로 실현되지 못하였고, 대안으로 사회복지전문요원제도의 도입이 제안되어 이듬해 1987년 사회복지전문요원제도가 도입되었다.

### (2) 1990년대

1992년도에는 보건사회부에 사회복지사무소 추진반이 구성되었으며, 시·군 ·구 단위 사회복지사무소 설치·운영계획이 포함된 제7차 경제사회발전 5개년 계획(1992~1996)이 수립되어 1993년부터 1995년까지의 시범사업 후 1996년 이후 대도시 중심의 단계적 확대·설치 계획을 제시하였다. 아울러「사회복지사업법」제정으로 사회복지사무소 설치근거가 마련되었으며, 동법 제15조에 의거해 시·군·구에 복지사무 전담기구를 따로 설치할 수 있고, 사무 범위·조직 등 필요 사항은 지방자치단체의 조례로 정할 수 있게 되었다.

1993년 정부의 작은 정부 이념에 따라 사회복지사무소의 설치 재검토를 거쳐 1995년 시범보건복지사무소를 설치·운영하게 되었다. 이 시범사업은 1995년 7월부터 1999년 12월까지 서울 관악구, 대구 달서구, 경기 안산시, 강원 홍천

군, 전북 완주군 등 5개 지역에서 실시되었다. 5년간 실시된 시범사업으로 저소득 지역주민들에게 보건 · 의료와 사회복지서비스를 포괄적으로 제공하기 위해 읍 · 면 · 동사무소에 있던 사회복지부서를 보건소에 통합 · 재배치하는 형태로 시작되었다. 보건의료 및 복지서비스 기능의 연계 · 수행 목적으로 시작된 이 시범사업은 복지업무 집중에 따라 복지행정의 포괄성 향상, 이용자 중심의 통합 · 전달체계 구축, 책임성과 신속성, 공정성, 전문성 향상 등의 효과가 있었다. 그러나 시범사업 초기에 보건 · 복지 연계사업과 관련한 보건 · 복지 담당자 간의 충분한 합의와 준비가 미비하여 보건 · 복지서비스의 연계가 초기부터 조직 통합 실현에는 미흡했고, 접근성의 감소 등의 문제가 나타나 시범사업으로 마무리되었다.

한편, 1995년 「사회보장기본법」 제정으로 동법 제28조에 의거하여 지역적으로 고루 분포되고, 관계 기관 간 원활한 조정이 가능하고, 국민이 쉽게 이용할 수 있도록 사회보장 전달체계를 마련하도록 정하였으며, 1998년 제1차 사회보장발전 5개년 계획(1999~2003)에서 보건복지사무소를 설치 및 확대(1999~2000)하는 지방 사회복지전달체계 개편안을 제시하였다.

### (3) 2000년대

2001년 지역사회복지협의체 시범사업이 1년간 전국 15개 시 · 군 · 구에서 실시되었으며, 시범사업을 거쳐 2005년 전면 실시되었다. 지역사회복지협의체는 지역의 사회복지에 관한 전반적인 사항을 다루는 거버넌스 실천기구로서, 시 · 군 · 구 단위로 설치되어 복지 자원의 확충, 효율화, 서비스 간의 연계를 도모하고 서비스 대상자의 욕구 충족 및 문제해결을 위한 지역의 역량강화를 위해 운영되고 있다.

한편, 2002년도 대통령 인수위원회에서 '사회복지사무소 설치'를 대통령 정책과제로 보고하였으며, 이듬해 2003년도에는 보건복지부 대통령 업무보고 시 '사회복지사무소 설치 필요성'이 보고되었으며, 이에 보건복지부는 '사회복지전달체계 개선방안 및 추진계획'을 수립하였으며, 연구용역 자료인 '공공복지업무의 효율적 연계방안'을 발표하고, 사회복지사무소 시범사업 준비 정책토론회를 개최하였으며, 사회복지사무소 시범사업 기본계획(안)을 발표하였다. 이듬해 2004년에는 사회복지사무소 시범사업 기본계획을 확정하여 시 · 도에 통보하고 지역설명회를 개최하였으며, 사회복지사무소 시범사업을 전국 9개 지역에서 실시하게 되었다. 사회복지사무소 시범사업은 전달체계의 문제점을 극복하고 시 · 군 · 구청 사회복지과와 읍 · 면 · 동사무소에서 이루어지던 사회복지 업무를 통합 · 수행하여 지역주민에게 보다 전문화된 사회복지서비스를 제공하기 위한 복지 업무의 독자적인 전달체계를 구축하고자, 2004년 7월부터 2년간 9개 지역(서울 서초구, 부산 부산진구, 부산 사하구, 광주 남구, 강원 춘천시, 충남 공주시, 경북 안동시, 충북 옥천군, 울산 울주군)에서 사회복지사무소 시범사업이 실시되었다. 이 사업을 통해 복지 전문인력의 효율적 이용, 시 · 군 · 구 복지조직의 전문성 강화, 수요자 중심 복지서비스 제공, 지역 중심 복지 실현 등의 효과를 기대하였다. 그러나 접근성의 어려움, 사회복지 전담공무원의 업무과중, 시 · 군 · 구 및 보건복지 등과의 연계 미흡 등의 문제점이 나타나 시범사업으로 마무리되었다.

2005년도에 들어서서 긴급복지지원제도 도입과 함께 사회복지 전담공무원의 확충과 지역사회복지협의체 활성화 등을 포함한 사회복지전달체계 개선안이 발표되었다. 아울러 사회안전망 전달체계 개편방향을 제시한 '희망한국 21-함께하는 복지'대책이 발표되었으며, 보건복지와 관련된 모든 상담 및 지원요청을 One-Stop으로 통합 처리하는 보건복지콜센터(희망전화 129)가 운영되었다.

2006년 7월부터 시작된 주민생활지원서비스는 '희망한국 21'이라는 종합복지대책에 따라 주민생활지원국을 통해 복지 · 보건 · 주거 · 고용 · 교육 · 체육 · 문화 · 관광의 8대 영역 서비스를 포괄해 지방행정의 틀을 복지 중심으로 바꾸고, 민 · 관 협력의 거버넌스 체계를 갖추어 참여복지를 실현하며, 수요자 중심의 맞춤형 통합서비스 전달체계로 개편하고자 하였다.

### (4) 2010년대

시 · 군 · 구의 사회복지 업무지원시스템인 사회복지통합관리망(행복e음)이 2010년 1월부터 본격 가동됨에 따라 이에 적합하도록 업무 프로세스와 조직 · 기능 · 인력을 정비하는 전달체계의 개선을 추진하였다. 그 결과 시 · 군 · 구의 주민생활지원국 주민생활지원과 내 통합조사관리팀으로 복지 대상자의 자산조사와 자격관리가 일원화되고, 서비스연계팀에서는 민간서비스 연계제공과 사례관리를, 읍 · 면 · 동에서는 상담 및 신청 접수와 수급자 관리 업무를 맡게 되었다. 이러한 개선 대책은 사회복지통합관리망의 활용을 극대화하고, 분산된 업무를 통합 · 관리하도록 조직 및 인력 구조를 개선함으로써 업무의 효율성 향상과 수요자 중심의 찾아가는 서비스를 지향하게 되었다.

한편 2013년 2월부터 개인별 · 가구별 복지서비스 이력 관리, 중복 · 부정적 수급방지, 중앙부처 복지사업 정보제공, 복지사업 업무처리 등을 위한 '사회보장정보시스템'이 개통되었다. 사회보장정보시스템은 전 부처 복지사업을 대상으로 개통되었는데, 복지재정을 효율적으로 운영하여 누락이나 중복 없이 꼭 필요한 국민에게 맞춤형 서비스를 제공하고, 정보의 공동활용을 통한 효율적 복지행정업무처리 지원을 목적으로 하고 있다.

2015년부터는 복지사각지대를 해소하고 지역복지의 역량을 강화하기 위해 복지사각지대 취약계층 발굴, 복지수요자와 기부자의 연계 · 지원 동 단위 민간네트워크 구축과 사례관리 등 다양한 활동을 전개하였다. 특히 정보시스템을 통한 복지사각지대 대상자 발굴을 강화하기 위해 2015년 7월에 사회보장정보원이 출범하였다.

2016년 2월부터 읍 · 면사무소 및 동 주민센터를 행복복지센터로 명칭을 변경하여 읍 · 면 · 동의 복지기능을 강화하는 '읍 · 면 · 동 복지허브화'가 추진되었다. 읍 · 면 · 동 허브화라는 말은 박근혜 정부 때 사용되었고, 2017년 5월에 들어선 문재인 정부는 '찾아가는 복지서비스'로 바꾸어 부르고 있다. 읍 · 면 · 동 복지허브화 전달체계 개편은 읍 · 면 · 동 차원에서 맞춤형 복지팀을 중심으로 민관협력을 강화하고, 지역사회보장협의체의 활성화를 통해 복지사각지대 및 민간자원의 발굴과 연계를 적극 추진하는 것을 목표로 하였다. 맞춤형 복지 전달체계 개편의 일환으로 국민의 복지체감도를 향상시키기 위한 민·관협력 활성화의 중요성이 부각되면서 지역사회보장협의체가 주목을 받았다.

지역밀착형 복지기능 강화와 읍·면·동 단위 협력기구 활성화 차원에서 2016년 7월부터 읍·면·동 지역사회보장협의체가 설치·운영되기 시작하였다. 읍·면·동 지역사회보장협의체는 지역사회 복지문제 해결을 위해 읍·면·동 단위에서 활성화되는 주민 네트워크 조직으로 복지사각지대 발굴 및 지원연계, 지역사회 특화사업 등을 추진하고 있다.

### 3) 공공 전달체계의 문제점

공공 전달체계의 문제점으로 지적되고 있는 점을 정리하면 다음과 같다(변재관 외, 2000; 배은영 외, 2012).

#### (1) 상의하달식의 수직적 전달체계

최근 지역사회복지협의체에서 공공과 민간 간의 연계를 강화하고 지역밀착형 사업을 기획하고자 노력하고 있다. 그러나 여전히 중앙정부에서 기본정책과 계획을 수립하고 이를 수행하기 위한 지침을 하달하고, 중간 및 하부기관은 그 지침에 따라 업무를 수행하는 상의하달식으로 전달되고 있어 지역특성과 수혜대상자의 욕구를 반영한 복지서비스를 제공할 여건이 미흡한 실정이다.

#### (2) 서비스의 통합성 결여 및 행정단위체계의 연계성 부족

공공 전달체계에 있어서 관련 부서들이 각각 분리·설치되어 있어 통합성이 매우 낮다. 또한 사회복지업무가 읍·면·동과 시·군·구의 별개의 행정단위체계로 수행되면 대상 분야별 별도관리가 이루어져, 대상자에 대한 중복지원 또는 누락의 가능성으로 인한 급여의 효율성 및 제도 간 연계성도 부족하다. 이와 같은 서비스의 단편성은 클라이언트의 문제를 통합적으로 해결하지 못하므로 서비스의 효과성과 효율성을 약화시키게 될 것이다.

### (3) 사회복지행정의 일반지방행정 체계로의 편입

국민기초생활보장, 의료급여 및 취약계층의 자립·자활, 재활 등 사회서비스의 전달을 위한 행정체계가 행정안전부의 지방행정체계에 편입되어 일반 행정 공무원인 상급자가 사회복지 분야에 대한 이해가 부족하여 전문적 지도·감독을 하기 어렵고, 동료 전문직 간의 사례연구회의 등을 통한 업무의 질적 향상을 기대하기도 곤란하다. 그리고 배치된 사회복지 전담공무원들은 타 업무겸임으로 인한 업무과중으로 소진현상과 주변 여건의 미비로 전문성을 발휘하기 어려울 뿐만 아니라 이로 인하여 사회서비스의 효율성도 저하될 가능성이 높다.

### (4) 사회복지 관련 위원회와 위원의 활동 부진

공공 전달체계 내에 주요한 사항을 자문 또는 심의하기 위하여 자문위원회, 심의위원회 등 다양한 위원회들이 존재하지만 거의 형식적으로 운영되고 있거나, 심지어 구성되지 않은 경우도 있어 거의 유명무실한 존재가 되어 사회복지 전달의 효과성과 효율성 향상에 도움이 되지 못하고 있는 실정이다.

### (5) 전문 인력의 부족

「국민기초생활 보장법」 실시 이후 자산조사 등 사회복지 전담공무원의 업무가 더욱 과중되었고, 서비스 전달체계의 잦은 변화로 역할과부하가 극에 달하고 있으나 여전히 인력 부족의 문제가 해결되지 못하고 있다. 전문 인력의 부족은 결국 서비스의 질을 저하시키고 효과성을 악화시킬 수 있다는 점에서 인력 문제는 조속히 해결방안을 찾아야 할 것이다.

### (6) 전문 인력 관리 미흡

공공 전달체계에서 사회복지행정을 담당하는 인력들 가운데에는 사회복지를 위한 전문훈련 및 교육을 받기보다는 행정안전부의 행정경험에 의한 인력이 높은 비율을 차지하고 있다. 또한 인력관리체계와 보수체계가 전문 업무에 적합하지 않아 사회복지 전담공무원이 업무를 소신껏 수행하도록 유도되지 못하고 있다. 따라서 전문적인 서비스 제공을 위한 개인의 능력한계나 동료 전문가 간의 사례연구 기회 부족 등으로 인해 서비스의 전문성 제고가 곤란한 실정이다.

#### (7) 기타 문제점

앞서 언급된 문제점 이외에도 사회복지 업무체계의 일관성 결여, 업무내용의 중복으로 인한 책임소재의 불명확, 현행 공공 전달체계 내에서의 자율성과 능동성 결여 및 지방자치단체로의 업무분담에 대한 소극적 자세 등이 문제점으로 대두되고 있다. 아울러 상담 등 전문적 대인서비스를 제공하기에는 사회복지 전담공무원의 업무가 과중하며 여건이 미비하다. 또한 복지제도의 전반적 발달이 미흡하며 여러 가지 사회·문화적 요인이 전달체계의 발달을 지체시키고 있다.

## 4. 민간 전달체계

### 1) 민간 전달체계의 필요성

정부가 보편주의적 사회복지서비스를 중심으로 제공한다면 민간 사회복지서비스는 선별주의 서비스를 중심으로 제공한다고 볼 수 있다. 즉, 보편적 서비스 프로그램에 대한 보완적 역할을 한다는 것이다. 최근과 같이 복지다원주의 체제하에서 민간 사회복지조직에 의한 서비스 제공이 강조되고 있으며, 그 필요성은 다음과 같다.

- 공공부문이 제공할 수 없는 서비스 제공

- 경쟁을 통한 서비스의 질 향상
- 민간의 사회복지 참여 욕구 수렴
- 정부의 사회복지 활동에 대한 압력단체 역할
- 국가의 사회복지비용을 절약
- 사회복지서비스의 선도적 개발 및 보급

## 2) 민간 전달체계의 유형

민간 전달체계에는 영리를 목적으로 하지 않는 주민조직과 사회복지법인, 재단법인 및 사단법인, 종교단체, 법정단체 및 기타 특수법인, 등록단체나 그 법인 또는 단체가 사회복지사업을 목적으로 운영하는 시설과 기관이 포함된다.

### (1) 전통적인 사회복지기관협의회

사회복지기관들이나 사회복지를 담당하는 위원회 및 부서를 가진 여타의 단체들로 구성된다. 일반적으로 대도시에 존재하는 복지협의회의 대부분은 이러한 형태이며, 우리나라의 한국사회복지협의회의 전신인 한국사회사업연합회나 한국사회복지관협회도 이러한 유형에 속한다고 할 수 있다.

### (2) 지역사회복지협의회

전문 혹은 비전문 개인회원과 사회복지기관의 단체회원으로 구성되며 포괄적인 의미의 사회복지 증진에 관심을 갖고, 사회복지기관들의 프로그램을 기획·조정하고 사회복지프로그램과 서비스를 향상시키기 위한 노력과 함께 사회행동 등에도 참여한다. 우리나라의 한국사회복지협의회와 각 시·도의 사회복지협의회가 이러한 유형에 속한다.

### (3) 전문분야협회

한국사회복지사협회, 가정 및 아동복지협의회, 레크리에이션과 집단지도협의회, 보건문제, 정신위생, 재활, 청소년비행예방, 청소년 서비스 분야 등의 기관협의회를 들 수 있다. 우리나라의 사회복지분야에도 각종 직능단체협의회가 있는데, 이러한 유형에 속한다고 할 수 있다.

### (4) 사회복지시설

#### ① 생활시설

생활시설은 장기간 자기 집을 떠나서 또는 자기 집이 없기 때문에 불가피하게 집단으로 일상생활을 하면서 서비스를 받을 수 있는 일정한 조건을 갖춘 시설을 말한다. 과거 오랫동안 수용시설이라 불렸으나 그 의미가 부정적이고 적합하지 않기 때문에 생활시설 또는 주거시설로 불리고 있다. 생활시설은 우리나라의 가장 대표적인 민간 사회복지조직이며 대상자에 따라, 비용부담의 정도에 따라 다양한 형태를 하고 있다. 생활시설은 한국전쟁 동안 전쟁고아, 미망인, 부랑아, 장애인 등을 집단수용한 것을 계기로 크게 증가하였고, 1970년대 중반 이후에는 시설이 다양화되고 아동 및 모자 생활시설은 점차 줄어드는 한편 노인 및 장애인 생활시설은 크게 늘어나는 경향이 있다(배은영 외, 2012).

#### ② 이용시설

이용시설(일반적으로 민간 사회복지기관으로 칭함)은 서비스 대상자가 자기 집을 하루 중 일정 시간 또는 하루 이상 약 1개월 정도까지 떠나 일정한 조건을 갖춘 시설에서 서비스를 받고 다시 자기 집으로 돌아가는 형식의 서비스 시설을 말한다. 사회서비스에 따라 다양한 종류의 시설이 있으며 사회복지법인, 사단법인, 재단법인, 기타 법률에 의한 비영리법인에 의하여 설치 · 운영되고 있고 운영조직은 별도의 운영규정으로 정하고 있다.

〈표 4-6〉 민간 사회복지시설의 분류

| 관련법 | 시설 종류 | 세부 종류 | |
|---|---|---|---|
| | | 생활시설 | 이용시설 |
| 사회복지사업법 | 종합사회복지관<br>부랑인노숙인시설<br>결핵한센시설 | • 부랑인시설<br>• 결핵한센시설 | • 종합사회복지관<br>• 노숙인쉼터<br>• 상담보호센터 |
| 노인복지법 | 노인복지시설 | • 노인주거복지시설<br>• 노인의료복지시설<br>• 학대피해노인전용쉼터 | • 재가노인복지시설<br>• 노인여가복지시설<br>• 노인보호전문기관<br>• 노인일자리지원기관 |
| 아동복지법 | 아동복지시설 | • 아동양육시설<br>• 아동일시보호시설<br>• 아동보호치료시설<br>• 자립지원시설<br>• 공동생활가정 | • 아동상담소<br>• 아동전용시설<br>• 지역아동센터<br>• 아동보호전문기관<br>• 가정위탁지원센터<br>• 아동권리보장원 |
| 장애인복지법 | 장애인복지시설 | • 장애인 거주시설<br>• 장애인 의료재활시설 | • 장애인지역사회재활시설<br>• 장애인직업재활시설 |
| 정신건강복지법 | 정신건강증진시설 | • 정신요양시설<br>• 정신재활시설 | • 정신건강복지센터<br>• 국가트라우마센터<br>• 중독관리통합지원센터 |
| 국민기초생활 보장법 | 자활센터 | | • 광역자활센터<br>• 지역자활센터 |
| 한부모가족지원법 | 한부모가족복지시설 | • 모자가족복지시설<br>• 부자가족복지시설<br>• 미혼모자가족복지시설<br>• 일시지원복지시설 | • 한부모가족복지상담소 |
| 영유아보육법 | 어린이집 | | • 국공립어린이집<br>• 사회복지법인어린이집<br>• 법인단체등어린이집<br>• 직장어린이집<br>• 가정어린이집<br>• 협동어린이집<br>• 민간어린이집 |

| | | | |
|---|---|---|---|
| 다문화가족 지원법 | 다문화가족 지원센터 | | • 다문화가족지원센터 |
| 성매매 피해자 보호법 | 성매매피해자 지원시설 | • 일반지원시설<br>• 청소년지원시설<br>• 외국인여성지원시설<br>• 자립지원 공동생활시설 | • 자활지원센터 |
| 성폭력 방지법 | 성폭력피해자 보호시설 | • 일반보호시설<br>• 장애인보호시설<br>• 특별지원 보호시설<br>• 외국인보호시설<br>• 자립지원 공동생활시설<br>• 장애인 자립지원공동생활시설 | • 성폭력피해상담소 |
| 가정폭력 방지법 | 가정폭력피해자 보호시설 | • 단기보호시설<br>• 장기보호시설<br>• 외국인보호시설<br>• 장애인보호시설 | • 가정폭력상담소 |

### 3) 민간 전달체계의 문제점

민간 전달체계의 문제점으로 지적되고 있는 점을 정리하면 다음과 같다(신복기 외, 2019).

#### (1) 조직구조상의 문제점

대부분의 민간 기관이나 시설들이 운영에 필요한 자원의 대부분을 정부보조금에 의존함에 따라 그 운영에 있어서 정부의 지도 · 감독을 받게 된다. 이처럼 민간 기관이나 시설이 정부의 정치적 흐름에 영향을 받게 되는 문제로 인하여 민간 부문의 장점인 자율성과 창의성이 크게 제약을 받고 있다. 또한 생활시설의 경우는 아직도 정부의 지원 수준이 낮고, 시설의 종별 · 지역별 분포가 불균형하며, 재정상태 및 전문인력 확보가 미비한 실정이다. 그리고 시설의 사회화가 이루어지지 않고 있으며, 시설서비스와 지역사회의 서비스 간 연계가 부족하여 통합적 서비스를 제공받기 어려운 상황이다. 한편, 사회복지관의 경우에는 사회복지사의 업무과중 부담과 보수의 취약성, 재정의 취약성 등이 가장 큰 문제점으로 지적되고 있으며, 이로 인해 사회복지사들의 직무만족도가 떨어지고 이직률이 높아지고 있으며 이는 곧 전문 인력의 부족현상으로 나타나고 있다.

### (2) 관리운영상의 문제점

사회복지 협의기구들이 조정자로서의 역할과 기능을 충분히 수행하지 못한다. 특히, 지역사회복지협의체는 지역사회의 욕구를 충분히 수렴하지 못하고 있다. 생활시설협의회의 경우 생활시설이 재정적으로 정부 보조금에 의존하고 있기 때문에 사회복지시설의 문제에 대하여 이슈화시키는 데는 한계가 있다. 대부분의 생활시설은 재원이 빈약하여 클라이언트의 단순 수용보호에 그쳐서 목표달성이 어려운 실정이다. 한편, 이용시설의 경우는 기관들 간의 협의 조정 체계가 구축되어 있지만 실질적인 운영에 어려움이 있고, 서비스 간의 연계 부족으로 인하여 프로그램의 중복과 누락현상이 나타나고 있다.

### (3) 전담인력상의 문제점

낮은 보수 등 사회복지조직 전문종사자의 처우가 열악하여 소진과 이직이 잦고 책임감이 저하되어 전문성을 향상시키기 어려우며, 책임성을 추구하는 데 한계가 있다. 채용공고를 내도 근무여건이 열악하여 전문 사회복지사들이 취업을 기피하고 있으며, 이로 인하여 전문적인 프로그램의 제공에 어려움을 겪고 있다. 아울러 직원의 빈번한 이직과 교체로 인하여 프로그램과 서비스의 지속성이 부족한 실정이다.

## 5. 전달체계 개선전략

### 1) 의사결정의 권위와 통제의 재구조화

#### (1) 협조체계 구축

전달체계의 기관을 중앙집권화 또는 연합화하여 전달체계를 통합적이고 포괄적인 것으로 발전시킨다.

#### (2) 시민참여 체제의 도입

의사결정의 권위를 전달체계의 기관과 클라이언트에게 재분배하여 의사결정 과정에 시민들을 참여시킬 경우 클라이언트의 욕구에 보다 적절히 반응할 수 있다.

### 2) 특수한 업무 분담

#### (1) 전문가를 조직적 상황에서 분리

전달체계가 관료적 특성이 강하여 전문가로서 전문성 발휘를 저해할 경우 그러한 조직적 상황에서 벗어나 자율성을 발휘할 수 있도록 한다.

#### (2) 중간자에 대한 전문가 역할 부여

서비스 대상자가 사회계층적, 문화적, 인종적으로 서비스를 전달하는 전문가와 다를 경우 상호 이해와 접근이 용이하지 않을 수 있다. 따라서 서비스 전달이 어려운 경우 서비스 전달 전문가와 클라이언트를 중간에서 연결하여 줄 수 있는 사람을 찾아 그에게 전문가 역할의 일부를 부여한다.

## 3) 전달체계의 구조 변경

### (1) 접근 촉진

서비스에 좀 더 쉽게 접근할 수 있도록 하는 전략으로 하나의 서비스에 대한 접근을 한결 용이하게 만들어주는 별도의 서비스를 마련한다.

### (2) 전달체계 중복화

의도적으로 같은 전달체계를 중복시키는 것으로 거리가 멀어 이용이 어려운 서비스의 경우 같은 서비스를 제공하는 조직이나 기관을 근거리에 중복하여 두게 되면 클라이언트의 서비스 선택권이 강화될 수 있다.

## 4) 서비스 통합성 증진

### (1) 종합서비스센터

장애인종합복지관, 종합사회복지관처럼 하나의 서비스 기관 내에서 복수의 서비스가 제공될 수 있도록 한다.

### (2) 인테이크(intake)의 단일화

클라이언트의 다양한 욕구를 종합적으로 평가하여 적절한 서비스 계획을 개발하도록 인테이크를 전담하는 창구를 설치한다.

### (3) 종합적인 정보와 의뢰 시스템(I&R: Information & Referral System)

전달체계들을 단순 조정하는 방법으로 각기 독립성을 유지하면서 서비스의 통합적 제공을 강화한다.

### (4) 사례관리

사례관리자가 중심이 되어 조직들 간의 네트워크를 이용하여 클라이언트를 관리하고 욕구를 만족시켜준다.

#### (5) 트래킹(tracking)

서로 다른 각각의 기관과 프로그램에서 다루었던 클라이언트에 대한 정보를 서로 공유할 수 있게 하는 시스템으로, 이 시스템을 행하면 클라이언트가 받은 서비스의 경로와 행적을 추적해서 정보를 알 수 있게 된다.

제5장

# 사회복지조직

# 1. 조직의 개념과 유형

## 1) 조직의 개념과 원리

### (1) 조직의 개념

조직이란 주어진 목표나 목적을 달성하기 위해 자원과 기술의 사용을 조정하는 사람들의 공식화된 집단이다. 조직은 기관의 구조와 그 기능을 말하며, 다양한 수준의 직원, 이사회와 위원회의 구조, 명령계통, 그리고 기관의 구조와 관련된 기타 요소들을 포함한다. 동시에 조직은 기관의 구조를 형성하고 그것을 변화시키는 과정을 의미하기도 한다. 즉, 조직(organization)은 조직의 구조(組織, state of being organized)와 조직의 과정(組織化, process of organization)이라는 두 가지 의미를 갖는다.

### (2) 조직의 원리

조직의 구조와 구성원들을 관리하는 활동을 조직관리라고 한다. 조직관리를 원활히 하기 위해서는 몇 가지 조직의 원리를 파악해야 하는데, 그 내용을 살펴보면 다음과 같다(장인협 · 이정호, 2006; 신복기 외, 2019).

#### ① 계층제의 원리

계층제란 조직구성원 간의 권한과 책임을 배분하고 명령 · 지휘 · 복종의 관계를 명시화하는 것이다. 계층제는 명령의 통로가 되고, 상하 간의 의사소통이 이루어지며, 직무와 책임을 명백히 할 수 있는 장점이 있다. 또한 행정목표의 설정과 업무배분의 통로가 되며, 조직 내부의 분쟁 조정과 해결의 수단이 되는 순기능을 가지고 있다. 그러나 계층제가 심화되고 확대되면 의사소통이 차단되고 인간관계가 등한시되며, 구성원의 사기가 저하되는 등의 문제가 발생할 수 있다.

② 명령통일의 원리

명령통일의 원리란 한 조직구성원은 한 사람의 직속상관에게만 영향을 받아야 한다는 원칙이다. 이 원리는 의사소통의 혼란을 방지하고 책임소재를 분명히 할 수 있는 장점이 있다. 그러나 무리하게 한 사람의 담당직원을 통해서 명령·감독을 하는 경우 업무의 효율성이 저하되고 전문성의 발휘를 저해할 우려가 있는 단점도 있다.

③ 통솔범위의 원리

통솔범위의 원리란 통솔 대상자의 수가 한정되어야 한다는 것이다. 한 사람의 상관이 부하를 관리하는 데는 지휘의 한계가 있기 때문이다. 이때 통솔범위는 직무의 성질, 감독자의 능력과 근무시간의 한계, 조직의 역사와 규모, 기관의 장소 여건, 직원의 지원능력, 기관담당자의 사회·심리적 요인 등 통솔범위에 미치는 요인 등을 고려하는 것이 바람직하다.

④ 분업·전문화의 원리

분업·전문화의 원리는 전문분야별로 조직구성원에게 주된 업무를 분담시켜 일을 처리하게 하는 것이다. 이 원리는 사람의 성격, 기술에 차이가 있고 능력에 한계가 있기 때문에 분업을 통한 전문화가 필요하며 동시에 작업능률을 향상시키고 업무지식 및 기술발전을 기할 수 있다. 그러나 분업과 전문화는 개인의 업무수행에 대한 흥미 상실이 초래될 수 있으며, 지나친 분업으로 조직 내 단위 간의 조정을 어렵게 하고 더 많은 비용이 들 수 있다.

⑤ 조정의 원리

조정의 원리는 목표달성에 필요한 조직구성원들의 행동을 통일하도록 하는 것으로 분업에 따른 필연적 원리라 할 수 있다. 조정의 방법은 조직에 의한 방법과 리더십에 의한 방법이 있다. 조직에 의한 방법은 조직단위의 권한과 책임의 한계를 명확히 한다든지, 행정조정실, 기획조정실 등의 조정기구를 설치한다든지 등의 조정방법을 말한다. 그리고 리더십에 의한 방법으로는 개별직원에 대한 동기부여를 촉진한다거나, 아이디어에 의한 조정을 통해 계획의 실시단계에서 이념과 정책을 확립하는 것을 들 수 있다.

⑥ 부문화 · 부서화의 원리

부문화 · 부서화의 원리는 업무분화에 의해 부서와 직무의 증가로 업무의 효율성이 저해되고, 갈등도 증가되므로 조직의 효율성을 위해 목적이나 기능에 따라 조직을 개편하는 것을 말한다.

## 2) 조직의 유형

### (1) 조직의 일반적 유형

에치오니(Etzioni)는 복종관계에 의하여 조직의 유형을 분류하고 있는데, 복종관계란 "상급자가 하급자를 통제하기 위해 사용하는 권력과 이에 대한 하급자의 태도에 의해 이루어지는 관계"를 말한다. 복종관계의 유형을 위협이나 신체적 탄압과 같은 강제적 권력과 물질 또는 금전과 같은 보상적 권력, 지위의 상징, 존엄과 같은 규범적 권력으로 구분하였다. 복종은 강한 부정과 같은 소외적 관여와 획득한 보상에 따라 무관심을 드러내는 타산적 관여, 강한 긍정을 나타내는 도덕적 관여가 있다.

한편, 블라우와 스콧(Blau & Scott)은 일차적인 클라이언트(수혜자)가 누구인가에 따라 조직을 분류하였다.

〈표 5-1〉 일반적인 조직의 유형

| 학자 | 분류기준 | 조직 유형 | 조직 사례 |
|---|---|---|---|
| 블라우와 스콧(Blau & Scott) | 조직의 수혜자 | 상호수혜조직(조직 회원) | 정당, 종교단체, 노동조합 |
| | | 사업조직(소유자) | 상업적인 회사, 은행 |
| | | 서비스조직(클라이언트) | 사회복지기관, 병원, 학교 |
| | | 공공조직(일반 대중) | 관공서, 군대 |
| 에치오니(Etzioni) | 조직의 권력과 구성원의 복종 형태 | 강제적 조직 | 교도소, 군대, 정신병원 |
| | | 공리적 조직 | 기업, 이익단체 |
| | | 규범적 조직 | 사회복지조직, 학교, 병원 |

### (2) 사회복지조직의 유형

길버트 스미스(Gilbert Smith)는 업무의 통제에 따라 사회복지조직을 관공서와 같은 공식적인 규정과 위계적 권위구조의 관료조직, 일선 업무단위가 주도권을 갖는 상호 독립적인 일선조직, 자원봉사조직과 같이 통제성이 약하고 자발적으로 참여하는 투과성조직, 정신병원이나 요양시설과 같이 관리자가 입소자에게 강한 통제권을 갖는 전면통제조직으로 분류하여 설명하였다.

〈표 5-2〉 수혜자의 상태와 조직기술에 따른 사회복지조직 유형

| | | 사용기술 유형 | | |
|---|---|---|---|---|
| | | 인간식별기술 | 인간유지기술 | 인간변화기술 |
| 수혜자의 상태 | 정상 기능 | 유형 1<br>대학교(신입생 선발)<br>신용카드회사 | 유형 2<br>사회보장청<br>요양시설 | 유형 3<br>공립학교<br>YMCA |
| | 비정상 기능 | 유형 4<br>소년법원<br>진료소 | 유형 5<br>공공부조 사무소<br>요양시설 | 유형 6<br>병원<br>수용치료센터 |

한편, 하센펠트(Hasenfeld)는 사회복지조직이 사용하는 기술과 클라이언트의 상태를 기준으로 사회복지조직을 분류하여 설명하였다. 사회복지조직이 사용하는 기술에는 사회 집단의 사회적 수준과 공식적인 지위를 부여해 클라이언트의 변화를 시도하는 인간식별기술, 현 상태를 유지하려는 인간유지기술, 클라이언트를 직접 변화시키려는 인간변화기술로 구분하였으며, 클라이언트 상태를 정상과 비정상으로 구분하였다.

## 2. 조직의 구조와 조직화 방법

### 1) 조직의 구조

#### (1) 공식 조직과 비공식 조직

① 공식 조직

공식 조직은 조직의 정관이나 운영규정에 의하여 임명되고 선출된 이사회, 행정책임자, 직원 및 위원회 등의 배열이고, 기구 도표상으로 나타나는 가시적이고 계획적인 구조를 말한다.

② 비공식 조직

비공식 조직은 조직 내 빈번하게 접촉하는 구성원들 사이에서 자연적으로 발생한 소규모 집단으로서, 공식 조직을 제도적인 조직이라 한다면 비공식 조직은 현실상의 조직이라고 할 수 있다. 공식적인 제도나 법규에 의하여 이루어진 것이 아니라 조직성원들이 일상적인 접촉을 해나가는 과정에서 자연발생적으로 성원들 간에 이루어지는 인간관계 및 역할관계(현실상의 조직)를 의미한다.

### (2) 수직 조직과 수평 조직

① 수직 조직

수직 조직은 계선 조직이라고도 하는데, 명령과 복종 관계를 가진 수직적 구조를 형성하여 조직의 목표달성에 중심이 되는 구조로서 조직 내 '관장-부장-과장-팀장' 등과 같이 계층적인 형태를 띤다. 수직 조직은 조직의 목표달성에 결정권을 가지며 서비스 대상자와 직접적인 참여를 가지고 조직의 목표달성에 기여한다. 수직 조직의 장점은 다음과 같다. 첫째, 위계적 구조의 권한과 책임이 분명하다. 둘째, 결정권과 집행권을 가짐으로써 결정의 신속성을 꾀할 수 있다. 셋째, 강력한 통솔력을 행사할 수 있고, 조직의 안정성을 확보할 수 있다. 반면에 수직 조직은 다음과 같은 단점을 가지고 있다. 첫째, 위계적인 구조는 대규모 조직에서는 책임자의 총괄적인 지휘와 감독으로 업무량이 과중될 수 있다. 둘째, 결정권이 있는 책임자가 독단적이고 주관적인 의사결정을 내릴 우려가 있다. 셋째, 각 부문 간의 효과적인 조정이 곤란하여 조직운영의 비능률성을 초래할 우려가 있다. 넷째, 특수 분야에 전문적인 지식을 활용할 수 없으며 조직이 경직될 우려가 있다. 다섯째, 유능한 인재를 잃게 되면 조직의 기능이 마비될 가능성이 있다. 여섯째, 조직이 융통성보다 경직성을 띠게 된다.

② 수평 조직

수평 조직은 막료조직 혹은 참모조직(staff)이라고도 하는데 수직 조직이 원활하게 기능을 수행할 수 있도록 지원하고 촉진하여 조직의 목표 달성에 간접적으로 공헌하는 구조이다. 주로 자문, 협의, 조정, 정보의 수집, 기획, 인사, 회계, 연구 등의 기능을 수행한다. 수평 조직은 다음과 같은 장점을 가지고 있다. 첫째, 책임자의 통솔범위가 확대되어 업무의 효율성을 기할 수 있다. 둘째, 전문지식과 경험을 활용할 수 있다. 셋째, 독단적이지 않으며 참여적이고 객관적인 의사결정을 가능하게 한다. 넷째, 수평적인 업무의 조정과 협조를 가능하게 한다. 다섯째, 조직의 융통성과 신축성을 부여하며, 대규모 조직에 유리하다. 반면에 수평조직은 다음과 같은 단점을 가지고 있다. 첫째, 조직 내 인사 관계가 복잡해진다. 둘째, 수평 조직 간 권한과 책임한계를 둘러싸고 갈등이 야기될 수 있다. 셋째, 수평 조직에 소요되는 경비지출이 증가된다. 넷째, 운영과 행정의 지연이 야기될 수 있다. 다섯째, 수평 조직, 수직 조직 간에 책임전가가 야기될 수 있다. 여섯째, 수평 조직의 권한이 확대됨에 따라 중앙집권화의 폐단이 나타날 우려가 있다. 일곱째, 의사소통의 경로를 혼란에 빠뜨릴 수 있다.

### (3) 집권화 조직과 분권화 조직

① 집권화 조직

집권화 조직은 중요한 의사결정 권한이 상부에 집중되어 있는 조직으로, 단순하고 반복적이고 획일적인 업무에 유리하고, 조직 전체의 차원에서 볼 때 위기 시에 유리하고, 자율성과 창의성이 저해될 수 있으며, 일상적인 환경변화에 대한 적응이 어렵다.

② 분권화 조직

분권화 조직은 의사결정 권한이 각 계층에 위임되어 있는 조직이다. 분권화 조직의 장점은 각 계층의 수준에서 볼 때에는 환경에 대한 반응성과 유연성이 높고, 신속한 행동이 가능하며, 정보 수집에 유리하고, 교육기회 제공 등 구성원들의 동기부여에 관심을 갖는다는 점이다. 반면에 단점으로는 결정자들 간에 충돌이 발생하면 조정이 어려울 수 있고, 의사결정자들은 의사결정 과정에 대한 통제력과 권한을 비슷한 정도로 갖기 때문에 이로 인해 의사결정이 지연될 수 있다는 점이다.

### (4) 기계적 구조와 유기적 구조

① 기계적 구조

기계적 구조는 경직적인 조직구조를 바탕으로 구성되어 조직의 내부적 관리에 초점을 두는 구조를 말하고, 명확한 규칙과 절차에 따른 업무처리에 초점을 두고, 분업과 전문화를 강조하는 동시에 집권화된 구조를 보인다.

② 유기적 구조

유기적 구조는 신축적인 구조를 바탕으로 구성되어 환경변화에 대해 유연하게 대응할 수 있는 구조를 말하고, 규칙과 절차를 단순화하고, 구성원 사이에 인간적인 관계를 바탕으로 한 팀워크를 강조하는 동시에 분권화된 구조를 나타낸다.

### 2) 조직구조의 유형

#### (1) 전통적 조직

① 기능적 조직

기능적 조직은 각각의 업무단위를 병렬로 나열한 구조조직, 업무가 표준화된 서비스를 위주로 하는 사회보험 관련 조직이나 정신건강서비스 조직 등에서 가능한, 사회복지조직 구조로는 흔하지 않은 구조를 말한다.

② 수직-수평 조직

수직-수평 조직은 수직구조와 수평조직의 활동 구조를 가지고 있다.

③ 위원회 조직

위원회 조직은 조직의 목표를 달성하기 위한 특별한 과업이나 문제를 해결하기 위하여 조직의 일상적인 업무수행 기구 이외에도 별도로 구성한 활동 조직이다. 전문가 또는 과업 관련자들로 구성하며, 상임위원회와 임시위원회가 있고, 전문가 의견 반영, 의사소통 등의 장점이 있으나 시간과 비용 문제, 이해관계 등의 단점도 있다.

### (2) 사업부제 조직

사업부제 조직은 대규모 조직에서 사업부 단위로 조직을 수평적으로 편성하고, 각 사업부가 독자적으로 생산과 마케팅을 진행하는 등, 관리 권한을 행사하는 구조이다. 사업부별로 독립채산제를 실시하고 각 사업부는 모든 과업의 계획과 집행, 성과 분석까지 개별 조직처럼 운영한다. 사업부제 조직의 장점은 환경변화에 대한 유연한 대응이 가능하고, 성과에 대한 책임감을 향상시킬 수 있다는 점이고, 반면에 단점으로는 사업별로 분리된 업무 진행으로 인한 자원의 중복이 발생하고, 실제 수평적 조정의 어려움이 있다는 점이다.

### (3) 동태적 조직

#### ① 프로젝트 조직

프로젝트 조직은 특별한 과업에 따라 관련 부서에서 프로젝트 수행을 위해 인력을 파견하고 수평적 접촉을 통해 프로젝트를 해결한 후 원래 부서로 복귀하는 조직이다. 조직 구성이 유지되는 동안 대량의 자원과 재능을 집중 투입하고, 목표달성을 위해 일시적으로 인적, 물적 자원을 결합한다. 아울러 프로젝트 조직은 전문 인력을 중심으로 하여 소규모로 구성되고, 해산을 전제로 단기적으로 활동하는 임시적인 조직이며, 프로젝트 팀의 팀장은 위계적인 상급자가 아닌 의사결정의 조정자로서의 역할을 수행한다.

#### ② 태스크포스(TF: Task Force) 조직

태스크포스 조직은 본래 기동부대를 뜻하는 군대 용어로 특별한 업무의 수행을 위해 편성된 조직으로, 주로 장기적인 사안을 두고 대규모로 조직되며, 수직적 구조의 형태를 취한다. 프로젝트 조직은 해산을 전제로 하지만 태스크포스 조직은 특정한 사안이 달성된 이후에 존속되기도 한다.

프로젝트조직은 조직 구조를 도식화할 때 드러나지 않은 경우도 있지만 태스크포스 조직은 조직구조에 표현되는 공식조직의 성격이 강하다. 한편, 프로젝트 조직의 구성원은 기존 부서에 소속된 상태에서 일시적으로 차출되어 업무를 하지만, 태스크포스 조직의 구성원은 기존 부서에서 탈퇴하는 방식으로 태스크포스 팀에 소속되어 참여한 뒤 팀 해체 이후 기존 부서로 복귀하기도 하지만 경우에 따라 다른 부서로 복귀하거나 TF팀이 존속하는 경우 팀에 남기도 한다.

③ 매트릭스(Matrix) 조직(행렬조직)

매트릭스(행렬) 조직은 전통적인 기능 조직과 프로젝트 조직을 결합하여 구성원은 각자 기능 부서에 속한 동시에 프로젝트 조직에도 속하도록 구성하고, 기능 부서 상사와 프로젝트 관리자 양쪽에 보고하고 지휘, 관리를 받도록 하는 구조이다. 매트릭스 조직의 장점은 조직 구성원의 능력과 재능을 최대한 이용할 수 있고 개별 팀을 프로젝트 간 이동시킬 수 있으며, 소비자의 특별한 요구나 환경변화에 신속한 대응이 가능하다는 점이고, 단점은 조직 구성원의 시간 배분 문제와 성과 측정의 문제, 프로그램 관리자의 불만이나 역할 갈등 초래, 긴축을 요하는 불황기에 활용이 어려움이 있다는 점이다.

④ 팀(Team) 조직

팀 조직은 과거의 전통적인 조직체계인 부, 과, 계 등의 조직을 업무재편을 통해 통합, 분할하여 하나의 팀으로 전환하여 팀장을 중심으로 업무를 하도록 만든 조직구조이다.

⑤ 네트워크(Network) 조직

네트워크 조직은 환경변화에 보다 신속하고 적절하게 대응할 수 있도록 외부자원의 효과적인 활용을 꾀하는 조직구조로, 보유 자원을 핵심사업에 집중하고 핵심 이외의 부문은 아웃소싱하여 자원의 효율화를 추구한다.

## 3) 조직화 방법

### (1) 직무설계 방안

① 직무확충

직무확충은 조직 내에서 각 구성원이 담당하는 직무에 있어서 인간성을 회복하도록 직무내용의 확충을 도모하는 일로, 동일한 직무에 각기 다른 과업들을 병합하는 것을 말한다.

② 직무순환

직무순환은 업무자들이 교대로 각기 다른 관련된 몇몇 직무들을 수행하는 것을 말한다.

③ 직무공유

직무공유는 특별한 유형의 시간제 근무로, 하나의 전일제 직무를 둘 혹은 그 이상의 업무자가 나누어 수행하는 것을 말한다.

④ 근로시간의 유연화

근로시간의 유연화는 업무시간을 9시~18시로 고정해두지 않고, 구성원들이 각자 편리하고 조직의 업무에도 도움이 되는 시간을 선택해서 정해진 시간만큼 근무하도록 하는 것을 말한다.

### (2) 업무 재구조화 방안

① 사례관리

사례관리란 사정, 연계 및 의뢰, 옹호 등을 주된 서비스 내용으로 하여 사례관리자의 주된 책임하에 개별 클라이언트의 복합적인 문제들을 다양하게 분화되어 있는 세분화된 서비스에 연결하고 그 결과를 묶어서 클라이언트의 문제를 해결하고자 하는 통합적인 접근이다.

② 사례옹호

사례옹호는 클라이언트를 위한 옹호자 입장에서 접근하는 방법으로, 옹호자로서 클라이언트의 욕구와 권익을 대변하는 역할을 수행하는 것을 말한다.

③ 팀제 도입

팀제 도입이란 세분화된 다양한 분야들이 모여서 한 클라이언트의 문제를 공동으로 해결해나가기 위해 팀을 조직하는 방식을 말한다.

### (3) 부문화

조직화에서 가장 핵심적인 것으로 간주되는 것이 부문화이다. 사회복지조직에 있어서의 부문화 방법은 다음의 7가지로 설명된다(남기민 · 최성재, 2000).

① 수(數)기준 부문화

같은 역할을 하는 사람들을 한 슈퍼바이저 아래 소속시키는 방법이다. 한 사람 밑에 사람 수가 너무 많으면 둘 이상의 비슷한 단위를 만들 수 있다. 그러나 조직요원 개인의 능력 차이를 고려하지 못하는 것이 가장 큰 단점이다.

② 시간기준 부문화

업무시간을 2교대 또는 3교대로 하여 업무를 부문화하는 방법이다. 24시간 서비스를 제공해야 하는 사회복지 생활시설이나 요양원, 의료 및 보건서비스 조직 등에서 유용하게 활용할 수 있는 조직화 방법이다. 그러나 야간 · 주말 근무를 원하는 능력 있는 요원을 채용할 수 없는 경우가 많고 서비스 질이 낮다고 인식하기 쉬우며, 업무 연결이 되지 않아 조직의 기능이 단편화될 가능성이 있다.

③ 기능기준 부문화

사업, 재무, 총무, 인사 등과 같은 주요한 기능에 따라 동질적 업무를 묶어서 조직하는 것이다. 사회복지조직에서 모금, 홍보, 기획, 프로그램 개발 업무 등에 배치하는 방식이다. 그러나 업무 단위 간 경쟁심이 지나칠 경우 단위 간의 협조 부족이나 자신이 속해 있는 업무 추진 단위에만 집중하는 경우가 발생할 수 있다.

④ 지리적 영역기준 부문화

클라이언트의 거주 지역을 중심으로 조직을 구성하고 자율적으로 운영하고 책임질 수 있도록 조직하는 것이다. 이와 같은 방식은 서비스의 효율성을 높이고 서비스 책임자를 분명히 할 수 있다. 하지만 장기적으로 보면 업무 단위 간의 업무량의 격차가 생기고 특정 지역 담당 부서 · 부문의 사기가 떨어질 수 있다. 그리고 같은 지역이면서도 부서 · 부문이 달라 서비스를 받지 못하는 사람이 나올 가능성이 있다.

⑤ 서비스기준 부문화

이 부문화는 개별사회사업, 지역사회조직사업 등 사회복지실천방법에 따라 부문화하는 방법이다. 서비스별로 전문화를 촉진하는 장점이 있다. 그러나 고객의 문제가 복합적이고 동시에 여러 가지 서비스를 제공해야 할 경우 서비스를 통합적으로 할 수 없는 단점이 있다.

⑥ 고객기준 부문화

클라이언트의 종류와 문제에 따라 부문화하는 방법이다. 예컨대 클라이언트를 아동, 노인, 부녀자 등으로 나누든가, 아니면 비행, 가족, 학업, 고용, 경제적 문제 등으로 나누어 부문화하는 것이다. 이 방법은 업무량을 관리 가능한 범위 내에서 유지하고, 한 개인의 문제라도 서로 연관되어 나타나기 때문에 한 사람의 서비스 제공자가 한 클라이언트를 선택할 수 있는 장점이 있다. 그러나 이 방법의 단점은 클라이언트의 문제가 다양한 경우 한 사람의 서비스 제공자의 제한된 지식과 기술로서는 다룰 수 없다는 것이다.

⑦ 서비스 접근통로기준 부문화

클라이언트가 어떤 서비스에 접근할 수 있는 통로별로 업무를 부문화하는 것이다. 사회복지조직에서 제공되는 서비스의 접근 통로는 학교, 병원, 노인정 및 노인학교, 대중매체 등 다양하다. 그런데 이러한 접근통로는 상당히 제한되어 있어 효과성이 크다고 볼 수 없다. 다만 서비스에 따라 확실하고 다양한 접근통로가 있을 수 있기 때문에 그러한 서비스를 제공하는 사회복지조직에서는 적용 가능할 것이다.

## 3. 사회복지조직

### 1) 사회복지조직의 특성

앞서 살펴본 바와 같이 사회복지행정은 사회복지조직의 특성과 밀접한 관계를 가지고 있다. 사회복지행정이 이루어지는 사회복지조직은 휴먼서비스 조직의 한 분야로, 고유한 특징을 가지고 있다. 사회복지조직은 일반 행정과 기술적인 측면에서 공통점이 있으나 대상이 인간이기 때문에 인간의 복잡한 가치체계, 상호 연관된 관계, 그들을 둘러싸고 있는 이해집단의 상이한 목표 등으로 인해 사회복지조직의 목표와 기술이 불확실하고, 인간에게 제공된 무형의 서비스의 효과성이나 효율성을 측정할 수 있는 척도가 모호하다는 특성을 가지고 있다.

아울러 패티(Patti, 1983)는 사회복지서비스의 속성 때문에 사회복지행정이 일반 행정과 구별되는 특수성을 지닌다고 주장한다. 즉, 인간을 대상으로 하기 때문에 가치관이나 방법에 있어서도 전달하는 내용에서도 구별되어야 한다는 것이다. 그는 사회복지행정의 특성을 모호성, 의존성, 다양성 그리고 불확실성으로 설명하고 있다.

### (1) 도덕적 가치의 강조

사회복지조직은 직접 사람을 다루며, 그 대상은 도덕적 가치를 갖는 인간이므로 서비스 기술은 사회적 가치에 제약을 받게 되고 도덕적으로 정당화될 수 있어야 한다. 즉, 서비스의 효과성은 제도적 측면이 아닌 인간적 가치의 측면에서 판단된다. 사회복지조직은 직접 사람을 다루며, 투입되는 원료가 도덕적 가치를 지닌 인간이라는 사실이 사회복지조직의 대부분의 활동에 영향을 미친다. 이처럼 클라이언트에 대한 거의 모든 활동이 도덕적으로 정당화되어야 하기 때문에 기술과 활동에 있어서 제한이 많다.

### (2) 인간 사이의 상호작용 중시

사회복지조직의 핵심활동은 기관의 직원과 서비스 사용자(클라이언트) 간의 상호작용이다. 사회복지서비스의 전달 과정은 사회복지조직의 직원과 클라이언트 관계에서 이루어지므로, 직원-클라이언트의 관계는 조직의 결과물을 형성하는 데 핵심적인 역할을 수행한다. 그러므로 사회복지행정은 다양한 직원의 관점과 요구를 적절히 조정하는 관리전략과 기술이 요구되는 다양성을 그 특성으로 하고 있다.

### (3) 기술의 불확실성

사회복지조직의 대상은 인간이며, 인간은 복잡한 체계로서 상호 연관되어 있으며 다양한 속성을 지녔고 변동적이고 불안정한 존재이다. 이러한 인간의 변화, 기능하는 방법에 대한 기술(skill)은 명료하지 못하고 불확실하며, 생산의 질은 주로 서비스를 제공하는 사람의 판단과 기술에 의존하는데, 그들은 복합적이고 다양한 상황을 다룬다. 이와 같이 사회복지조직이 사용하는 기술은 정해져 있지 않으며, 사회복지행정은 복잡 미묘한 인간을 다루는 기술과 지식의 한계로 인한 불확실성의 특성을 가지고 있다.

### (4) 목표의 모호성

사회복지조직은 민간 서비스와 공적 서비스를 혼합하여 제공하기 때문에 목표가 모호하고, 정부, 민간후원자, 서비스 이용자와 가족, 전문가, 다른 서비스 기관의 직원 등 이해관계자 사이에서 타협을 하게 된다. 이와 같은 모호성으로 인해 사회복지조직은 정치적, 사회적으로 기관에 대한 지지를 확보하고, 지역사회의 태도를 수정시키는 노력을 기울이고 있으며, 기존의 사회적 가치와 규범을 침해하지 않는다는 사실을 홍보하여야 한다.

### (5) 효과성 · 효율성 척도의 미흡

사회복지조직은 효과성과 효율성을 판단할 척도가 미흡하다. 이는 사회복지조직이 인간을 원료로 하고 있고, 도덕적 모호성과 목표의 모호성 등으로 인해 프로그램의 전체적인 효과성이나 효율성을 평가하는 것이 어렵고 부정확하기 때문이다. 이에 따라 결과의 평가에 대한 논란이 많고 변화와 혁신에 대한 저항이 다른 조직보다 크다는 것이다(남기민 · 최성재, 2000).

### (6) 전문가의 중요성

사회복지조직은 주로 전문가에 의존한다. 이는 사회복지조직이 업무과정에서 조직 관리자의 지시뿐만 아니라 전문적 교육의 내용, 전문적 활동에의 참여, 전문 지지집단의 이용가능성 등에 의해서 실천이 결정되기 때문이다.

### (7) 환경 의존성

사회복지조직은 환경에 의존한다. 이는 사회복지조직이 조직구성원들을 거의 통제할 수 없는 외적 요인에 크게 의존하게 되고, 사회복지조직의 환경을 매우 불확실하게 하는 사회적, 경제적 변화과정에 의해서 영향을 받기 때문이다. 이와 같이 사회복지조직은 의존성의 특성을 가지고 있으며, 필요한 서비스와 자원을 상호 교환하는 협상을 취하는 능력이 요구된다.

## 2) 사회복지조직과 환경

조직은 환경과 끊임없이 상호작용을 하기 때문에 사회복지조직의 효과적인 목표달성을 위해서는 사회복지조직을 둘러싸고 있는 환경적 요인들을 살펴볼 필요가 있다. 사회복지조직의 환경적 요인은 크게 일반적 환경과 과업환경으로 구분된다.

### (1) 일반적 환경

일반적 환경이란 사회복지조직을 둘러싼 경제적, 사회인구학적, 문화적, 정치적·법적, 기술적 조건들을 의미한다. 이러한 조건들은 사회복지조직에 영향을 미친다.

#### ① 경제적 조건

경제적 조건은 조직에 영향을 미치는 국가나 지역사회의 경제상태이며, 사회복지조직에 대한 자원공급의 절대량과 서비스 수요에 영향을 미친다. 예를 들어, 경기침체 기간에는 사회복지조직들이 사회적 부조화나 개인적 부조화와 관련이 있는 문제와 그에 관련되는 클라이언트를 많이 다루게 될 것이다. 또한 경기 호황이나 불황은 공공부조 비용에 영향을 미치고, 대규모 실업사태는 보육서비스나 직업알선서비스 등의 수요를 확대시킬 수도 있다(신복기 외, 2019).

#### ② 사회인구학적 조건

연령과 성별 분포, 가족 구성, 인종, 거주지역, 그리고 사회적 계층 등과 같은 사회인구학적 조건은 여러 가지 사회문제 및 욕구의 발생과 매우 밀접한 관계를 갖고 있다. 그러므로 이러한 사회인구학적 조건들은 사회복지서비스의 수요변동과 예측에 많은 영향을 미친다. 예를 들어, 클라이언트의 개인적 속성, 서비스 수요의 범위, 서비스 기술의 효과성, 환경의 서비스 수용 정도 등이 여기에 포함된다(김기태 외, 2005).

③ 문화적 조건

특정 시기의 지배적인 문화적 특성이나 가치와 규범은 사회복지조직의 형태나 방향과 매우 밀접한 관련이 있다. 이러한 문화적 조건은 사회의 가치와 규범에 대한 것이므로 당연히 사회복지조직의 목표와 방향에 영향을 미치게 된다. 예를 들면, 개인의 자립을 절대시하는 문화 속에서는 노동시간 단축을 통한 고용창출 프로그램이나 노동을 수반하지 않는 급부제공 프로그램 등은 비난받을 것이다(신복기 외, 2019).

④ 정치적 · 법적 조건

지역사회의 정치적 · 법적 상황은 사회복지조직에 다음과 같은 영향력을 미칠 것이다. 첫째, 가용자원이 공적으로 관할되고 정치적 과정에 의해 자원에 대한 접근이 통제된다. 둘째, 수많은 법적 규제는 사회복지조직이 서비스를 제공하는 데 있어 준수해야 할 많은 조건들을 만들어 내어 클라이언트를 통제한다. 즉, 자원 분배를 통제하며, 서비스 기술이나 계획, 대상자 선정, 전문인력 확보 등에 중대한 영향을 미치는 환경이라 할 수 있다. 예를 들어, 「국민기초생활 보장법」에서의 자활조성이나 부양의무자 등의 급여자격, 사회복지법인의 법정 종사자 규정, 사회복지관이나 시설의 평가규정, 사회복지사 자격규정 등을 들 수 있다(신복기 외, 2019).

⑤ 기술적 조건

사회복지조직이 적용하는 서비스 기술은 인간문제와 욕구에 대응하기 위하여 개발된 전반적인 기술 발전을 반영한다. 즉, 사회의 기술적 진보나 변화가 사회복지조직의 서비스 기술에 미치는 영향을 말한다. 컴퓨터 기술의 발달은 사회복지조직에서 정보관리체계의 중요성을 불러일으켰고, 신경안정제의 개발은 정신질환자의 탈시설화를 유발하였다. 행동수정기술의 발달은 발달장애아동에 대한 보호수용 대신 치료와 회복을 가능하게 하는 개입기술을 제공하였다(신복기 외, 2019).

### (2) 과업환경

일반적 환경이 조직의 외부적 요소라면, 과업환경은 사회복지조직의 과업달성과 직접적으로 연관이 있는 요소들이라고 할 수 있다. 이러한 과업환경에는 재정자원의 제공자, 정당성과 권위의 제공자, 클라이언트 제공자, 보충적 서비스 제공자, 조직의 산출결과를 소비 · 인수하는 자, 그리고 경쟁하는 조직들이 포함된다.

#### ① 재정자원의 제공자

재정자원의 제공자는 사회복지조직에 재정자원을 제공하는 국가 및 지방자치단체, 민간기업체, 공동모금회, 개인후원, 유료서비스이용자 등이 포함된다. 우리나라의 사회복지조직은 대부분 국가와 지방자치단체에서 지원하는 보조금에 의존하고 있으며, 이와 같은 재정자원의 제공자는 사회복지조직의 운영에 많은 영향을 미치고 있다(김기태 외, 2005).

#### ② 정당성과 권위의 제공자

사회복지조직의 정당성과 권위는 사회복지 관련 법률에 의해 부여되고 있으며, 정당성이나 사회적 승인은 그 지역사회나 클라이언트 집단 및 전문가 집단에 의해서 인정된다. 이러한 정당성과 권위의 제공자에는 국가 및 지방자치단체, 전문직 협회(한국사회복지협의회, 한국사회복지사협회 등), 운영법인, 시민단체 등이 포함된다. 아울러 정당성과 권위의 제공자는 사회복지조직을 감독하고 평가하는 역할을 수행한다(신복기 외, 2019).

#### ③ 클라이언트 제공자

클라이언트 제공자란 클라이언트를 사회복지조직이나 기관에 의뢰하는 집단과 조직(경찰, 주민센터 등)뿐만 아니라 사회복지조직으로부터 직접 서비스를 받고자 하는 개인과 가족을 말한다. 이와 같이 사회복지조직은 클라이언트 자신에서부터 다른 조직에 이르기까지 다양한 클라이언트 제공자를 갖고 있다(김기태 외, 2005).

④ 보충적 서비스 제공자

보충적 서비스 제공자는 사회복지조직이 성공적으로 서비스를 제공하는 데 필요한 활동을 해주는 기타 조직을 말한다. 예컨대, 알코올중독치료센터는 병원의 활동과 연계되고 요양원, 노인복지시설 등은 사회복지 전담공무원의 의뢰 서비스가 필요하다. 이렇듯 사회복지조직은 보충적 서비스 제공자와 공식적 · 비공식적으로 협력관계를 유지해야만 한다(신복기 외, 2019).

⑤ 조직의 산출결과를 소비 · 인수하는 자

조직의 산출결과를 소비 · 인수하는 자는 사회복지조직을 통하여 특정한 문제의 해결과 욕구의 충족이 된 후 조직의 산출결과인 정상인을 받아들여(인수자) 활용할 조직(소비자)을 말한다. 여기에는 가족, 지역사회, 시민단체, 민간기업체, 그리고 국가 및 지방자치단체 등이 포함된다(김기태 외, 2005).

⑥ 경쟁하는 조직들

경쟁하는 조직들은 사회복지조직의 자원과 클라이언트의 확보를 위해 경쟁관계에 있는 다른 조직들을 말한다. 즉, 클라이언트를 조직에 의뢰하는 집단과 조직뿐만 아니라 조직으로부터 직접 서비스를 받고자 하는 개인과 가족을 포함한다(신복기 외, 2019).

### (3) 사회복지조직의 환경관리를 위한 전략

앞서 언급한 바와 같이 사회복지조직은 일반 환경과 과업 환경에 의해 영향을 많이 받으며, 때로는 외부 환경에 지나치게 의존하거나 종속되어 있다. 조직이 지속 가능한 발전을 하기 위해서는 외부 환경에 대한 의존과 종속에서 벗어날 수 있는 적절한 대응 전략이 수립되어야만 한다. 만일 환경관리를 위한 적절한 대응 전략이 수립되지 않는다면, 조직의 권위와 생존에 있어 상당한 위협에

노출될 수도 있을 것이다. 따라서 사회복지조직은 일반 환경과 과업 환경의 지나친 의존과 종속에서 벗어나 조직을 둘러싼 환경들과의 관계를 보다 적극적으로 개선할 필요가 있다고 하겠다. 하센펠트(Hasenfeld, 1983)는 사회복지조직이 환경에 의존하거나 또는 종속된 관계를 개선하기 위한 전략을 다음과 같이 제시하였다.

**① 권위주의 전략**(authority strategy)

권위주의 전략은 다른 조직 간의 교환관계와 조건들에서 우위를 점하는 사회복지조직이 사용할 수 있는 전략이다. 이 전략은 사회복지조직이 재정과 권위를 충분히 획득할 경우 활용 가능하며, 권력을 사용하여 다른 조직들에게 명령을 내릴 수 있을 정도로 세력이 크고 특정 행동을 권장하거나 보상을 하지 않는다는 점에서 권위주의적이다. 이러한 권위주의 전략을 사용하기 위해서는 다른 조직의 활동들을 감시하고 명령할 수 있는 능력이 필요한데, 자금과 권위를 관리하는 중앙정부의 사회복지 관련 부처가 지방자치단체나 민간 사회복지조직에 대한 권위주의 전략을 자주 사용할 수 있다.

**② 경쟁적 전략**(competitive strategy)

경쟁적 전략은 다른 조직들과의 경쟁을 통하여 세력을 증가시켜 질 높은 서비스와 클라이언트 관리, 친절한 서비스 등으로 경쟁우위를 확보하는 등 스스로 독립적이면서 다른 조직들과 협력하여 행동할 필요가 없는 조직으로 만드는 전략이다. 이 전략을 활용하기 위해서는 조직이 필요로 하는 자원이 외부에 분산되어 있고 조직 내부에 활용 가능한 자원이 충분히 있을 경우 가능하다. 최근 종합사회복지관에서 실시하는 특성화 전략이 경쟁적 전략을 활용한 사례가 될 수 있겠다.

**③ 협동적 전략**(cooperative strategy)

협동적 전략은 다른 조직들에게 필요한 서비스를 제공하여 상호 불안감을 해소시키는 등 사회복지조직들 간의 협력을 통하여 환경에 대한 의존이나 종속 관계를 개선시키려는 전략으로, 계약, 연합, 흡수의 세 가지 형태가 있다. 우선 계약은 두 조직 사이에 자원이나 서비스 교환을 위해 협상된 공식 또는 비공식적 합의를 말하며, 연합은 여러 조직들이 사업을 수행하기 위해 합동으로 자원을 합하는 것이고, 마지막으로 흡수는 과업 환경 내 주요 조직의 대표자들을 조직의 정책수립기구에 참여시키는 전략이다.

④ 방해 전략(disruptive strategy)

방해 전략은 경쟁적 위치에 있는 특정 조직의 활동을 방해하거나 세력을 약화시켜 양보를 얻어냄으로써 관계를 개선하는 것이다. 방해 전략을 사용하는 경우로는 개인이나 조직의 세력이 약한 경우, 상대 조직이 요구를 묵살하는 경우, 방해 전략이 실패하더라도 손해 보지 않을 경우에 사용되기 쉽다.

### 3) 위원회와 이사회

사회복지조직에서 위원회와 이사회는 정보 수집, 목표 수립, 계획 및 결정을 하고 결과를 평가하는 하나의 중요한 수단이다. 사회복지행정가는 정책을 개발하여 이를 효과적인 서비스로 전환하는 데 있어 위원회와 이사회의 지원을 받아야 기관을 효율적으로 운영할 수 있다(강종수, 2019).

#### (1) 위원회

위원회란 조직의 목표 달성을 위한 특별과업이나 문제를 해결하기 위하여 일상적인 업무 수행 기구와는 별도로 여러 사람의 전문가들로 구성되는 합의제기구를 말한다. 위원회는 기관의 활동을 방해하는 문제탐구, 문제해결을 위한 계획의 개발, 권고를 공식화하는 기능을 수행한다(장인협 · 이정호, 2006).

위원회의 위원은 일반적으로 능력이 있는 자, 해당 과업이나 문제에 관심을 갖고 있는 자, 시간과 열정을 제공할 용의가 있는 자, 과업이나 문제에 관련된 여러 측면에서 대표자가 될 수 있는 자, 경우에 따라서는 소수집단을 대표할 수 있는 자가 되는 것이 바람직하다(남기민 · 최성재, 2000). 위원회의 규모는 위원회의 목적이나 기능에 따라 다소 달라진다. 위원회에 위원이 너무 많으면 토론이 복잡해지며 시간이 너무 많이 소요된다. 효과적인 위원회의 운영을 위해서는 시간의 가치를 이해하고 시작시간과 종료시간, 회의 안건을 사전에 알려 주어야 한다.

위원회를 구성함에 있어 위원회의 책임과 권한을 분명히 할 필요가 있다. 그러한 책임과 권한은 구두로보다는 명문화하여 밝히는 것이 바람직하다. 또한 일반적으로 위원회는 회의록을 작성하고 보존해 두는 것이 필요하다. 위원회의 위원들은 함께 조화를 이룰 수 있는 능력이 있어야 한다. 그리고 신뢰할 수 있으며, 서로 대화할 수 있으며, 타협을 할 수 있고 융통성이 있어야 한다. 위원회의 장점과 단점은 〈표 5-3〉과 같다.

〈표 5-3〉 위원회의 장점과 단점

| 장점 | 단점 |
|---|---|
| • 의사결정의 합리성 확보<br>• 여러 사람의 경험과 전문지식 활용<br>• 개인적 편견의 배제와 공정한 결정<br>• 조직의 민주적 운영<br>• 각 부문 간의 의견 대립 조정에 의한 업무 촉진<br>• 협조적인 인간관계의 조성과 원활한 의사소통 | • 많은 시간과 경비가 소요되어 비능률적인 경우가 있음<br>• 위원 간의 책임성을 희박하게 함<br>• 소수위원에 의한 전제를 초래할 우려가 있음<br>• 소수의견이 무시될 우려가 있음 |

### (2) 이사회

이사회는 조직이 그 목표를 달성할 수 있도록 법률적 책임을 지고 있는 조직의 정책결정기구이다(남기민 · 최성재, 2000). 이사회를 통해서 지역사회로부터 피드백을 얻을 수 있고, 지역사회의 욕구와 이를 충족할 방법에 대한 지침을 제공받을 수 있으며, 효과성과 효율성을 증대시킬 수 있는 방법을 모색하는 데 도움을 받을 수 있다. 이사회는 사회복지조직의 필요성과 존재에 대한 철학적 및 사회적 근거가 되기 때문에 대부분의 사회복지조직에는 이사회의 설치가 법률적 요청사항으로 되어 있다. 이사회는 자연인이 아니면서 자연인과 같은 권리와 의무의 주체가 되는 법인의 상설적 기관이 된다. 법률적 의미에서 이사회는 법인의 사무를 집행하며 원칙적으로 법인을 대표하며 법률행위를 하는 직무권한을 가지는 상설적 필요기관이 된다.

이사들은 기관과 기관의 서비스 전달에 대해 진지한 관심을 가지고 있는 사람이어야 한다. 이사는 대표성이 특히 중요하다. 다양한 집단, 다양한 문화, 지역적 안배를 고려하여 선발하여야 한다. 대부분 기관의 이사회는 전문가와 법조인으로 구성되어 있다. 선임된 이사들은 이사회에 참여하는 데 기꺼이 시간과 열정을 할애해야 한다. 이사회는 다음과 같은 기능을 수행한다.

- 조직의 목적 또는 목표 설정
- 조직의 운영기구 설정
- 인적 · 물적 자원의 조달
- 조직의 행정 책임자 채용 및 임명
- 정책의 결정
- 예산 인증 및 재정 원천에의 접근 촉진
- 조직운영의 점검 및 평가
- 조직과 지역사회 간의 중개
- 지역사회의 계획 참여
- 정관의 변경

이사회와 조직의 행정책임자 및 직원의 역할(또는 권한과 책임)을 이해하지 못하거나 역할 규정이 불분명하면 이들 간의 관계에서 갈등이 발생할 수 있다. 이들 3자 간의 관계를 분명히 하고 갈등을 피하는 가장 좋은 방법 중의 하나는 각자의 역할, 책임, 권한을 명시한 직무규정을 마련하는 것이다.

### (3) 위원회와 이사회의 차이점

위원회와 이사회는 회의체라는 점에서 유사하고 경우에 따라서는 엄격히 구분될 수 없지만 다음과 같은 중요한 차이점이 있다(Skidmore, 1990).

- 이사회는 정책을 수립 결정하며, 위원회는 자문이나 건의하는 역할을 주로 한다.
- 이사회는 위원회에 비하여 조직의 최고관리자의 참석 없이 회의를 가지는 경우가 드물다.
- 이사회는 위원회에 비해 직원이 이사회의 일원으로 참여하는 경우가 드물다.
- 이사회는 위원회의 구성원 수보다 적은 경우가 많다.
- 이사회는 위원회에 비하여 클라이언트가 참여하는 경우가 드물다.
- 이사회는 위원회에 비하여 조직의 운영과 개선, 서비스 전달에 더 많은 영향을 미친다.

## 제6장

# 기획과 의사결정

# 1. 기획

## 1) 기획의 개념과 필요성

### (1) 기획의 개념

기획(planning)은 해야 할 일과 하는 방법 및 시기, 해야 할 일의 필요성, 일을 책임질 사람을 구체적으로 정하는 것으로서 선택할 수 있는 여러 가지 대안들 중 적절한 것을 가려내는 작업이다. 또한 어떠한 행동이 취해지기 전에 해야 할 일과 그 일을 하는 방법을 결정하는 것으로 아직까지 없거나 새로운 일을 이루기 위해 미리 짠 틀이라는 의미를 가진다. 기획과 유사한 의미로 계획(plan)이 사용되기도 하는데, 계획이란 미래의 일에 대해 보다 세부적이고 조직적인 실천성을 고려한 틀로서 기획의 목적을 달성하기 위한 세부방침을 의미한다(신복기 외, 2019).

### (2) 기획의 개념적 특징

기획은 미래지향적이고 계속적인 과정이며, 의사결정과 연결되고 목표지향적이면서 그것을 위한 수단이라고 할 수 있다. 기획의 특징을 자세히 살펴보면 다음과 같다(김기태 외, 2005; 오세영, 2018).

#### ① 미래지향적인 것

기획은 미래지향적이어야 한다. 기획의 미래지향성은 기획의 정의가 내포하고 있는 가장 중요한 특성의 하나이다. 여기에서 말하는 기획의 미래지향성은 불확실한 미래를 예측하는 것을 말한다. 따라서 기획의 설정은 고도의 지식과 판단력 및 기술이 필요하다.

② 계속적인 과정

기획은 계속적인 과정이다. 기획 과정은 일회적인 행동이 아니라 계속적인 모니터링(monitoring)과 환류(feedback)를 통해서 수정해 나갈 수 있기 때문에 계속적인 과정이라고 할 수 있다.

③ 다양한 대안들의 탐색

기획은 단지 사실이나 경향을 예측하는 것만이 아니라, 여러 가지 선택대안들의 결과를 예측하는 과정이라고 할 수 있다. 따라서 기획에서는 모든 프로그램 개발의 대안들이 탐색되어야 한다.

④ 의사결정과 연결

기획은 의사결정 과정이다. 기획이란 목표를 달성하기 위한 전반적인 활동을 포함하는데, 어떠한 활동도 그것이 정책이나 사업을 결정하는 것과 관련을 갖지 못한다면 기획을 위한 활동이라고 할 수 없다.

⑤ 목표지향적인 것

기획이란 적절한 수단을 통해서 목표를 달성하려는 과정이다. 기획은 목표와 수단을 연결시키는 것이다. 계획을 수립할 때 목표를 분명히 설정하여야 하며, 그러한 목표를 달성하기 위한 수단을 분명히 하는 것은 매우 중요한 일이다.

### (3) 기획의 필요성

일반 행정조직과 마찬가지로 사회복지조직도 조직의 운영에 있어서 계획을 수립하는 것은 목적한 결과를 얻기 위해서, 그리고 효과적으로 사업의 계획을 수립하기 위해서 그 중요성이 강조되어 왔다. 기관의 운영과 서비스 전달을 위한 사회복지조직의 기획 과정은 급변하는 외부 환경에 적절히 대응할 수 있다는 점에서는 물론, 경쟁적인 환경에서 생존하기 위한 노력의 일환으로 그 필요성이 거듭 강조되고 있다. 스키드모어(Skidmore, 1990)는 사회복지조직에서 기획의 필요성을 다음과 같이 정리하고 있다.

① 불확실성 감소

기획 과정이 없다면 사회복지조직은 급변하는 환경과 불확실한 미래상황에 대한 불확실성이 증가될 것이고, 이로 인하여 사회복지조직의 목표가 혼돈되거나 조직성원과 클라이언트가 권력지향적인 행정책임자에게 희생당할 가능성이 있다.

② 합리성 증진

기획은 문제해결과 의사결정을 위해 경험적으로 증명되어 보다 타당하게 적용될 수 있는 수단을 제공함으로써 합리성을 높여준다.

③ 효율성 증진

사회복지인력과 자원은 제한되어 있으므로 최소의 비용과 노력으로 최대의 효과를 산출하기 위해서는 치밀한 기획이 필요하다.

④ 효과성 증진

사회복지조직이 제공하는 서비스가 클라이언트의 문제나 욕구를 해결하는데 효과가 있어야 한다. 기획을 통한 사전에 계획된 활동이 아니라면 그 결과는 바라는 대로 달성되지 않을 수도 있다.

⑤ 책임성 증진

사회복지조직은 사회의 인가를 받아 국고와 개인의 기부금을 사용하고 있기 때문에 목표하는 서비스를 효과적이고 효율적으로 제공할 책임을 져야 하고, 그 책임을 잘 수행하기 위해서는 서비스와 프로그램에 대한 기획이 반드시 필요하다.

⑥ 사회복지조직 구성원의 사기 진작

기획 과정에서 많은 조직구성원이 참여를 할 수 있고, 참여를 통하여 자신들이 조직에 기여하였고 의사결정과정에서 자신들의 의견이 반영됨으로써 조직구성원의 사기를 높일 수 있다. 이를 통해 조직구성원들은 참여로 어떤 계획이 이루어졌다는 데서 타인으로부터 인정받고 성취감도 얻을 수 있기 때문에 기획은 사기진작을 위해 반드시 필요하다.

## 2) 기획의 유형

사회복지조직에서의 기획의 유형은 위계수준, 시간차원, 그리고 대상에 따라서 나뉜다.

### (1) 조직의 위계수준에 따른 유형

조직의 위계수준에 따른 유형은 기획 과정의 위계수준별 역할로서 최고관리층, 중간관리층, 감독관리층, 그리고 관리실무자에 따라서 기획과정에서의 역할이 달라진다.

① 최고관리층

기획 과정에서 최고관리층에게는 목표, 정책, 장기적 계획, 그리고 조직 전체 영역에 대한 기획이 요구된다.

② 중간관리층

기획 과정에서 중간관리층에게는 할당, 프로그램 계획, 보완적 목표, 그리고 정책에 대한 기획이 요구된다.

③ 감독관리층

기획 과정에서 감독관리층에게는 구체적인 프로그램 계획, 일정표, 단기목표,

운영에 대한 기획이 요구된다.

④ 관리실무자

기획 과정에서 관리실무자에게는 일상적 업무 및 사소한 절차에 국한된 기획이 요구된다.

### (2) 시간차원에 따른 유형

기획은 일반적으로 시간차원에 따라서 장기기획과 단기기획으로 나누어질 수 있다. 장기기획은 창의성과 미래에 대한 비전을 갖게 하며, 단기기획은 장기기획과 상호 밀접한 관련성을 가지고 통합되어야 한다.

① 장기기획

사회복지조직에서 장기기획은 1년 이상 5년에서 10년 또는 그 이상의 기간에 걸친 기획으로, 주로 외부 환경의 영향을 중시하고 주기적으로 조직의 목적과 목표를 재설정하고, 창의성과 미래에 대한 비전을 갖고 있다.

② 단기기획

단기기획은 장기기획과 상호 밀접한 관련성을 가지고 1년 미만의 기간에 걸친 프로그램 기획으로 보다 구체적이고, 상세하며, 행동 지향적이고, 실행방법에 관한 것들을 포함하고 있다.

### (3) 대상에 따른 유형

사회복지조직에서의 기획은 대상에 따라서 전략적 기획과 운영기획으로 나누어진다.

① 전략적 기획

전략적 기획은 조직의 구체적 목표의 설정 및 변경, 구체적 목표달성을 위한 자원 및 그 자원의 획득, 사용, 분배를 위한 정책을 결정하는 과정이다. 이러한 기획 과정을 거쳐서 조직의 목표 설정이 이루어지고, 사업의 우선순위가 설정되며, 사업의 목표 달성을 위한 자원획득이 계획된다.

② 운영기획

운영기획은 전략적 기획을 통해 획득된 자원이 조직의 목표를 효과적이고 효율적으로 달성하기 위하여 사용되도록 하는 과정으로 자원의 관리에 관한 기획 과정이다.

### 3) 기획과정

요크(York, 1982: 193-194)는 기획 과정을 연속적이고 상호 관련된 과정이라고 보고, ① 문제 확인, ② 목표 설정, ③ 프로그램 설계, ④ 평가로 구분하고 있다. 그는 기획 과정을 직선적이 아닌 순환적 관계이며 다른 단계들과의 상호 의존이라고 정의하고 있다.

한편, 스키드모어(Skidmore, 1990: 44-51)는 사회복지행정의 기본적인 기획단계로 ① 구체적인 목표의 설정, ② 기관의 가용자원 검토, ③ 대안의 비교 및 평가, ④ 최선의 계획 선택, ⑤ 프로그램 계획의 실행, ⑥ 변화에 대비한 개방성과 융통성의 유지 등 6단계를 제시하였다. 이 책에서는 [그림 6-1]과 같이 스키드모어의 6단계를 중심으로 기획 과정을 설명하도록 하겠다.

#### (1) 구체적인 목표의 설정

목표란 사회복지기관 및 시설이 달성하고자 하는 활동지표 내지 활동목표이다. 목표를 설정하고 나면 측정 가능하고 현실적인 세부목표들을 설정하게 되는데, 이때 세부목표를 결과 세부목표와 과정 세부목표로 구체화하여 활동으로 연결시키기도 한다. 또한 목표 달성 후 변화될 것으로 기대되는 집단이나 요소를 세부목표에 구체적으로 나타내야 한다. 조직에서 목표를 설정할 때는 다음 사항에 유의해야 한다(장인협 · 이정호, 2006). 첫째, 목표 설정이 기관 내부와 관계기관, 지역사회 주민 등과의 민주적 의사소통을 통한 욕구발견 과정이어야 한다. 둘째, 내 · 외부의 전문가들의 전문적인 지식과 경험을 활용해야 한다. 셋째, 사회복지 수준을 현재보다 높은 수준으로 끌어올릴 수 있는 목표여야 한다. 넷째, 관리자의 가치관, 기관의 전통, 기관 내외의 갈등 등 환경적 요인을 고려하여야 한다.

### (2) 기관의 가용자원 검토

목표가 설정되면 정보를 수집하고 기관의 경제적 · 물질적 자원뿐만 아니라 사회복지사를 포함한 인적자원을 검토한다. 기관의 설비와 가용예산, 서비스에 대한 지역사회의 후원, 활용 가능한 직원의 수는 물론 그들의 자질, 능력, 태도와 감정 등도 모두 고려해야 한다(신복기 외, 2019).

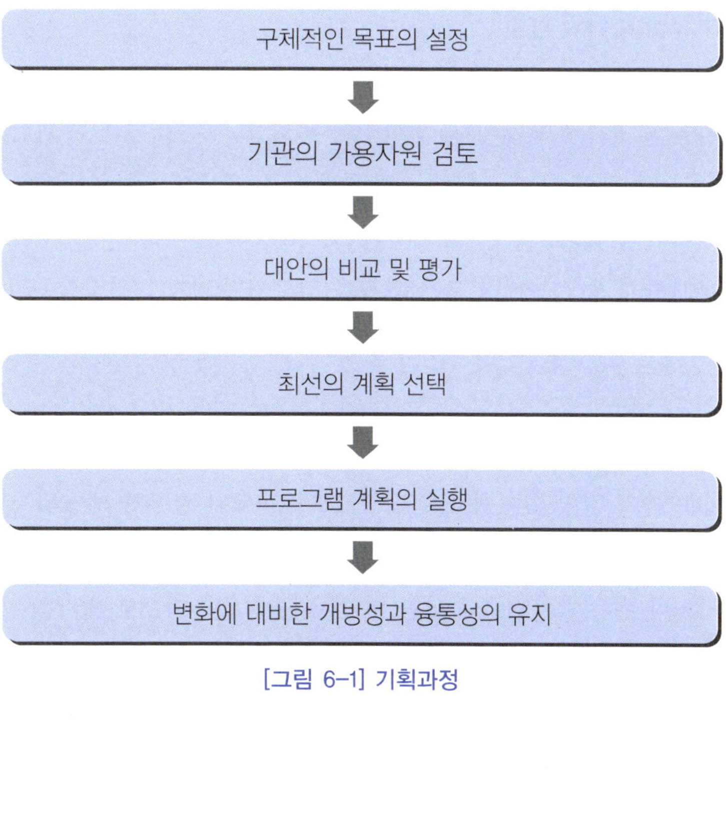


[그림 6-1] 기획과정

### (3) 대안의 비교 및 평가

목표 설정과 자원고려 이후에는 목표 달성이 가능한 대안들을 비교하여 결과를 평가해 본다. 이 단계에서는 창의력이 특히 중요한데, 자유로운 집단토의 및 개인들 간의 대화를 통하여 새로운 가능성을 발견하고 비용과 자원의 검토뿐만 아니라 기대효과와 장단점을 도출하여 평가한다(신복기 외, 2008).

### (4) 최선의 계획 선택

대안들이 열거되고 평가된 후에 중요성과 실현 가능성에 대한 우선순위를 부여하여 최선의 대안을 선택해야 한다. 대안의 중요성과 실현 가능성에 따라 최선의 대안을 선택하고 만일 여러 개의 대안이 선택된다면 가장 중요한 것, 즉각적인 조치를 요구하는 것, 연기되어야 할 것 등 가중치를 부여하여 중요한 계획들을 결정해야 한다(신복기 외, 2019).

### (5) 프로그램 계획의 실행

이 단계는 합의된 목표 달성을 위해 필요한 구체적인 활동과 시간 등의 프로그램 계획을 기획하는 단계이다. 청사진이나 도표, 시간표 등을 포함한 과정별 실행상황을 표시해야 하며 진행상황 검토와 보고, 프로젝트 완성을 위한 구체적인 시간계획이 수립되어야 한다. 일반적으로 활용되는 계획 실행기법으로는 시간별 활동계획(Gantt Chart), 프로그램 평가 검토기법(PERT), 월별활동계획 카드(Shed-U Graph)를 들 수 있다(신복기 외, 2019).

### (6) 변화에 대비한 개방성과 융통성의 유지

상황이 변하지 않았거나 목표를 향한 보다 향상된 절차가 개발되지 않았을 경우에는 원래의 계획이 그대로 진행되지만, 보다 나은 향상을 위해 계획수정이 필요하거나 유용한 자원을 확보할 수 있을 경우 신축적으로 계획을 변경해야 한다. 기획 과정은 항상 순서대로 진행되지는 않으며, 어떤 과정은 생략되기도 하고 중복 · 수정되기도 한다. 따라서 변화에 대비한 융통성과 개방성의 유지는 기획 과정에서 필수적인 요소이다(신복기 외, 2019).

## 2. 의사결정

### 1) 의사결정의 개념과 특성

의사결정이란 문제를 인식하고 그 문제를 해결할 수 있는 여러 대안 중에서 최적의 대안을 선택하고 실행하는 과정을 말한다. 여러 대안 중에서 가장 적절한 대안을 선택하기 위해서는 해결해야 할 문제를 명확히 이해하는 것뿐만 아니라, 문제를 해결할 수 있는 대안들을 과학적으로 비교·평가한 후 최적대안을 선택하는 다단계적인 과정으로 인식하여야 한다. 의사결정을 이렇게 단계별 과정으로 이해할 때 조직관리자들은 의사결정능력을 향상시킬 수 있다.

의사결정은 일상생활에서 흔히 쓰는 말로 너무나 다의적인 용어이기 때문에 그 정의도 학자들에 따라 다양하게 정의되고 있다. 의사결정의 개념을 이해하기 위해 학자들이 제기한 의사결정의 특성을 살펴보면 다음과 같다(김기태 외, 2005).

- 의사결정은 그 결정의 주체가 정부나 기업 및 개인이 될 수 있으며, 그 결정의 과정은 민주적 과정을 거쳐야 한다.
- 의사결정은 어떤 목적을 달성하기 위한 행동방침을 결정하는 것이다.
- 의사결정은 조직이나 집단 또는 개인적으로 문제를 인식할 때 이루어진다. 여기에서 문제인식이란 사회적 관심사나 조직 및 집단의 관심사 또는 개인적 관심사라고 할 수 있을 것이다.
- 의사결정은 규범적으로는 합리적이며 최적대안을 선택·결정하지만, 결정의 내용과 수준은 그 당시의 상황적 요소에 의하여 크게 좌우된다고 볼 수 있다.

• 의사결정의 대안선정은 동적 과정과 상호작용의 과정을 거쳐 결정되기 때문에 많은 갈등을 내포한다.

## 2) 의사결정의 중요성

개인의 일상생활에서 문제를 해결하기 위해 의사결정을 내리듯, 사회복지조직의 관리자도 조직활동을 하는 과정에서 직면하게 되는 여러 문제들을 해결하기 위해 수많은 의사결정을 하게 된다. 의사결정이 어떻게 이루어지느냐에 따라 조직의 목표달성 여부가 좌우된다고 해도 과언이 아니다. 따라서 의사결정은 조직운영에 있어서 핵심적인 요인이라 할 수 있으며, 조직은 지속적인 의사결정을 통해 많은 것을 학습하게 된다. 관리자의 의사결정이 중요한 이유는 다음과 같이 세 가지 측면으로 요약될 수 있다.

첫째, 의사결정의 과정은 관리자의 모든 조직활동 또는 행위에 수반되므로 올바른 의사결정이 뒷받침되지 않는 조직관리행위의 결과는 낮은 조직성과로 나타나게 된다.

둘째, 관리자 계층을 구성하고 있는 관리자는 그 수준에 관계없이 누구나 항상 정기적 또는 예외적으로 의사결정을 하는 상황에 직면하게 된다. 즉, 모든 관리자는 의사결정의 행위 없이 경영활동을 전개할 수 없는 것이다.

셋째, 의사결정은 개인의 사적 의사결정과는 달리 의사결정의 효과가 조직 또는 조직 내외의 다른 구성원에게 영향을 미치게 된다. 예를 들어, 사적인 의사결정이 잘못되면 그 개인에게만 영향을 미치지만 의사결정이 잘못되면 그 관리자 이외에도 조직과 조직 내외의 다른 많은 사람들에게도 피해를 준다.

이러한 이유로 의사결정은 관리자에게 가장 본질적이며 중요한 개념으로 간주된다. 현명한 의사결정을 하여 효과적으로 문제해결을 하는 능력을 갖추지 않으면 성공적인 관리자가 될 수 없다.

### 3) 의사결정의 유형

의사결정의 방법에 따라 직관적 결정과 판단적 결정, 그리고 문제해결적 결정으로 분류할 수 있다(남기민 · 최성재, 2000).

① **직관적 결정**(intuitive decisions)

직관적 결정은 합리성보다는 감정에 근거하여 결정하는 것이다. 즉, 결정은 결정자가 옳다거나 최선의 것이라고 느끼는 것, 또는 육감에 의하여 이루어지는 것이다.

② **판단적 결정**(judgemental decisions)

판단적 결정은 개인이 가지고 있는 지식과 경험에 의하여 결정하는 것이다. 이러한 결정은 일상적이고 정해진 절차의 일을 하는 가운데 얻어진 경험과 지식에 근거하여 결정을 하는 것인데, 거의 대부분의 결정은 이러한 방식으로 이루어진다.

③ **문제해결적 결정**(problem solving)

문제해결적 결정은 관련된 사항에 대한 정보수집, 연구, 분석과 같은 합리적이고 과학적인 절차를 밟아 이루어지는 결정이다. 따라서 즉각적으로 해결해야 할 사항에 대하여는 적용할 수 없다. 그보다 시간적인 여유가 있고 중요한 사항에 대한 의사결정에는 유용하다.

### 4) 의사결정의 모형

의사결정을 하는 데 있어 인간의 합리성을 어느 정도로 인정하느냐에 따라 인간의 합리적 능력에 기초한 합리모형, 인간의 제한적 합리성에 근거한 만족모형이 있으며, 그 외 점증모형, 혼합모형, 최적모형 등이 있다.

### ① 합리모형

합리모형에 따르면 인간은 이성과 고도의 합리성에 따라 행동하고 결정하며, 의사결정자는 모든 정보를 체계적으로 수집하여 고도의 합리성에 따라 현실적으로 제한점을 고려하지 않고 문제를 정의하고 해결을 위한 모든 대안을 개발하여 선택한다. 즉, 의사결정자는 합리적 인간으로서 문제를 해결하기 위한 모든 대안을 작성하고 의사결정에 관련된 완전한 정보를 수집 및 분석하여 각 대안을 비교 · 평가함으로써 최선의 대안을 선택한다는 것이다(오세영, 2018).

합리모형은 합리적 최적 대안이 선택될 가능성 여부에 관계없이 이러한 선택이 이루어지도록 최선의 노력을 다하는 데 중점을 두고 있기 때문에 보다 나은 의사결정에 기여할 수 있고 합리성에 대한 저해 요인을 규명하는 데 도움을 준다. 그러나 합리모형은 예외적이고 비정형적인 문제해결에는 적합하지 못한 모형으로 지적되고 있다. 또한 의사결정자가 복수의 목표를 갖고 있는 경우에는 그들 목표를 평가할 공통된 기준을 찾기 어렵기 때문에 목표 간의 우선순위를 결정하기가 매우 곤란하다는 비판이 있다. 그리고 이 모형은 대안을 모색하는 데 있어서 완전한 대안의 발견 및 선택에는 많은 시간과 비용이 소요된다는 점과 문제의 정의와 해결방안의 모색에서 현실적으로 작용하는 정치사회적인 과정을 완전히 배제하기는 어렵다는 점에서 한계를 갖는다(오세영, 2018).

### ② 점증모형

점증모형은 합리모형과는 달리 기존의 정책이나 결정을 긍정하고 그것보다 약간 향상된 대안에 대해서만 부분적 · 순차적으로 의사결정을 하는 현실적 · 실증적 접근방법에 의한 모형이다. 즉, 의사결정과정에서 필연적으로 작용하는 사회정치적 요소를 무시할 수는 없기 때문에 조직의 의사결정은 항상 합리적인 방법으로 이루어지는 것이 아니라 현실을 인정하고 약간 향상된 대안을 선택하는 것이 일반적이라고 본다(오세영, 2018).

이 모형은 현재의 상황에서 가장 저항을 적게 받고 문제를 효율적으로 해결할 수 있는 장점이 있다. 그러나 이 모형은 현실을 인정하고 혁신을 배제한다는 점에서 보수적이며, 기존 세력의 이익을 반영하는 결과를 낳을 수 있다. 그리고 과거의 결정에 기초하고 있으므로 과거의 결정이 반드시 타당하지 않을 수도 있다. 또한 급격한 환경의 변화에 점진적인 변화로 대응해 갈 수 없는 경우도 많다(오세영, 2018).

③ 만족모형

만족모형에 따르면 인간은 지식, 학습능력, 계산능력 등의 인지상의 제약을 받고 있기 때문에 완전히 합리적인 결정을 내릴 수 없다. 즉, 현실적인 인간은 제한된 사고의 범위 내에 극히 소수의 대안을 예상할 수 있는 데 지나지 않는다는 것이다. 그러므로 현실적인 인간은 능력상의 한계 때문에 '최적의 대안' 대신에 '만족스러운 대안'을 선택할 수밖에 없다. 이와 같이 만족모형은 합리모형의 현실적 제약점을 극복하기 위해서 제시된 것으로, 합리모형과는 달리 완전무결한 합리성이 아닌 제한된 합리성에 기초하고 있다는 데 그 특색이 있다(김기태 외, 2005).

이 모형은 인간의 합리성보다는 조직 내 인간의 심리적 측면을 중요시하는 의사결정모델이라고 할 수 있다. 즉, 정책결정자가 어떤 결정을 할 경우 최대한도로 최선의 대안을 위한 노력을 한다고 일반적으로 기대할 수 없으며 현실적으로 만족할 만한 수준에서 대안을 찾는 것으로 그친다는 것이다. 이처럼 만족모형은 보다 현실적인 정책결정의 세계를 설명하려는 데 그 의의가 있다. 그러나 이 모형은 만족의 정도를 결정지어 주는 객관적인 척도가 없고, 만족한 기준에 의해 대안을 선택한다고 할지라도 그 대안은 현실 만족적이고 보수적인 것이어서 급변하는 상황에 대처하기 어렵다는 비판을 받고 있다(오세영, 2018).

④ 혼합모형

혼합모형은 합리모형과 점증모형의 혼합 형태를 이룬다. 즉, 이 두 모형을 혼합하여 우선 기본적인 방향의 설정과 같은 것은 합리모형의 방법을 선택하나, 그것이 설정된 후의 특정 문제의 결정은 점증모형의 입장에서 의사결정을 하려는 것이 혼합모형이다. 이 모형은 인간의 정보수집 및 처리능력의 한계와 현실적 제약을 인정하면서, 기본적으로 문제를 전체적 · 체계적으로 검토한 후에 이상이 있다고 판단되는 것에 초점을 맞추어 현실적인 제약의 한계 내에서 가능한 모든 대안을 개발하여 효과성과 효율성이 경험적으로 가장 높을 것으로 생각되는 대안을 선택한다는 것이다(오세영, 2018).

혼합모형은 합리모형이 요구하는 지나치게 이상적인 합리성을 현실화시키는 동시에 점증모형이 갖는 보수성을 극복함으로써 단기적인 변화에 대처하면서 장기적인 안목을 동시에 가질 수 있는 장점이 있다. 그러나 이 모형은 현실적으로 언제나 이러한 방법을 순서적으로 따를 수 있겠느냐는 비판과 함께 장 · 단기 사업과 핵심 또는 주요 사업에 대한 조직구성원의 동의 또는 합의가 없는 한 이러한 의사결정은 문제가 될 수 있다는 점이 단점으로 지적되고 있다(오세영, 2018).

⑤ 최적모형

최적모형은 의사결정 과정에서 합리성 · 경제성을 고려하면서도 여기에 불가피하게 개입되는 초합리성(초합리적 요인: 직관, 판단력, 창의력)이 중요하다고 보는 모형이다. 즉, 과거의 선례가 없는 비정형적인 의사결정을 해야 하는 경우에는 제한된 자원이나 불확실한 지식 및 정보의 부족 등이 의사결정에서의 합리성을 제약하므로 초합리성이 불가피하게 개입하여야 한다는 것이다. 그러므로 의사결정의 최적여부는 그 결정이 정치적 · 경제적 측면에서 실현 가능성이 얼마나 내포되어 있는가에 따라 평가되어야 한다고 본다(오세영, 2018).

최적모형은 초합리성의 개념을 도입함으로써 합리모형을 더 한층 체계적으로 발전시키는 데 기여했다고 할 수 있다. 또한 사회적 변동 상황에서의 혁신적 정책결정이 거시적으로 정당화될 수 있는 이론적 근거를 제시해 주었다는 점이 인정받고 있다. 그러나 이론적인 면에서 아직 불충분하고 이른바 초합리성이라는 것의 구체적인 달성방법도 명확하지 않으며, 너무나 유토피아적인 모형이라는 비판을 받고 있다(오세영, 2018).

〈표 6-1〉 의사결정의 모형

| | 정의 | 특징 및 장점 | 제한점 |
|---|---|---|---|
| 합리 모형 | 최대한의 합리성을 추구하는 의사결정 모형, 이성과 고도의 합리성에 근거하여 결정하고 행동하는 모형 | • 정책결정자는 최선의 대안을 선택<br>• 조직의 이익 극대화/비용 최소화<br>• 합리적인 결정을 위해 합리적 사고와 합리적 행동 요구 | • 폐쇄이론<br>• 목표, 상황, 결과의 불확실성<br>• 인간능력 한계<br>• 완전한 자료와 정보 수집이 불가능<br>• 많은 비용 소요 |
| 점증 모형 | 기존의 정책이나 결정을 일단 긍정하고 그것보다 약간 향상된 대안을 부분적 · 순차적으로 탐색하여 의사결정을 하는 모형 | • 목표 수행 시 실증적 분석과 평가는 상호 연관성<br>• 종래의 정책결정에서 약간 향상된 수준에서 의사결정<br>• 적용 가능 소수대안만 고려<br>• 목표 간의 상호 조정 가능<br>• 지속적인 정책분석 평가<br>• 가장 저항을 적게 받고 문제를 효율적으로 해결 | • 현상유지적 문제해결 방법(보수적)<br>• 기존 세력 이익 반영<br>• 합리모형 거부, 과거결정에 기초<br>• 급속한 환경변화 대처 불가능<br>• 전례 없는 문제해결 방법으로 부적합<br>• 약자의 의견 무시 |
| 만족 모형 | 현실적으로 만족할 만한 대안의 선택에 강조점을 두어 현실적 · 실증적 접근방법에 기초를 둔 모형 | • 제한된 합리성에 기초<br>• 인간 심리적 측면 중요시<br>• 개인적 · 행태론적 의사결정<br>• 경험적 · 실증적 접근 방법<br>• 당면 문제 해결로 심리 만족 | • 주관적<br>• 만족 정도 측정의 객관적 척도 부재<br>• 창의적 문제해결에는 적용 어려움<br>• 개인적 의사결정에 사용 |
| 혼합 모형 | 합리모형과 점증모형의 장점을 상호 혼용하는 모형 | • 합리성 현실화/보수성 극복<br>• 단기적인 변화/장기적 안목<br>• 효과성/효율성이 가장 높은 대안 선택<br>• 사회복지조직의 기획과 의사결정에 이용<br>• 능동적 사회에 필요 | • 합리모형/점증모형의 단점 보완<br>• 기본적 결정/부분적 결정 구분할 명확한 기준 부재<br>• 가치판단 위한 객관적 기준 부재 |
| 최적 모형 | 만족모형이나 점증모형이 지니는 보수성을 개선하여 합리성과 경제성을 고려하고 직관, 판단, 창의력과 같은 것의 개입을 중요시하는 모형 | • 초합리적인 요인 중요시<br>• 질 위주의 모형<br>• 경제적 합리성 중요시<br>• 의사결정 방법론을 중요시<br>• 환류과정을 강조<br>• 합리모형의 체계적 발전<br>• 혁신적 의사결정이 정당화될 수 있는 이론적 근거 제시 | • 사회과정에 대한 고찰 불충분<br>• 초합리성의 성격이 명확하지 않음<br>• 유토피아적 이상 모형 |

출처: 이상구 외(2009).

### 5) 의사결정의 과정

의사결정은 여러 가능한 대안 중에서 최적의 대안을 선택하는 것이 핵심적인 내용이긴 하지만 본질적으로 선택하기 이전에 문제의 성격을 파악하고, 여러 가능한 대안을 발굴하여 비교 · 평가하는 단계를 거쳐 의사결정이 이루어지는 것이다.

그러나 실제의 의사결정은 이러한 과정을 모두 거쳐서 이루어진다고 볼 수 없으며, 의사결정 과정에 의한 의사결정을 하는 관리자일수록 그렇지 않은 관리자보다 최적대안을 선택하게 될 가능성이 상대적으로 높아지거나 또는 잘못된 의사결정을 하게 될 오류를 범할 확률이 낮아지게 된다. 의사결정 과정은 [그림 6-2]와 같이 이루어진다.

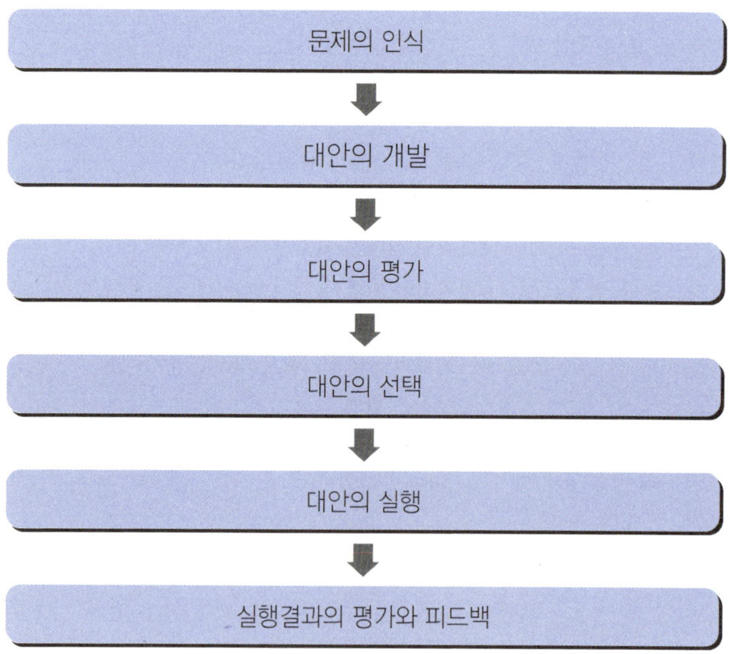


[그림 6-2] 의사결정의 과정

### (1) 문제의 인식

의사결정 과정의 첫 번째 단계는 해결해야 할 문제를 인식하는 것이다. 의사결정의 필요성은 문제의 존재로부터 비롯되는 것이므로 문제의 정확한 인식이 이루어지지 않은 채 전개되는 의사결정 과정은 별 의미가 없다. 왜냐하면 문제의 인식이 잘못되면 올바른 의사결정을 할 수 없기 때문이다.

그러나 문제의 본질을 정확히 파악하는 것은 매우 어려운 작업이다. 이와 관련하여 관리자가 자주 범하게 되는 오류로 징후와 문제의 혼동을 예로 들 수 있다. 예를 들어, 조직구성원의 사표 제출에 많은 관리자는 민감하게 반응을 한다. 그러나 이직률의 증가가 만약 조직목표 달성을 저해하지 않는다면 결코 문제가 아니다. 만약 이직하는 구성원이 조직에 불만이 높은 사람이며, 또 조직 전체의 인력이 과잉이어서 이직하는 사람의 일을 대신할 수 있는 인력이 존재한다면, 오히려 어느 정도의 이직률의 증가는 문제가 아니라 인력관리상 좋은 기회를 제공하는 것이 된다. 이와 같이 어떤 징후가 반드시 문제는 아닌 것이다. 이때 징후와 문제를 혼동하게 되는 것을 방지하는 하나의 방법은 상위조직목표의 관점에서 문제를 정의하는 것이다.

문제의 유형을 구분하는 것도 문제의 성격을 파악하는 하나의 방법이다. 문제를 유형화하게 되면 그 이후 많은 노력을 줄일 수 있다. 즉, 어떤 문제가 과거와 동일한 문제로 확인되면 대안의 발굴, 평가하는 노력이 감소될 수 있는 것이다. 문제를 유형화하는 보편적 방법은 앞에서 지적한 정형적 문제와 비정형적 문제로 구분하는 것이다.

문제를 유형화하는 또 다른 방법은 다음 네 가지 특성에 의해 구분한다. 첫째, 반복적인 문제가 있다. 이는 정기적으로 발생하는 문제이므로 과거의 의사결정 과정을 참고하게 되면 능률적으로 의사결정을 할 수 있다. 이러한 문제의 해결을 위한 정보는 가능한 한 경영정보시스템에 정리되어 있어야 한다. 둘째, 직무전환 또는 합병의 문제처럼 특정 관리자에게는 특수한 문제이지만 다른 사람은 이미 그러한 문제에 직면해 본 경험이 있는 문제가 있을 수 있다. 이때는 다른 사람이 활용했던 절차와 방법에 대한 정보수집이 중요하며, 또 경험자의 도움을 요청할 수도 있다. 셋째, 발생하는 빈도가 매우 드문 완전히 특수한 문제가 있다. 넷째, 특수하지만 앞으로 자주 발생할 가능성이 있는 문제가 있을 수 있다. 이때는 절차, 규칙을 정확하게 개발하여 신중히 문제를 해결할 필요성이 커진다.

### (2) 대안의 개발

문제를 인식하게 되면 다음 단계에서는 문제해결에 기여할 수 있는 가능한 대안을 실제로 개발하여야 한다. 일반적으로 대안을 개발하는 데 관리자가 자주 범하게 되는 오류는 최초에 발견한 대안이 그럴듯한 경우에 쉽게 그 대안을 선택해 버린다는 점이다. 이렇게 되면 관리자는 유효한 해결대안을 선택할 수 있는 기회를 상실할 수도 있다. 그러므로 관리자는 가능한 모든 대안을 개발하여 그중에서 최선의 선택이 이루어지도록 하여야 한다.

오늘날 조직의 관리환경은 매우 불확실하기 때문에 비정형적 의사결정을 하여야 할 상황이 자주 발생한다는 점에서도 많은 창의적 대안의 개발이 필요하다. 또한 정형적 · 반복적 의사결정의 유형이라 해도 과거의 해결대안이 반드시 현재에도 유효하다고 할 수 없으므로 좋은 대안을 많이 개발하는 것은 성공적인 의사결정과정에서 매우 중요한 단계인 것이다.

### (3) 대안의 평가

관리자는 대안의 개발이 끝난 후 각 대안의 유효성을 평가하여야 하는데, 대안의 평가는 다음의 두 가지 관점을 고려하여야 한다. 첫째, 조직의 목표에 비추어서 각 대안을 판단해야 한다. 만약 대안이 아무리 논리적이라 하더라도 조직의 목표에 비추어 도저히 실천할 수 없다면 소용이 없다. 예를 들어, 매출액은 증가하고 있으나 이윤이 감소하고 있다면 간접비를 줄일 필요가 있다. 그러나 어떤 대안이 서비스 품질을 저하시켜 간접비를 줄이는 경우라면 이 대안은 도저히 받아들일 수 없게 될 것이다. 또 어떤 대안이 조직의 현재 자원으로서는 실천할 수 없는 것이라면 아무런 의미가 없다. 또한 구성원이 어떤 대안을 실천할 의사가 없는 경우에도 그 대안은 포기될 수밖에 없다. 둘째, 문제를 해결하는 데 가급적 많은 도움을 제공할 수 있는 대안을 선택하여야 한다. 먼저 문제해결의 필수적 기준을 초과하는 대안을 선별한 후 그중에서 희망적 기준에 가깝게 부합되는 대안을 선택하면 최선의 대안이 선택될 수 있다. 여러 대안을 조직목표와 제 자원 그리고 문제해결의 필수적 · 희망적 기준에 맞추어 평가하는 기법은 다양하다. 이러한 각종의 평가기법은 주로 계량적 의사결정기법으로서 의사결정 상황의 확실성 · 위험성 · 불확실성에 따라 달리 적용된다.

### (4) 대안의 선택

대안의 선택은 여러 개의 대안을 평가한 후 하나의 대안을 선택하는 단계이다. 일반적으로 대안의 개발과 그에 대한 평가가 이루어지면 최종적인 대안의 선택은 자동적으로 이루어지는 것으로 인식하고 있다. 만약 여러 개의 대안을 충분하게 검토하였다면 최적의 대안을 선택하는 것은 그다지 어렵지 않다.

그러나 최적의 대안을 선택하는 것이 용이하지 않은 경우가 있다. 그 이유는 다음과 같다. 첫째, 각 대안이 의사결정 목표나 기준을 얼마나 잘 충족하는지 상호 비교하기가 쉽지 않은 경우이다. 둘째, 여러 대안들이 모두 좋지 않은 대안일 때가 있다. 셋째, 너무 많은 대안이 확보되어 그 대안들을 평가하는 데 지나치게 많은 시간이 소비되고 의사결정자가 오히려 혼동에 빠질 수 있는 경우가 있다.

### (5) 대안의 실행

선택한 최적의 대안이 문제를 해결할 수 있도록 관리자들이 실행에 옮기는 단계이다. 그러나 대안을 실행하는 상황이 용이한 경우도 있지만 그와 반대의 경우도 있다. 대안을 실행하는 데 있어서 중요하게 고려해야 할 두 가지 요인은 구체적 행동계획과 프로그램을 잘 설정해야 하는 것과 일반적으로 대안의 실행은 조직구성원들에 의해 이루어지기 때문에 그들에게 어떠한 영향을 미칠 것인지를 고려해야 한다.

선택한 대안을 가장 효과적으로 실행하는 방법은 가능한 한 의사결정과정에 조직구성원을 참여시키는 것으로, 특히 대안이 개발되고 평가될 때 숨겨진 어려움을 찾아내거나 추가적인 자원을 발견해 냄으로써 의사결정과정에 기여할 수 있다.

### (6) 실행결과의 평가와 피드백

의사결정의 마지막 단계는 대안의 실행결과를 평가하고 새로운 의사결정을 위해 피드백을 제공하는 것이다. 이 과정을 통해 대안의 실행결과를 알 수 있는 것과 동시에 잘못된 의사결정이나 실행 과정을 개선할 수 있는 행동을 취할 수 있다. 만일 선택한 대안의 실행결과가 바람직하게 나타나지 않는 경우, 관리자는 문제를 재정의하거나 다른 대안을 개발하여야 한다.

## 제7장

# 리더십

1. 리더십의 개념과 필요성
2. 리더십 이론
3. 리더십 유형과 수준

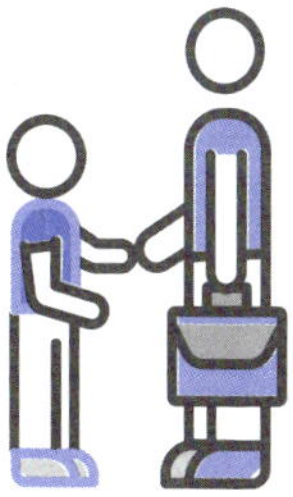

# 1. 리더십의 개념과 필요성

## 1) 리더십의 개념

리더십은 인간이 조직생활을 시작하면서 많은 사람들의 깊은 관심을 끌어온 주제였으며, 리더십 이론은 시대정신을 반영함과 동시에 다양한 학문분야에 민감하게 반응하면서 발전해 왔다.

리더십에 대하여 체계적이고 과학적으로 연구가 시작된 것은 20세기 초반부터이다. 이후 지금까지 리더십의 개념에 대한 수많은 정의와 다양한 이론이 제시되었으나, 아직까지도 공통된 이론과 합의된 결론에는 이르지 못하고 연구자들의 입장이나 관점에 따라 다양하게 정의되고 있다. 리더십의 개념을 이해하기 위해 학자들에 의해 제기된 리더십의 정의를 정리해서 그 특징을 살펴보면 다음과 같은 몇 가지 특성을 발견할 수 있다. 첫째, 리더십은 특정의 목표달성과 관련된다. 또한 리더십은 집단목표의 달성이나 집단을 유지하기 위하여 집단구성원의 자발적인 행동을 유도하는 데 기본적인 목표가 있다. 둘째, 리더십은 관계적 특성에 기초하고 있으며 그 관계 속에서 영향력을 행사하는 과정이다. 즉, 리더십은 반드시 공식적 조직계층의 책임자만이 갖는 것이 아니라 집단 내 다른 구성원들의 행동을 자극하고 영향을 미치는 과정으로 동료 간 또는 하위직에 있는 자에 의해서 행사되기도 한다. 셋째, 리더십은 강압이나 강제에 의해 행사되기보다는 상호작용의 과정을 통해 발휘된다. 리더십은 리더가 구성원에게 일방적으로 행동을 강요하는 것이 아니라, 어디까지나 상호작용의 과정을 통해서 발휘된다는 것이다.

이와 같이 리더십에 대한 정의는 연구자들의 연구관점이나 목적 등에 따라 다양하게 제시되고 있으나, 여기에서는 리더십이란 조직목표달성을 위해 조직구성원에게 영향력을 행사하는 과정이며, 구체적으로 조직목표를 능률적으로 달성하기 위해 조직구성원의 자발성과 상호 협력적인 노력을 이끌어 가는 리더의 기술과 활동이라고 정의하고자 한다.

## 2) 리더십의 필요성

최근 사회복지행정에서 리더십은 점차 강조되고 있으며, 사회복지조직의 최고관리자는 리더십의 본질에 대한 이해는 물론이거니와 조직의 리더로서 필요한 자질을 갖추어야 한다. 이러한 리더십은 동기부여, 외부 변화에 대한 적절한 대응, 내부적 변화에 따른 조직 통합, 그리고 구성원의 목표와 조직의 목표 간의 일치를 위해 필요하다(배은영 외, 2012).

### (1) 동기부여

다양한 전문가들이 고용되어 있는 사회복지조직에는 전문가의 자율성 욕구와 조직의 통제욕구 사이의 부단한 긴장이 존재하며, 이와 같은 긴장으로 인해 구성원들은 조직의 규칙과 규정을 준수하게끔 동기부여할 리더십을 필요로 한다.

### (2) 외부 변화에 대한 적절한 대응

사회복지조직이 급변하는 외부 환경에 능동적으로 대처하기 위해서는 조직을 변화시켜야 한다. 급변하는 외부 환경에 적절하게 대응하고, 조직을 변화시키기 위해서 보다 혁신적인 리더십을 필요로 한다. 이러한 리더십은 해당 조직의 지속 가능한 발전을 이끌어낼 수 있을 것이다.

### (3) 내부적 변화에 따른 조직 통합

변화하는 외부 환경은 물론 클라이언트의 욕구와 문제의 변화에 따라 사회복지조직에서는 새로운 사회복지실천기술 또는 새로운 구조의 도입이 필요한데, 조직구성원들이 이와 같은 중요한 내부적 변화를 무리 없이 수용할 수 있도록 하고, 이러한 변화가 조직에 효과적으로 통합될 수 있도록 하기 위해서는 리더십이 필요하다.

#### (4) 구성원의 목표와 조직의 목표 간의 일치

사회복지조직에서 구성원들의 전문적 목표는 조직의 목표와 완전히 일치하지 않을 수 있다. 따라서 구성원의 목표와 조직의 목표 사이에 가능한 한 많은 일치를 가져올 수 있도록 하기 위해 리더십이 필요하다.

## 2. 리더십 이론

### 1) 전통적 리더십 이론

조직체란 두 사람 이상이 모여 공동목표를 달성하고자 하는 유기체이며, 이러한 조직 목표달성에 공헌하기 위해서는 조직구성원들의 협동심을 최대한 발휘할 수 있는 효과적인 리더십이 필요하다(박내희, 1996). 리더십 연구는 그 개념의 중요성, 복잡성, 다차원성, 사회정서적 현상 등으로 연구자마다 나름대로 연구 방향을 달리해 왔다. 이에 따라 리더십에 관한 연구와 이론들은 크게 세 가지

〈표 7-1〉 전통적인 리더십 이론의 비교

| 특성이론<br>(특성론적 접근) | 행동이론<br>(행태론적 접근) | 상황이론<br>(상황론적 접근) |
|---|---|---|
| 1940~1950년대 | 1950~1960년대 | 1960~1970년대 |
| 리더십의 효과를 리더의 특성(지능, 민감성, 통찰력, 책임감, 진취성, 지속성, 자신감, 사교성 등)과 관련지어 설명하고, 이러한 특성을 갖추면 성공적 리더가 된다고 주장함 | 리더의 행동에 초점을 두고 행동 유형(과업행동과 관계성행동)에 따라 성공적인 리더와 그렇지 않은 리더가 구분된다고 주장함 | 상이한 상황은 상이한 유형의 리더십을 요구하며, 유능한 리더가 되려면 그의 리더십 유형을 다양한 상황의 요구에 적합하게 해야 한다고 주장함 |

단계로 나누어 이해할 수 있는데, 시대적인 발전을 중심으로 하여 〈표 7-1〉과 같이 특성이론(trait theory), 행동이론(behavior theory), 상황이론(situation theory)으로 구분할 수 있다.

### (1) 특성이론(Trait Theory)

리더십의 초기 이론들은 리더십의 효과를 리더의 특성과 관련지어 설명하였다. 즉, 특성이론(trait theory)은 리더의 개인적 자질에 초점을 맞추고 이러한 자질들이 어떻게 리더의 유효성에 영향을 미치는가를 연구하였다(Yukl, 1981). 이 이론은 간단히 말해서 리더는 태어나는 것이지 만들어지는 것이 아니라는 것이다. 이런 사람들은 어떤 시대나 상황에서도 사람들을 위대하게 이끄는 특별한 자질(지능, 민감성, 통찰력, 책임감, 진취성, 지속성, 자신감, 사교성 등)을 가지고 있다고 믿었다. 특성이론은 알렉산더 대왕(Alexander the Great), 잔다르크(Joan of Arc), 히틀러(Adolf Hitler), 처칠(Winston Churchill), 간디(Mahatma Ghandi)와 같은 세계적인 위인들의 연구에 영향을 받았다.

아울러 특성이론은 성공적인 리더들이 가지고 있는 공통된 특성(traits)을 연구하여 개념화한 이론이다. 1940년대에서 1950년대에 걸쳐 조사된 연구에서는 주로 성공한 리더와 성공하지 못한 리더 간의 차이, 즉 리더 개인의 특성이나 특질(characteristics)을 규명하고자 하였다. 여러 가지 연구가 있었으나 여기서는 바스(B. Bass)와 스톡딜(R. Stogdill)의 1948년과 1970년 두 차례에 걸친 연구를 중심으로 리더의 특성을 구분해 보고자 한다. 바스와 스톡딜은 리더의 특성을 신체적 특성, 사회적 배경, 지능, 성격, 과업특성, 사회적 특성의 여섯 가지로 크게 분류하였는데, 그 내용을 간단히 살펴보면 다음과 같다(Stogdill, 1974).

#### ① 신체적 특성(Physical Characteristics)

신체적 특성의 구성요인으로 리더의 활동성, 에너지, 연령, 신장, 체중, 외모 등을 들고 있다. 이들 신체적 특성은 리더십기능을 발휘할 수 있는 능력과 밀접한 관계가 있다고 본다.

② **사회적 배경**(Social Background)

사회적 배경의 요인으로는 높은 사회 · 경제적 신분은 리더십의 지위를 유지하는 데 유익하다는 점, 어떤 리더가 다른 사람보다 높은 사회적 배경을 가지고 있으면 리더의 지위를 향상시키는 데 도움이 될 수 있다는 점이다.

③ **지능과 능력**(Intelligence and Ability)

많은 연구의 결과들은 리더가 부하들보다 판단력, 결정력, 지식, 지능, 화술 등이 일반적으로 훨씬 뛰어났다고 지적하고 있다.

④ **성격**(Personality)

한 개인의 특성인 성격은 리더십과 밀접한 관계를 가지고 있으며 리더십 유효성에 많은 영향을 미치고 있다. 성공적인 리더가 가지는 성격적 특성으로는 적응성, 강한 신념, 공격성, 독립성, 객관성, 판단력, 자신감, 지배성, 창조성, 기민성, 조정력, 추진력, 열성, 외향성, 긴장에 대한 지구력 등 많은 특성 요인들을 들고 있다.

⑤ **과업 관련 특성**(Task-Related Characteristics)

리더의 과업에 대한 성취욕구 및 책임감 등은 리더십에 매우 중요한 요인이다. 유능한 리더는 높은 성취욕구와 책임감을 가지고 있다. 과업지향적이며 장애에 부딪쳤을 때 좌절하지 않고 목표를 추구하는 데 매우 끈기가 있다. 이러한 특성을 가지고 있는 리더는 일반적으로 업무 추진력과 함께 강한 동기와 직무에 대한 집요함을 갖추고 있기 때문에 리더십 유효성에 큰 영향을 미친다.

⑥ **사회적 특성**(Social Characteristics)

리더는 다양한 성격의 사람들과 잘 어울려야 하고 제반 환경에도 적극적으로 참여하지 않으면 안 된다. 그러므로 훌륭한 리더는 다른 사람들로부터 쉽게 받아들여지고 협력을 잘 이끌어내는 능력을 가지고 있다. 이러한 성격은 다른 사람들로부터 협동심을 불러일으키게 할 뿐만 아니라, 조직목표 달성에 보다 적극적으로 참여케 하는 관리능력을 발휘함으로써 리더십 유효성을 증대시킬 수 있다. 이 밖에도 리더의 사회적 특성으로는 매력적이고 인기가 있으며 부하들을 잘 보살피는 능력 등을 들고 있다.

### (2) 행동이론(Behavioral Theory)

행동이론 연구에 참여한 연구자들은 리더십이란 기본적으로 일반적인 두 가지 유형의 행동으로 이루어져 있다고 단정하였다. 그 두 가지 유형의 리더십행동이란 과업행동(task behavior)과 관계성행동(relationship behavior)을 말한다. 과업행동은 목표달성을 촉진하는 행동이다. 즉, 조직구성원들이 그들의 목표를 달성하도록 도와주는 행동들이다. 그리고 관계성행동은 하위자들이 서로 간에 좋은 인간관계를 가지고 잘 지내도록 도와주며 조직에서 만족을 느끼도록 도와주는 행동들이다.

리더십 행동연구의 주요한 목적은 리더가 어떻게 하면 이들 두 가지의 유형의 행동을 조합하여 하급자들의 과업목표를 위한 노력에 영향을 미칠 것인가를 설명하려는 데 있다. 이와 같은 리더십 행동에 관한 보다 정밀한 연구를 위하여 많은 연구들이 수행되었다.

#### ① 아이오와대학교 연구

행동이론에 대한 아이오와대학교의 연구에서는 리더십 유형을 독재적, 민주적, 자유방임적 유형으로 나누었다. 우선 독재형(지시적) 리더는 모든 중요한 결정은 리더가 독단적으로 결정하고 조직구성원들은 결정된 사항을 집행하고 수행하는 업무만 하고, 리더는 모든 업무의 세부활동에 대해서 세세히 명령하고 지시한다. 반면 민주형(참여적) 리더는 의사결정 시 조직구성원들을 모두 참여시키고 집단토의를 통해서 결정을 내리며, 이를 통해 조직구성원의 창의력과 생산성을 높인다. 자유방임형(위임적) 리더의 경우에는 조직구성원에게 주요 권한을 대폭 위임하고, 구성원들로 하여금 목표 설정에서 집행에 이르기까지 일체의 일을 수행하게 한다.

② 오하이오대학교 연구

행동이론에 대한 오하이오대학교의 연구에서는 리더의 행동을 크게 두 가지로 구분하였고, 어떤 리더가 높은 생산성과 높은 직무만족도 등을 나타냈는지를 탐색하였다. 이 연구에서는 '구조주도성'과 '배려성'을 기준으로 하여 다섯 가지 리더십 유형을 제시하였다. 연구 결과 구조주도성과 배려성이 높은 리더가 낮은 리더보다 조직구성원들의 높은 생산성과 높은 직무만족도를 가져오는 것으로 나타났으며, 〈표 7-2〉에서 보는 바와 같이 IV유형이 가장 바람직하고 유용한 형태라는 결론을 얻게 되었다.

〈표 7-2〉 오하이오대학교 연구

| 배려성 | | |
|---|---|---|
| 높음 ↑ | 낮은 구조주도성<br>높은 배려성<br>II | IV<br>높은 구조주도성<br>높은 배려성 |
| ↓ 낮음 | 낮은 구조주도성<br>낮은 배려성<br>I | III<br>높은 구조주도성<br>낮은 배려성 |
| | 낮음 ← 구조주도성 | → 높음 |

③ 미시간대학교 연구

미시간대학교의 연구는 리더를 '조직구성원 지향적', '생산지향적'으로 나누어서 연구를 하였다. 이 연구에서는 어떤 유형의 리더 행동이 조직의 성과와 구성원의 만족을 가져올 수 있는가를 발견하는 데 그 목적이 있었다. 연구 결과, 생산지향적 리더는 세밀한 감독과 합법적이고 강제적인 권력을 활용하여 업무계획표에 따라 이를 실천하고 업무의 성과를 평가하는 일 등에 강조점을 두는 것으로 나타났다. 반면에 조직구성원 지향적 리더는 인간지향적이며, 책임위임과 구성원의 복지와 욕구, 승진, 개인적인 성장에 대한 관심을 강조하는 것으로 나타났다.

④ 텍사스대학교 연구

텍사스대학교 연구에서 블레이크와 모튼(Blake & Mouton)은 리더의 행동을 [그림 7-1]에서 보는 바와 같이 수평축에 생산에 대한 관심(concern for production)과 수직축에 인간에 대한 관심(concern for people)의 두 영역으로 나누고 이를 계량화하여 리더의 행동을 다섯 가지 유형으로 제시하였다. 첫 번째는 무관심형(impoverished: 1 · 1형)으로, 리더의 생산과 인간에 대한 관심이 모두 낮아서 리더는 조직구성원으로서 자리를 유지하는 데에 필요한 최소한의 노력만 투입한다. 두 번째는 인기형(country club: 1 · 9형)으로, 리더의 인간에 대한 관심은 매우 높으나 생산에 대한 관심은 매우 낮다. 리더는 부하와의 만족한 관계를 위하여 부하의 욕구를 사려 깊게 관심을 가져주고, 편안하고 우호적인 조직 분위기로 이끌어 간다. 세 번째는 과업형(task or authority-obedience: 9 · 1형)으로 리더의 생산에 대한 관심은 매우 높으나 인간에 대한 관심은 매우 낮다. 리더는 일의 효율을 높이기 위해 인간적 요소를 최소화하도록 작업조건을 정비하는 등 과업상의 능력을 우선적으로 생각한다. 네 번째는 타협형(middle of the road: 5 · 5형)으로 리더는 생산과 인간에 적당한 관심을 가진다. 리더는 과업의 능률과 인간적 요소를 절충하여 적당한 수준에서 성과를 추구한다. 마지막은 팀형(Team: 9 · 9형)으로 인간과 과업 모두에 대한 관심이 매우 높다. 리더는 구성원들과 조직의 공동목표 및 상호의존관계를 강조하고, 상호 신뢰적이고 상호 존경적인 관계에서 구성원들의 몰입(commitment)을 통하여 과업을 달성한다. 이 이론에 따르면 가장 바람직한 리더십 유형은 팀(9 · 9)형이라고 결론지었다. 그러나 팀(9 · 9)형 리더십이 바람직한 것으로 보이지만, 이런 유형의 리더십이 사용될 때 리더는 민주적이기보다는 독재적 행동을 나타내 보이는 경향이 있다.

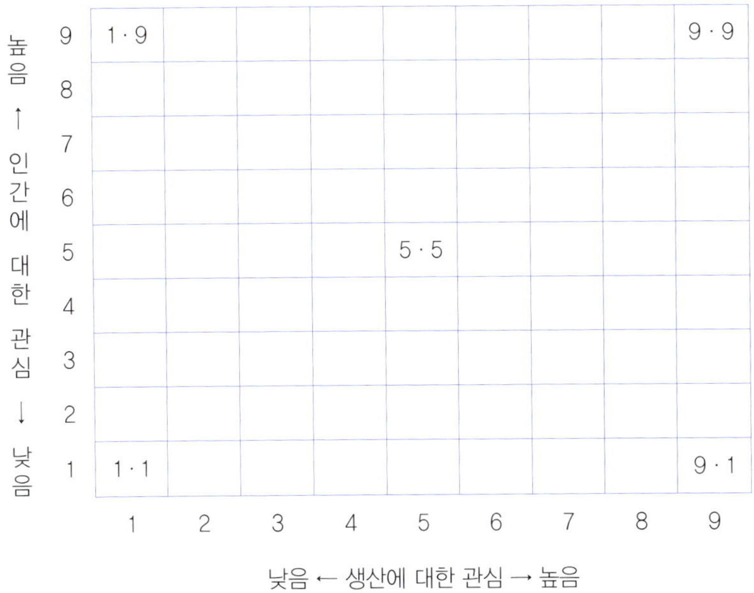


[그림 7-1] 관리격자이론

### (3) 상황이론(Situation Theory)

상황이론은 특성이론이나 행동이론보다 더 광범위하게 인정을 받고 있는 이론이다. 이 이론의 전제는 상이한 상황은 상이한 유형의 리더십을 요구한다는 것이다. 이 같은 시각에서 유능한 리더가 되려면 그의 리더십 유형을 다양한 상황의 요구에 적합하게 하여야 한다. 이와 같은 리더십 상황이론에는 대표적으로 피들러(Fiedler)의 상황적합이론과 하우스(House)의 경로-목표이론이 있다.

#### ① 피들러의 상황적합이론

상황이론 중 가장 널리 인정받고 있는 것이 피들러의 상황적합이론이다. 상황적합이론은 '리더-적합'이론이라고도 하는데 그것은 리더가 그의 리더십을 적절한 상황에 적합하게 하여야 한다는 것을 의미한다. 상황적합이론의 틀 안에서 리더십 유형은 과업지향과 관계성 지향으로 설명하고 있다. 과업지향적 리더는 주로 목표달성에 관심이 있는 반면에 관계지향적 리더는 친밀한 대인관계를 개발하는 데 주된 관심이 있다.

② 허시와 블랜처드(Hersey & Blanchard)의 상황이론

허시와 블랜처드(Hersey & Blanchard)의 상황이론은 다양한 상황 중에서 부하직원의 상황에 주목한다. 이들은 부하가 없으면 리더도 존재하지 않는다는 가정을 기반으로 해서 그들의 이론을 전개한다. 즉, 리더십은 부하가 존재하는가, 존재하지 않는가에 따라서 의미를 가질 수 있을 만큼 리더십에서 부하의 존재 그리고 그들의 상황적 속성에 적합한 관리적 행동은 중요한 것임을 강조한다. 이 이론에서는 특히 부하의 성숙도를 강조하는데, 그들이 강조하는 성숙도에는 지식, 경험, 기술의 보유 등을 포괄하는 능력의 차원과 믿음, 헌신, 동기 등을 포괄하는 의지의 차원으로 나누고 이 두 차원에 따라 부하의 네 가지 형태의 성숙도 상황을 〈표 7-3〉과 같이 제시하고, 그에 따른 리더십의 유형을 제시하고 있다(황성철 외, 2009).

〈표 7-3〉 부하의 성숙도 상황에 따른 리더십 행동

| | 부하의 성숙도 상황 | 요구되는 리더십 행동 |
|---|---|---|
| R1 | 부하가 능력도 없고 의지도 없는 경우 | 지시형 리더십 |
| R2 | 부하가 능력은 없는데 의지만 있는 경우 | 제시형 리더십* |
| R3 | 부하가 능력은 있는데 의지가 없는 경우 | 참여형 리더십 |
| R4 | 부하가 능력과 의지 모두 있는 경우 | 위임형 리더십 |

* 제시형 리더십은 아이디어를 제시해 주고 방향을 제시해 주는 것.

③ 하우스의 경로-목표이론

하우스(House)가 제시한 경로-목표이론은 오하이오연구와 동기부여의 기대이론이 결합된 것으로, 부하직원의 특성과 업무환경의 특성에 의해 조절된 네 가지 리더의 행동은 부하직원의 인지에 영향을 미치고 결국 더 많은 노력, 동기부여, 성과 및 만족을 가져오게 된다는 관점이다. 하우스는 이 연구를 통하여 지

시적 리더의 행동은 비구조화된 과업에 종사하는 직원들에게 더 효과적이고, 지지적 리더의 행동은 구조화된 일상적 과업을 수행하는 직원들에게 더 효과적이라는 결론을 얻었다.

## 2) 현대적 리더십 이론

최근의 리더십에 관한 이론과 실증연구에서는 변혁적 리더십과 거래적 리더십이 주류를 이루기 시작하였다. 이러한 이론과 실증연구들은 부하들의 신뢰와 지지를 불러일으킬 수 있는 리더들의 행동을 연구한 것이다. 아울러 최근에는 섬기는 리더십과 코칭 리더십에 대한 관심이 높아지고 있다.

### (1) 변혁적 리더십 이론

변혁적 리더십은 장기적 효과와 가치 창조에 중점을 두어 조직구성원에게 단순히 복종할 것을 요구하는 것이 아니라, 조직구성원의 신념, 욕구, 가치를 바꾸고 틀 자체를 변화시켜 새로운 기회를 창출하도록 하는 매우 진취적인 리더십이다. 변혁적 리더십에서는 조직구성원을 리더로, 리더를 '변화관리자로 변화시키는 사람'이며, '과정을 변화시키고, 행동을 고취시키며, 문제해결의 방법을 지시하고 감정을 자극하는 자'라고 정의하고 있다. 변혁적 리더십은 거래적 리더십과 일련의 연속선상의 배타적 개념으로 규정하고, 기존의 리더십 연구가 리더와 조직구성원 간의 관계를 교환적 관계로만 국한시킴으로써 파생되는 문제점을 지적하면서 변혁적 리더십을 제안하였다. 이와 같이 변혁적 리더십은 조직구성원들에게 기대되는 기본적인 행동 그 이상의 성과를 달성하도록 조직구성원들을 동기부여시키는 리더십으로, 변혁적 리더십의 구성요인으로는 카리스마, 지적 자극, 개별적 배려, 감화가 있다(박영국, 2008).

#### ① 카리스마

카리스마는 변혁적 리더십의 가장 중요한 구성요소로서 매력 있는 비전과 사명을 선포함으로써 조직구성원들이 리더를 존경하고 신뢰성, 자신감을 갖고 리더와 자신들을 동일시하도록 하며, 비전에 의하여 조직구성원을 각성, 분발, 고취시키는 것이다.

② 지적 자극

지적 자극은 조직구성원들에게 이해력과 합리성을 향상시키고, 리더가 현재 상황의 문제점을 자신이 규정한 미래에 대한 비전의 관점에 대비시켜 문제와 해결방법에 대한 인식을 새로운 방향으로 각성시키는 것을 말한다.

③ 개별적 배려

개별적 배려는 리더가 조직구성원들에게 개별적 관심을 보여주고, 지도, 조언을 해주는 것을 의미한다. 리더는 조직구성원 개개인이 가지는 욕구의 차이를 인정하여, 그들이 가지는 욕구수준을 보다 높은 수준으로 끌어올리며, 조직구성원들로 하여금 높은 성과를 올릴 수 있도록 조언자나 코치의 역할을 담당하게 된다.

④ 감화

감화란 조직구성원에게 비전을 제시하고 신바람을 불러일으키며, 격려를 통하여 기운을 북돋우고 업무에 열심히 매진하게 만드는 행동을 말한다. 조직구성원들의 자아상으로 여겨지는 카리스마적 리더와는 달리, 감화적 리더는 바람직한 목표를 제시하고 성취 수단을 제공함으로써 조직구성원들 스스로 보다 더 능력이 있다고 느낄 수 있도록 해준다.

### (2) 거래적 리더십 이론

거래적 리더십은 리더가 상황에 따른 보상을 지급하면서 조직구성원들에게 영향력을 행사하는 과정이라고 정의한다. 또한 거래적 리더십은 "한 사람이 가지고 있는 것을 교환할 목적으로 타인과의 접촉과정에서 주도성을 추구하는 것"을 의미한다. 이러한 리더십을 발휘하는 리더는 주로 조직구성원의 일차적, 외재적 욕구와 동기에 초점을 두고 교환적 측면에서 조직구성원에게 접근한다고 하였다. 또한 거래적 리더십은 자기이해에 기초하여 조직의 경영과 기능 위에 수단적인 정직, 충성 등과 같은 형식적 가치에 주안점을 두었다.

이와 같이 거래적 리더십은 리더가 상황에 따른 보상을 지급하면서 조직구성원들에게 영향력을 행사하는 과정으로 그 구성요인에는 조건적 보상과 예외에 의한 관리가 있다(박영국, 2008).

① 조건적 보상

리더는 자신이 규정한 수준에 맞게 조직구성원이 성과를 달성하였을 때 동기부여 강화를 위해 인센티브와 보상을 제공하며, 아이디어 창출보다는 관리의 효율적 과정에 초점을 둔다. 거래적 리더는 조직구성원에게 노력의 대가로 보상을 받기 원한다면 무엇을 해야 하는지를 주지시켜 주며, 노력한 결과의 대가로 조직구성원이 원하는 것을 제공한다. 이렇듯 보상과의 교환으로 조직구성원의 노력을 이끌어내는 리더의 거래적 리더십 차원을 조건적 보상이라고 한다.

② 예외적 관리

리더가 예외적 사건이 발생하였을 때에만 간섭하고 그렇지 않은 경우에는 조직구성원들이 부여받은 임무를 수행하도록 하며 적절한 시기에 적절한 비용으로 목표가 달성될 때까지 간섭하지 않는 "상황적 기피 강화"를 의미한다. 리더가 조직구성원의 낮은 성과의 원인이 노력 부족이라고 진단되면 처벌행동을 취하여야 하고, 능력부족이라고 진단되면 조직구성원을 훈련 또는 대체시켜야 한다.

〈표 7-4〉 변혁적 리더십과 거래적 리더십의 비교

| 특성 | 변혁적 리더십 | 거래적 리더십 |
|---|---|---|
| 목적 | 변화 | 현상 유지 |
| 활동 | 규정 또는 규칙의 변화 | 규정 또는 규칙에 의거 |
| 보상 | 비개인적 | 개인적 |
| 리더-추종자의 관계 | 상호독립적 | 상호의존적 |
| 과업 | 비일상적 | 일상적 |

### (3) 섬기는 리더십(Servant Leadership)

섬기는 리더십은 종(servant)과 리더(leader)가 합쳐진 개념이다. 종과 리더는 서로 반대되는 개념이라고 볼 수 있다. 따라서 'Servant-Leadership'은 역설적(paradox)이다. 종래의 리더십이 전제적(autocratic)이고 수직적(hierarchical)인데 비해서 섬기는 리더십은 추종자의 성장을 도우며, 팀워크와 공동체를 형성하는 리더십이다. 섬기는 리더십을 이론적으로 정립한 사람은 그린리프(Robert K. Greenleaf)이다. 그는 1970년 "The Servant as Leader"라는 책을 출간하면서 섬기는 리더십을 학문적으로 정립시켰다. 그는 헤르만 헤세(Herman Hesse)의 작품 "Journey to the East"에서 섬기는 리더십의 영감을 얻었다. 즉, 위대한 리더는 먼저 종이 되어야 하고, 남을 돕는 일을 먼저 해야 한다는 것이다(김성국, 1999). 섬기는 리더의 특징은 다음과 같다.

- 남의 말을 잘 듣는다(Listening).
- 남에게 동정심을 갖는다(Sympathy).
- 남을 치유한다(Healing).
- 깨닫는다(Awareness).
- 설득한다(Persuation).
- 개념화하는 능력(Conceptualization)이 뛰어나다.
- 예지의 능력(Foresight)이 있다.

- 청지기(Stewardship)로서의 삶을 산다: 청지기란 다른 사람의 물건을 위탁받아 관리하는 사람을 말한다.
- 다른 사람을 성장시키는 데 몰두한다(Commitment to the growth of people).
- 공동체를 형성한다(Building Community).

이와 같이 섬기는 리더십은 마치 안과 밖의 구분이 안 되는 '뫼비우스의 띠(Mobius Strip)'처럼 섬김(Servanthood)과 지도(Leadership)가 부단하게 이어지는 리더십을 의미한다.

#### (4) 코칭 리더십

조직에서 개인보다 팀을 강조하고 팀의 필요성이 점차 높아지고 있기 때문에 구성원 개개인의 능력향상보다 팀원들의 상호교류와 네트워크, 그리고 구성원의 능력개발을 이끌어 내는 리더십 행동이 강조되고 있다. 따라서 종래의 전통적 리더 역할이 아닌 새로운 리더 역할이 제안되고 있는데, 그중의 하나가 리더는 스포츠 팀의 코치처럼 행동해야 한다는 소위 코칭 리더십(coaching leadership)이 강조되고 있다(임창희, 2007; 오세영, 2018).

## 3. 리더십 유형과 수준

### 1) 리더십 유형

리더십의 유형에는 여러 가지 유형들이 있는데, 조직체가 권위를 어떻게 행사하느냐에 따라 리더십의 유형을 지시적 리더십, 참여적 리더십, 그리고 자유방임적 리더십으로 구분하여 설명하고 있다(홍봉수 외, 2012).

#### (1) 지시적 리더십

지시적 리더십은 권위적 리더십으로 명령과 복종을 강조한다. 따라서 지도자는 독선적이며 조직체 성원들을 보상-처벌의 연속선에서 통제하고 관리한다. 지시적 리더십의 장점은 통제와 조정이 쉽고 정책의 해석과 집행에 일관성이 있다. 또한 의논이 필요 없고 신속한 결정이 가능하므로 위기 시에 기여할 수 있다. 그러나 지시적 리더십은 사기 저하, 조직원의 적대감과 소외감, 경직성 초래, 다른 성원을 이해시키지 못하는 단점이 있다.

#### (2) 참여적 리더십

참여적 리더십은 민주적 리더십으로서 결정을 함에 있어서 하급자 직원들에게 의견을 묻고 이들을 결정과정에 참여시킨다. 참여적 리더십의 장점은 동기유발적이며, 개인의 지식과 기술을 잘 활용할 수 있다는 점이다. 또한 인간의 가치와 신뢰 및 개방성을 형성하고 개방적 의사소통으로 인한 정보획득이 가능하다. 반면에 단점은 참여에 시간이 걸리고 긴급한 결정을 할 경우에는 어려우며, 책임이 확산되어 활동성이 떨어진다. 또한 참여기술을 학습하기 어렵고, 구성원 모두가 비슷한 지식과 지위가 있을 때 잘 이루어진다는 것이다.

#### (3) 자유방임적 리더십

자유방임적 리더십은 대부분의 의사결정권을 하급자 직원들에게 위임하는 형태로서 '위임적 리더십'이라고도 한다. 자유방임적 리더십의 장점은 특정 과업해결을 위한 전문가 중심조직에 적합하다는 것이다. 반면 단점으로는 자문기관의 역할을 하며, 하급자들에게 지시 · 감독 등 절차적인 일의 처리에 필요한 정보제공 및 명확한 설명을 해주지 못한다는 점을 들 수 있다.

### 2) 조직 위계수준에 따른 리더십 수준

사회복지조직에서는 위계수준에 따라서 리더십의 수준이 세 가지로 구분된다. 첫째, 최고관리층의 리더십, 둘째, 중간관리층의 리더십, 셋째, 하위관리층의 리더십이다. 이들을 구체적으로 설명하면 다음과 같다(남기민 · 최성재, 2000).

### (1) 최고관리층의 리더십

최고관리층이란 사회복지조직을 이끌어 나갈 전반적인 책임을 지고 있는 사람들이다. 최고관리층의 리더십은 두 가지 주요한 과업의 달성을 필요로 한다. 첫 번째 과업은 내부 운영을 지시하고 조정하는 것이고, 두 번째 과업은 환경의 관계를 확립하는 것이다. 이러한 과업을 수행하는 데 있어서 최고관리층은 조직의 기본적 임무를 설정하고, 임무를 수행하기 위한 서비스 기술을 선정하고, 내부구조를 발전시키고 유지하며, 변화를 주도하고 수행하는 등의 중요한 의사결정을 해야 한다. 최고관리층의 리더십은 다음과 같이 정리될 수 있다.

- 이사회에 의해 수립된 정책을 수행
- 내부운영을 지시하고 조정하는 과업의 달성
- 전문적인 서비스의 전달을 위한 기준 작성
- 대중매체에서 조직을 대표
- 정치가와 지역지도자들과 원만한 관계를 유지
- 조직에 영향을 주는 환경과의 관계를 확립하는 과업의 달성
- 조직의 장기간 생존을 보장하는 행동을 이끎

### (2) 중간관리층의 리더십

사회복지조직에서 중간관리층이라 함은 조직의 주요한 프로그램 부서를 책임지고 있는 사람들을 말한다. 중간관리층의 리더십은 두 가지 종류의 기술을 필요로 한다. 하나는 수직적 · 수평적 연결고리로서의 기술이고, 다른 하나는 개개 직원들의 욕구를 조직의 목표에 통합시키는 기술이다. 중간관리층의 리더십은 다음과 같이 정리될 수 있다.

- 직원들이 자신들의 일에 너무 빠져 있어 서비스의 제공에 있어 조직 목적에 대한 시야를 잃지 않도록 함
- 전문성을 증진시키기 위한 일에 자원을 할당
- 낮은 직위에 있는 직원들의 업무수행을 지지하는 행동을 이끄는 것을 포함해서 최고관리자로부터 내려오는 지시를 구체적인 프로그램 목표로 전환
- 조직의 목표를 달성하기 위해 여러 전략 중에서 어느 것을 선택하고 그에 따르는 직원과 물자를 확보하고 내부운영절차를 개발하며 프로그램 활동을 감독, 조정, 평가하는 일을 수행
- 최고관리자들과 일선 사회복지사들을 포함하는 하위관리자들 사이를 중개하는 중간 고리로서의 역할 수행(수직적, 수평적 연결고리로서의 기술)
- 최고관리자와 하위관리자들 사이를 중개하는 중간 고리로서 역할을 수행하기 때문에 최고관리자들의 생각이나 바람을 하위직원들에게 설명 및 해석을 전달하는 한편, 하위관리자들 혹은 일선 사회복지사들의 생각이나 관심, 욕구 등을 대변하는 역할을 수행
- 다른 부서나 팀과의 수평적 관계를 유지
- 직원들의 사기, 효율성, 효과성에 기초한 수행능력의 발전에 도움을 주는 제반 여건을 개발하고 유지하는 중요한 책임을 가짐
- 각 직원들의 욕구를 조직의 목적에 통합시키는 인간관계 기술

### (3) 하위관리층의 리더십

하위관리층은 일선 직원들과 매일매일 정상적으로 접촉하는 슈퍼바이저를 포함한다. 그들은 프로그램을 감독하고 일선 직원들에게 업무를 위임 또는 분담시키고 서비스가 제대로 제공되고 있는가를 검토한다. 하위관리층의 리더십은 기술적 지식과 형평에 대한 관심을 필요로 한다. 기술적 지식은 슈퍼바이저가 직원과 자원을 효율적이고 효과적으로 활용하는 데 도움을 줄 수 있다. 형평에 대한 관심은 보상과 제재의 분배가 공정해야 하는 사회복지조직에서 직원들의 동기부여 및 조직에의 일체감을 발전시키기 위해서 반드시 필요하다. 하위

관리층의 리더십은 다음과 같이 정리될 수 있다.

- 프로그램이 진행되는 상황을 검토
- 일선 사회복지사들에게 업무를 위임 또는 분산시키고 서비스가 제대로 제공되는지를 검토하는 역할 수행
- 일선 직원들이 다루는 사례에 대한 상담이나 조언을 제공하는 책임을 가짐

## 제8장

# 의사소통

# 1. 의사소통의 개념과 중요성

## 1) 의사소통의 개념

의사소통이란 원래 "Communis"라는 라틴어의 공통이란 말에서 유래되었는데, 개인 혼자서는 의미를 가질 수 없으며, 최소한 두 사람 이상이 사실과 생각, 그리고 다양한 정보 등을 포함한 하나의 공통 영역을 구축함으로써 유의미한 가치를 지닌다는 것이다. 따라서 의사소통을 정의한다면 개인, 집단, 조직과 같은 사회적 주체들 간에 어떤 의미가 담긴 정보, 감정, 의견 등의 교환을 통하여 공통적 이해를 이룩하고 수신자의 태도, 의식, 행동 등에 변화를 일으키게 하는 일련의 행동과정이라고 할 수 있다(이창원 외, 2004). 즉, 의사소통이란 쌍방의 과정(two-way process)으로서 전달자와 피전달자 간에 사실이나 생각, 감정 등을 전달함으로써 상대방에게 생각이나 행동, 태도에 영향을 미치고 행동에 변화를 일으키는 것을 말한다.

아울러 의사소통을 통한 정보의 정확한 전달과 활발한 교류에 의하여 조직구성원은 조직 목표를 명확하게 인식하게 되고, 합리적 협동행위를 할 수 있게 되며 권한과 책임의 효율적인 배분이 가능하게 된다(김규정, 2002).

## 2) 의사소통의 중요성

의사소통은 인간과 인간 사이에 언어를 통해 상호작용이 일어날 수 있도록 하는 사회적 과정이다. 조직에서 상사나 동료 혹은 부하 직원과의 사이에 원활한 의사소통이 이루어져서 서로 간에 공감이 이루어진다면 조직 내 응집력은 향상되고, 이로 인해 조직구성원의 사기는 높아져 효과성이 증진될 것이다. 특히, 사회복지조직의 경우 사회복지사와 클라이언트 간의 원활한 의사소통을 통해서 긍정적 관계, 즉 신뢰관계가 형성된다면 이루고자 하는 목표 달성은 물론 기대 이상의 성과를 창출할 수 있다. 따라서 효과적이고 효율적인 의사소통은 사회복지조직의 성과관리 측면에서 반드시 필요하다(Skidmore, 1990; 남일재 외, 2011).

### (1) 효과성의 측면

사회복지조직이 서비스를 효과적으로 전달하기 위해서는 조직구성원 상호 간에 의사소통이 원활하게 이루어져야 한다. 만일 직원 간에 의사소통이 이루어지지 않는다면 목표달성을 위한 건전한 정책이 수립될 수 없으며, 직원들이 그들의 생각, 의견과 감정을 서로 나눌 수 없다면 의미 있는 의사결정 또한 이루어질 수 없을 것이다. 특히, 쌍방적인 의사소통은 민주적 과정의 주요 부문이고, 건전한 의사결정과 효과적인 정책결정에 필수적이다.

### (2) 효율성의 측면

조직의 효율성은 구성원들 사이의 개방적인 의사소통에 의해서만 달성될 수 있다. 의사소통의 의미가 무엇이든 간에 직원들이 절차, 방법, 사례, 정책, 목표, 그리고 자신들의 열망에 대해 생각하고 느끼는 것을 서로 공유하는 것이 중요하다. 서비스 개선을 위해 효율적인 기법을 습득한 직원은 이를 다른 직원과 공유함으로써 업무의 효율성을 높일 수 있다. 또한 어떤 절차가 부적절하고 비효과적이라는 것을 발견한 직원은 다른 직원들로 하여금 자신이 발견한 사실을 알게 함으로써 조직에 도움을 줄 수 있다.

### (3) 사기진작의 측면

최고관리층과 조직구성원 간에 의사소통이 잘됨으로써 의기투합되었다고 느끼게 되면 서로 간에 훨씬 더 지지적이 되어, 함께 조직의 목표를 달성하려고 노력할 것이다. 즉, 행정관리자와 조직구성원들이 서로의 생각이나 감정을 잘 이해하고 조직에서 행해지고 있는 일에 대해서 잘 알고 있을 때 조직구성원들의 사기가 높아진다.

# 2. 의사소통의 목적과 기능

## 1) 의사소통의 목적

조직에서 의사소통은 통제, 지침, 동기부여, 문제해결, 피드백과 평가, 사회적 욕구, 정보교환 등의 목적을 가지고 있다(이한검, 1994). 자세한 내용을 살펴보면 다음과 같다.

### (1) 통제

의사소통은 조직 내 구성원의 의무, 권한 및 책임을 명확히 하고, 조직구성원들의 활동을 통합하고 조정하도록 설계된다. 이와 같은 목적은 조직의 목적과 과업이 달성되도록 조직 내의 질서를 확립하는 데 공헌한다.

### (2) 지침

의사소통은 구성원들로 하여금 직무상 무엇을 해야만 하는지를 알게 한다. 특히 새로운 과업이 요구되거나 과업수행상의 새로운 방법이 요구될 때 그러하다.

### (3) 동기부여

의사소통은 조직 내 구성원들의 행동에 영향을 미치는 기능을 한다. 다시 말해, 의사소통은 조직의 목적을 달성하기 위해 구성원들에게 용기를 북돋워 주고 자극을 주며 조직의 목적에 몰입케 하기 위해 사용된다.

### (4) 문제해결

의사소통은 쉽사리 해결할 수 없는 문제가 발생할 때, 그리고 의문이 생길 때 일어나게 된다.

#### (5) 피드백과 평가

의사소통은 평가를 통해 구성원들이 무엇을 그리고 어떻게 했는가를 피드백해 준다.

#### (6) 사회적 욕구

의사소통은 모든 조직에서 발생하는 감정적이고 비과업 지향적인 상호작용과 관련된다. 이는 구성원의 사회적 욕구의 느낌과 만족의 표현을 용납한다.

#### (7) 정보교환

정보교환은 의사소통의 여러 목적들 가운데 가장 기본적인 것으로, 의사소통은 의사결정에 사용될 수 있는 정보를 제공한다.

### 2) 의사소통의 기능

조직에서의 의사소통은 정보소통의 기능, 정책결정 및 의사결정의 합리화 기능, 사기앙양과 참여촉진의 기능, 동기부여의 기능, 감정표출의 기능, 조정의 효율화 기능, 그리고 리더십 발휘의 기능을 가지고 있다(김규정, 2002; 임창희, 2007). 자세한 내용을 살펴보면 다음과 같다.

#### (1) 정보소통의 기능

조직에서 효율적인 의사결정을 위해 필요한 정보들을 주고받는다.

#### (2) 정책결정 및 의사결정의 합리화 기능

정책결정 및 의사결정의 합리화는 신속·정확하고 우수한 질을 가진 의사소통체계에 의하여 확보된다. 결함이 없는 결정이라 할지라도 결정이 불충분하게 전달되는 경우 소기의 성과를 얻기 어렵다.

### (3) 사기앙양과 참여촉진 기능

의사소통은 조직구성원의 심리적 욕구를 충족시키는 중요한 수단이다. 활발한 의사소통을 통하여 정책, 업무절차, 인사 등에 관한 정보를 제공하고 안정감, 소속감, 참여의식을 느낄 수 있게 함으로써 사기를 올리게 되며 행정능률이 향상될 수 있다.

### (4) 동기부여의 기능

조직구성원의 업적을 칭찬하고 목표를 지정해 주고 상담해 주면서 조직구성원들의 사기를 진작시킨다.

### (5) 감정표출의 기능

조직구성원들의 만족, 흥분, 불만 등의 감정을 동료 혹은 상사에게 표출하게 하는 기능을 한다.

### (6) 조정의 효율화 기능

조직 내에 활발한 의사소통이 이루어짐으로써 사업계획이나 조직목표에 대하여 조직구성원이 충분한 이해와 헌신적인 태도를 가질수록 조정이 효율적으로 이루어진다.

### (7) 리더십 발휘의 기능

의사소통을 활성화시키고 효과적으로 잘 활용할 수 있느냐의 여부는 행정 리더십의 성패를 좌우하게 된다.

## 3. 의사소통의 원칙과 과정

### 1) 의사소통의 원칙

레드필드(Redfield, 1958)는 효과적인 의사소통을 위한 원칙을 명료성, 일관성, 적시성, 적절성, 배포성, 적응성과 통일성, 그리고 관심과 수용으로 나누어 설명하고 있다.

#### (1) 명료성

의사소통의 목적은 의사를 전달하는 사람의 입장에서 그리고 의사를 전달받는 사람의 입장에서 이해되어야 하고 명료해야 한다. 또한 수신자가 그 의미를 정확하게 이해할 수 있도록 해야 하며, 그러기 위해서는 간결한 문장과 평이한 용어를 사용하여야 한다. 아울러 내용 표현에 있어서도 각 어구에 정확성을 기하여야 한다.

#### (2) 일관성

의사소통에 있어서 전달되는 내용은 서로 모순 없이 일관성을 유지해야 한다. 명령과 지시체계에서는 명령과 지시에 일관성이 결여된 복선 또는 혼선을 초래하는 현상은 배제되어야 한다. 어떤 명령과 지시라도 조직의 목표와 부합되고 일치하는 단일적이고 목표지향적인 것이어야 한다.

#### (3) 적시성

의사소통에는 적당한 시기가 있고, 전달하고자 하는 메시지는 가장 효율적인 적정한 시기에 전달되어야 한다. 조직의 효율성을 극대화시키기 위해서는 필요한 정보를 필요한 시기에 적절히 입수해야 하며, 명령이나 정보 및 제안 등은 적시에 활용될 수 있도록 시기와 시간의 적정화가 필요하다.

#### (4) 적절성

정보량은 책임도 또는 정보 활용도 등에 따라 조절되어야 한다. 즉, 한 번에 적당량의 정보를 전달하여야 하며, 좋은 의사소통의 목적을 성취할 수 있도록 적절해야 한다(의사전달은 많지도 적지도 않아야 하고, 초점이 있어야 하며 내용에 있어 선별적이어야 함).

#### (5) 배포성

의사소통에 있어서 정보를 전달받아야 할 피전달자가 명확해야 한다. 즉, 정보의 전달범위와 대상자가 명확해야 정보의 전달수단과 경로가 결정될 수 있다(어떤 경우에는 수직적인 의사소통의 경로뿐만 아니라 수평적인 의사소통의 경로가 필요함).

#### (6) 적응성과 통일성

적응성이란 융통성과 현실합치성을 의미하며, 구체적인 상황에 적응할 수 있도록 의사소통이 이루어져야 한다. 그리고 통일성이란 의사소통이 각각 전체로서 통일된 내용을 담고 있어야 함을 의미한다.

#### (7) 관심과 수용

어떠한 의사소통이든 피전달자가 관심과 수용적인 태도를 보일 때 효과적으로 행해질 수 있으며, 수신자의 주의와 관심을 끌 수 있어야 한다.

### 2) 의사소통의 과정

의사소통은 세 가지의 과정, 즉 메시지를 보내고 받는 과정, 메시지를 이해하는 과정, 메시지를 명확히 하는 과정이 있다.

#### (1) 공유 과정

공유(sharing)는 메시지를 보내고 받는 과정을 의미한다. 공유 과정에서는 메시지가 언어적으로나 비언어적으로 또는 문서의 다양한 방식으로 행해지며, 또한 위계체계 내에서 수직적, 수평적으로 이루어진다.

#### (2) 이해 과정

이해는 듣는 것과 이야기하는 것이 기본적으로 같음을 의미한다. 한 사람이 이야기하고 다른 사람은 무언가 다른 것을 듣는다고 한다면 의사소통은 이루어지지 않는 것이다. 따라서 이해의 과정은 메시지를 사실 그대로 들으려는 명확화 과정에 의해 완전해진다.

#### (3) 명확화 과정

명확화는 효과적인 의사소통에 필수적인 과정으로 들은 내용을 정확히 이해하기 위한 질문이나 반복의 과정이다.

## 4. 의사소통의 유형

### 1) 공식적 의사소통과 비공식적 의사소통

#### (1) 공식적 의사소통

공식적 의사소통(formal communication)이란 조직구성원 간의 공식적인 관계를 전제로 한 의사소통이다. 따라서 공식적 의사소통은 공식적인 조직 내에서 공식적인 의사소통의 통로와 수단을 통해서 이루어지는 것을 의미하며, 조직의 구성원들에게 조직의 목표 및 정책결정과 지시사항을 전달하고 관리층에 대해 직원들의 의견 및 보고내용을 전달하는 수단이 된다. 즉, 메시지의 흐름은 각 조직구성원이 지닌 역할과 지위에 따라 흐르게 되며 이는 조직의 효율적인 업무

수행을 위해 반드시 필요한 메시지 전달 과정이다(박영배, 1995).

#### (2) 비공식적 의사소통

비공식적 의사소통(informal communication)은 비공식 조직 내에서 정보가 비공식적인 방법으로 전달되는 것을 의미한다. 조직구성원들은 자신의 다양한 욕구충족을 위하여 조직도표상에 나타나지 않은 다른 조직구성원들과도 의사소통을 통하여 욕구충족을 한다. 따라서 실제로 의사소통의 상당한 부분이 비공식적 의사소통을 통해서 이루어진다는 사실을 알 수 있다. 비공식적 의사소통은 관리자들에게 유익한 정보를 제공하는 수단이 되고, 공식적 의사소통으로 전달될 수 없는 표현을 가능하게 하여 사회 · 심리적 만족감을 높여주는 기능을 수행하기도 한다(오세영, 2018).

### 2) 수직적 의사소통과 수평적 의사소통

#### (1) 수직적 의사소통

수직적 의사소통(vertical communication)이란 조직의 상하계층 간에 쌍방적으로 이루어지는 의사소통을 의미한다. 여기에는 하향적 의사소통(downward communication)과 상향적 의사소통(upward communication)이 있다.

##### ① 하향적 의사소통

하향적 의사소통은 조직구성원의 지위와 역할에 따라 상급자가 하급자에게 업무에 관한 명령, 지시, 업무에 대한 설명을 전달하는 것으로서, 이것에 의해 하급자의 행동을 유발하고 그 활동을 조정하게 된다. 이러한 관점에서 하향적 의사소통은 지시적 의사소통이라 불리기도 한다.

##### ② 상향적 의사소통

상향적 의사소통은 하급자가 상급자에게 전달하는 직무성과 보고나 제안뿐만 아니라 자신의 의견이나 태도 등을 포함한다. 따라서 상급자는 상향적 의사소통을 통하여 조직의 목표달성을 위한 적절한 행동이 취해졌는지를 확인할 수 있으며, 하급자들의 개인적 고민을 파악할 수 있고, 또한 이것에 의하여 조직의 목표달성을 위한 적절한 조치가 취해졌는가를 확인할 수 있다. 그러나 상향적 의사소통은 여과효과(filtering effect)에 의하여 상급자에게 전달되는 메시지의 정확성이 크게 훼손될 가능성이 존재한다. 대부분의 조직이 관료화되어 있다는 점을 고려할 때 상향적 의사소통은 상급자의 개방성과 불가분의 관계에 놓이게 된다. 반면에 개방적이고 자율적인 조직일수록 상향적 의사소통은 활성화된다(박영배, 1995).

#### (2) 수평적 의사소통

수평적 의사소통(horizontal communication)이란 동일계층의 사람들 또는 상하관계에 있지 않은 사람들 사이에서 이루어지는 의사소통을 말한다. 수평적 의사소통은 조직규모가 크고 전문화되어 있는 경우에 유용하다. 대규모 조직에서 분업이 심해지면 하위조직 간에 추구하는 목표가 달라 갈등이 생기는 수가 있는데 이러한 목표 간의 조정을 위해서 수평적 의사소통이 필요하다. 수평적 의사소통의 방법으로는 회의, 사전심사제도, 회람 등을 들 수 있다. 회의를 통하여 정보나 의견이 교환되고 조정이 이루어진다. 사전심사제도는 어떤 결정을 내리기 전에 전문가들의 의견을 구하거나 또는 조직의 목표와 합치성 등을 검증하려는 제도이고, 회람은 결정이 이루어진 후 관계자들에게 통지하는 방법이다(오세영, 2018).

### 3) 언어적 의사소통과 비언어적 의사소통

#### (1) 언어적 의사소통

언어적(verbal) 의사소통은 대화를 통해서 한 사람의 생각, 정보 등이 다른 사람에게 전달되는 것(한 사람이 이야기하고 다른 사람이 듣는 방식을 의미)을 말한다.

사회복지조직에서 언어적 의사소통은 직원회의, 위원회 모임, 인터뷰, 회의 등에서 일어나며, 조직구성원들이 언어를 통해서 자신의 생각, 계획, 절차, 기법, 사례 등을 함께 공유하게 된다(남기민 · 최성재 2000).

### (2) 준언어적 의사소통

준언어(paralanguage)는 언어적 내용과는 분리된 음성적 요소로 목소리의 고조, 성량, 분절, 소리의 크기, 리듬을 포함하며, 강조하기 위해 리듬이나 음성의 고조를 의도적으로 변형시키거나 특별한 언어적 수식 어구를 포함시킬 때 메타 메시지를 보낸다. 말을 할 때 목소리의 크기, 속도, 리듬을 변화시키지 않는다면 단조롭게 여기고 이야기에 무관심하게 만들게 된다.

#### ① 음조

음의 높낮이를 조절함으로써 음조를 변화시키고, 억양은 기쁨, 비난, 흥분, 걱정 등의 감정을 반영한다.

#### ② 성량

성량은 목소리의 풍부함이나 빈약함을 의미하며, 깊고 가슴에서 나오는 소리는 확고함과 자기 확신, 힘을 전달한다.

#### ③ 분절

각각의 음절을 정확하게 발음하는지, 중얼거리듯 소리를 내는지를 파악하는 것으로, 상황에 따라 다른 수준의 분절이 요구된다.

#### ④ 속도

말의 속도는 감정과 태도를 반영하며, 빨리 말하는 사람은 흥분을 전달하며 표현이 풍부하지만 듣는 사람을 긴장하게 만들 수 있다. 느리고 머뭇거리는 경우 신중하고 사려 깊게 볼 수도 있지만 게으르고 무관심하다는 인상을 줄 수 있다.

⑤ 목소리의 크기

목소리가 클 경우 열정이나 확신을 나타내는 반면, 공격성이나 과장된 자아를 표현하기도 하며, 부드러운 목소리는 진실, 이해의 표시로 들리기도 하지만, 작을 경우 자신감의 결여로 들릴 수 있다.

⑥ 리듬

한 문맥에서 어떤 단어를 강조할 것인가는 문장의 의미에 결정적인 차이를 만들며, 모든 노래에 특정한 리듬이 있듯이 모든 언어에 독특한 리듬이 존재한다.

### (3) 비언어적 의사소통

비언어적 의사소통은 몸짓 같은 행동 등을 통해서 한 사람의 의사나 생각이 다른 사람에게 전달하며, 때때로 치료과정에서나 조직구성원들의 상호행동을 위한 중요한 부분으로, 입술의 떨림, 홍조 띤 뺨, 눈물, 목소리의 떨림, 눈의 시선, 걷는 모양, 몸의 자세 등과 같은 신체의 움직임, 특히 눈으로 사람을 조심스럽게 관찰하는 것이 감정, 생각, 사고 등을 주고받는 데 있어 도움을 준다. 아울러 조직의 구성원들 간에 상호작용을 하는 동안 사람들끼리 유지하고 있는 공간거리도 의사소통에 영향을 미친다.

① **신체의 움직임**(body language)

대체로 신체적 움직임은 보편적이며 많은 유사성을 지니고 있으나, 어떤 몸짓은 특별한 집단이나 지역, 문화에 제한되어 상당한 혼란을 초래할 정도로 다른 경우도 있다. 또한 신체적 움직임(얼굴표정, 눈맞춤, 몸짓, 자세와 호흡 등)은 '태도'를 나타내고 '감정'을 전달하는 것 외에, 상대방과의 언어적 의사 소통의 내용을 설명하는 '묘사'와 '조절'의 기능을 담당한다.

② 공간 거리(space distance)

상호작용하는 동안 사람들끼리 유지하고 있는 공간 거리도 대인의사소통에 영향을 끼치는 비언어적 행동으로, 대부분의 사람들이 편안하게 느끼는 구역(comfort zone)과 적절한 신체적 접촉에 대한 암묵적인 규칙이 존재한다. 두 사람이 상호작용을 하는 거리가 멀면 멀수록 그들 관계의 친밀도는 낮아진다.

### 4) 상징적 의사소통

상징적 의사소통은 행동이나 작업환경의 의미를 강조하는 측면이 있으며, 예를 들어 입고 있는 옷, 사무실의 배열, 클라이언트에게 제공되는 음식이나 물리적 환경 등에 클라이언트들을 위한 상징적 의미 등이 포함된다. 상징적 의사소통을 구체적으로 살펴보면 어떤 옷을 입고 있는가가 사람들에게 첫인상의 측면에서 중요하고, 인터뷰가 진행되는 방이나 대기실의 모양 혹은 가구의 배열이나 상태를 통해서 상징적 의사소통이 이루어지며, 질 낮은 음식이나 부적절한 양의 음식은 사랑이나 보살핌의 부족으로 인식되고, 시간엄수는 사회복지사의 보살핌에 대한 상징으로 보인다.

## 5. 의사소통의 장애 요인과 개선 방안

### 1) 의사소통의 장애 요인

의사소통은 전달자와 피전달자 사이에 끊임없이 메시지가 전달되고 있는 것이다. 그러나 전달자의 정보가 피전달자에게 전달되는 데 있어서 여러 가지 장애 요인에 의해 전달자가 의도하려고 하는 생각, 정보, 감정 등이 올바르게 전달 및 이해되지 않음으로써 의미와 내용이 왜곡되어 장애 요인이 발생하게 된다. 이러한 장애 요인들을 전달자 관련 장애 요인과 피전달자 관련 장애 요인, 그리고 상황적 장애 요인으로 구분하여 설명하도록 하겠다(신유근, 1985).

### (1) 전달자 관련 장애 요인

의사소통에 있어서 정보 전달자는 의사소통의 목표를 정의하고, 피전달자가 이해하도록 아이디어나 사고, 감정들을 메시지로 코드화하며 호의적인 의사소통의 분위기를 조성할 책임이 있다. 이러한 책임이 제대로 이행되지 않을 때에는 의사소통의 효과가 저하되기 쉽다.

#### ① 의사소통 목표의 결여

의사소통에는 목표가 있어야 하며, 이 목표는 전달자로 하여금 메시지를 만들 기초를 제공해준다. 목표가 결여될 경우에는 구심점 없는 메시지가 만들어질 수 있다.

#### ② 의사소통 기술의 결여

부정확한 단어의 사용, 기법상의 과오, 부정확한 철자법이나 발음, 엉성한 문장구성 등은 전달자의 메시지를 이해하기 어렵게 한다.

#### ③ 대인감수성의 결여

어떤 사람들은 충분한 언변을 가지고는 있지만 대인감수성의 결여로 인해 의도했던 목표를 달성하지 못하는 경우가 있다. 이는 메시지가 수신자로 하여금 긍정적으로 반응하게끔 작용을 하지 못했기 때문이다. 감수성이 부족한 사람은 타인에게 공격적인 언어를 사용할 수도 있으며, 타인의 욕구와 감정에 무관심할 수도 있다.

#### ④ 준거체계의 차이

개인들은 그들의 상이한 경험에 따라 동일한 의사소통을 다르게 해석할 수가 있다. 이것이 코드화와 해독의 과정에서 왜곡을 일으킨다. 조직에서 개인들은 그들이 맡은 직책에 따라 동일한 상황을 다르게 해석할 수가 있는 것이다.

⑤ 신뢰도

신뢰도는 수신자가 정보전달자의 말이나 행동에 대해 표시하는 믿음을 말한다. 피전달자가 정보전달자에 대해 갖는 신뢰의 정도는 피전달자가 정보 전달자의 말이나 아이디어, 행동에 대해 어떠한 반응이나 견해를 보이는가에 직접적인 영향을 미치게 된다.

### (2) 피전달자와 관련된 장애 요인

효과적인 의사소통은 피전달자가 전달자의 메시지에 반응을 하고 전달자에게 피드백을 제공할 때에만 성취될 수 있다.

① 평가적 경향

전달자를 평가하려는 경향이 효과적 의사소통에 가장 큰 장애 요인이 된다. 전달자나 전달자의 메시지에 대한 평가를 한 후에는 피전달자는 그 메시지를 효과적으로 지각할 수 없다. 즉, 메시지는 어떤 방식으로든 왜곡되게 된다.

② 선입견

메시지에 대한 수용은 아이디어나 사고에 대한 피전달자의 선입견에 영향을 받을 수 있다. 이 경우는 피전달자는 말한 것에 대해 즉흥적인 판단을 내리게 되고, 메시지가 피전달자의 관점에 따라 해석되기 때문에 메시지의 원래 의도는 크게 상실된다.

③ 선택적 경청

선택적 경청은 우리가 믿는 바와 다른 정보에 접할 때 그것을 거부하는 경향, 즉 선택적 지각의 한 형태이다. 다시 말해, 우리는 이미 믿고 있는 것을 재확인시켜 주는 것만을 받아들이는 경향이 있다는 것이다.

④ 반응피드백

피전달자의 반응정도는 메시지 전달자에게 영향을 미친다. 무반응은 피전달자가 전달자나 전달자의 메시지에 관심이 없다는 것과 그러한 사람과 의사소통하는 것이 어렵다는 것을 암시하는 것이다. 그리고 예상 못했던 부적당한 반응도 전달자의 자아나 감정을 다치게 한다.

### (3) 상황 관련 장애 요인

장애 요인은 전달자나 피전달자가 아닌, 상황적 요인 때문에도 발생할 수 있다.

① 어의상의 문제

의사소통이란 정보를 공통의 기록을 통해 전달하는 것이다. 그러나 이 정보를 해석하는 사람과 보내는 사람이 다르듯이, 많은 사람들에게 있어서 같은 말이 서로 상이하게 해석될 수 있다. 또한 집단에 따라서 한 낱말을 갖고도 전혀 다른 의미로 해석을 하기 때문에 의사소통에 장애가 생길 수도 있다.

② 정보의 과중

의사소통이 잘 안 되는 것은 정보의 과중 때문에도 그 이유가 있다. 피전달자가 자기 능력 이상의 메시지 홍수를 만날 때 의사소통 유효성은 크게 떨어진다.

③ 시간의 압박

시간에 쫓기는 것도 의사소통의 장애 요인이 된다. 대개 너무 바쁘기 때문에 하급자들과 자주 의사소통할 기회가 없다는 것이다. 그러나 시간의 압박감이 주는 가장 큰 폐해는 이러한 시간의 결여가 당연히 포함되어야 할 사람을 의사소통 경로에서 제외시키는 현상을 발생시킨다는 점이다.

④ 의사소통의 분위기

신뢰와 개방성이 높은 조직에서 의사소통이 이루어진다면 긍정적 반응이 나올 가능성이 크다. 만일 메시지가 불충분하면 피전달자는 그 부족한 부분을 호의적인 해석으로 메울 것이다. 그러나 그 반대의 경우 의도가 좋은 메시지마저 부정적으로 왜곡된다.

조직 내의 분위기가 불신, 징벌, 적대 혹은 공포 등을 띠게 되면 정보의 흐름은 감소될 뿐만 아니라 의사소통을 왜곡시키는 경향이 있다. 불신이 만연되어 있을 때 의사소통 통로는 막혀버리고, 의사소통 내용은 최소한도로 그치고 구성원들은 책임감을 상실하게 된다. 또한 조직의 불신 분위기는 만족스러운 의사소통 관계를 이룩하는 데 있어 거의 회복 불가능한 장애를 유발한다.

⑤ 부적절한 비언어적 의사소통

비언어적 의사소통을 부적절하게 사용하면 효과적 의사소통이 방해를 받는다. 대면 접촉에 있어서는 언어와 비언어를 둘 다 사용하여 두 가지가 일치할 때에는 효과적이지만 상호 모순될 때는 유효성이 감소하게 된다.

⑥ 계층제의 역기능

계층제는 의사통로이자 중요한 장애가 되기도 한다. 의사소통 내용이 계층을 통과할 때마다 조금씩 변형되어 전달되기 때문에 계층이 많으면 많을수록 의사소통의 왜곡은 더욱더 심해진다.

⑦ 비공식 통로

부적절하고 통제되지 않는 비공식적 의사소통의 통로가 생겨나서 발전하는 것은 효과적인 의사소통에 큰 장애 요인이 된다. 공식적인 의사소통의 통로가 한정되어 있어 정보가 단절된 경우, 구성원들은 비공식적인 의사소통 통로를 통하여 정보를 획득하려고 한다. 따라서 이러한 비공식적 의사소통의 통로가 너무 강조되다 보면 의사소통의 비공식망을 형성하는 집단이 발달하여 조직에 영향력을 발휘하게 된다. 이는 구성원의 사기와 조직의 응집력을 약화시킬 수도 있다.

⑧ 강한 집단 충성

조직 내의 일부 집단에 그 집단 구성원들이 충성함으로써 의사소통에 장애를 가져올 수 있다. 강한 집단충성은 다른 집단에 경쟁심을 불러일으키는 기초가 되며, 자신이 속한 집단의 통합을 유지하기 위하여 정보를 붙들어 두거나 왜곡시키는 결과를 초래한다.

## 2) 의사소통의 개선 방안

의사소통은 조직체의 상 · 하 계층과 동일 계층 사이에 전달되는 의사, 정보, 감정 등이 전달경로와 매개체를 통하여 끊임없이 이루어지는 것이다. 그러나 이러한 의사소통은 실제에 있어서는 여러 가지 장애 요인으로 인해 그 본래의 의미가 왜곡되거나 단절됨으로써 그 본래의 기능을 충분히 수행치 못하고 있는 경우가 빈번하다. 그러므로 이와 같은 장애 요인을 분석하여 제거해 버리면 그 운영상에 있어서 본래 의도했던 대로의 실효성을 거둘 수 있을 것이다.

### (1) 의사소통 체계 확립

의사소통의 통로는 공식적으로 명시되고 명확하게 모든 구성원들에게 공개되어야 하며, 조직의 모든 구성원들에게는 명확한 공식적 의사소통의 통로가 있어야 한다(남기민 · 최성재, 2000).

### (2) 의사소통 기술의 향상

전달자의 의사소통에 관한 지식과 기술은 원활한 의사소통의 전제조건이 된다. 이를 위해 의사소통의 목표를 명확하게 설정하고, 사용상의 언어를 가급적 명료하고 일관성 있게 하고, 적시에 적정량의 언어를 사용하여 피전달자와의 공감대를 형성한다. 아울러 의사소통 전후의 메시지 내용이 모순 없이 일관성이 있어야 하며, 활용할 경로를 제대로 밟아 정확한 피전달자에게 메시지가 전달되어야 한다(홍봉수 외, 2012).

### (3) 신뢰 분위기 조성

효과적인 의사소통은 전달자와 피전달자 간에 신뢰적 분위기 조성이 필요하다. 동등한 수준에서 조직구성원들과 의사소통을 하는 것은 정보와 감정의 흐름을 일방향이 아닌 쌍방향의 과정으로 만들고 의사소통을 보다 용이하게 해준다(최성재 · 남기민, 2000). 만일 상급자가 권위적인 태도를 가지고 대화를 주도할 때 하급자들은 자신의 생각과 감정을 표현하기를 주저할 것이다. 그렇기 때문에 보다 신뢰적인 의사소통 풍토가 조성되려면 의사소통자들 간의 인간관계가 기본이 되어야 할 것이다.

### (4) 피전달자의 수용 자세

피전달자는 전달된 메시지를 평가적으로 경청하여 성급한 판단을 하거나 부정적, 자기중심적 해석을 하지 말고, 의사소통의 이유와 전달자의 메시지를 잘 이해하고 있는지를 확인하여야 한다. 아울러 전달에 대한 부정적 편견을 없애고 전달된 메시지를 사실 그대로 받아들이며, 자신과 의사소통을 잘하고 있는지를 확인한다(홍봉수 외, 2012).

### (5) 조정 역할 강화

조직구성원 간의 협의회 및 토의 등을 통해 상호접촉의 기회를 마련하여 준거 기준과 이해관계에 따른 의견의 차이를 좁혀서 의사소통의 장애 요인을 제거한다. 아울러 집단충성으로부터 발생하는 의사소통의 장애를 극복하기 위해 업무집단 간, 조직계층 간 조정이 필요하며, 위원회와 회의를 활용하여 효과적인 의사소통의 통로를 유지한다(최성재 · 남기민, 2000). 따라서 의사소통의 조정과 관련하여 관리자의 역할이 중요하며, 조직구성원들 간의 직접적인 접촉이 가능하도록 하며, 구성원들이 새로운 생각과 제안을 상호 간에 자유롭게 공유할 수 있는 기회를 마련하여야 할 것이다.

### 3) 효과적인 의사소통을 위한 고려사항

조직에서 의사소통의 장애를 극복하고 효과적으로 의사소통을 하기 위해 다음과 같은 사항들에 대한 고려가 필요하다.

#### (1) 언어적 의사소통 시 고려사항

효과적인 의사소통을 위해서는 바꾸어 말하기, 명료화하기, 피드백, 개방적 태도, 그리고 공감하며 청취하기 등의 5단계 전략을 활용할 필요가 있다.

① 바꾸어 말하기

상대방이 이야기한 부분을 자신의 단어로 진술하는 것으로, 예를 들어 "제가 들은 바로는 당신이 말한 것은…", "당신이 말하고자 하는 것은 …입니까?"로 바꾸어 말할 수 있다.

② 명료화하기

더욱 선명하게 이해하기 위해 더 많은 정보와 배경에 대한 질문을 통해 애매한 일반화를 하지 않는다.

③ 피드백

판단을 내리지 않으면서도 자신의 생각이나 느낌, 감각을 즉각적으로 공유하며, 피드백은 정직하고 지지적이어야 한다.

④ 개방적 태도

자신의 패러다임과 배경으로 반응하는 자서전적 반응태도를 버리고, 충고

(Advising), 탐색(Probing), 해석(Interpreting), 판단(Evaluating)적 태도를 극복하려고 노력한다.

⑤ 공감하며 청취하기

공감하며 청취하기 위해서는 '모든 사람은 모두 생존하기 위해 애쓴다'는 것만 명심하면 가능하며, 모든 사람을 좋아하거나 모든 사람에게 동의할 필요는 없지만 자신 역시 똑같은 고난을 겪을 수 있다는 것을 인식한다.

### (2) 준언어적 의사소통 시 고려사항

효과적인 의사소통을 위해 다음과 같이 준언어적 표현에 대한 확인이 필요하다.

- 어조의 변화가 있는가?
- 속도가 적절한가?
- 목소리 크기가 충분한가?
- 목소리가 듣기 좋은가?
- 말과 말 사이의 휴지가 적절한가?
- 말의 강세에 변화가 있는가?
- 무심코 습관적인 말을 반복사용하고 있지 않은가?

상기한 질문들에서 문제점들이 확인되면 보다 효과적인 의사소통을 위해서 다음과 같은 개선노력이 필요하다.

- 분명하고 정확하며 알아듣기 쉽게 말한다.
- 열정을 가지고 설득적인 자세로 말한다.
- 겸손하면서도 부드러운 확신을 갖고 말한다.
- 남의 말을 함부로 끊지 않는다.

- 간투사 사용을 줄인다(아-, 그-, 저-, 음- ).
- 깊은 호흡을 하면서 음성의 고조, 속도, 리듬에 변화를 주는 음성연습을 한다.

### (3) 비언어적 의사소통 시 고려사항

효과적인 의사소통을 위한 비언어적 태도의 고려사항은 다음과 같다.

- 앉은 자세가 품위가 있는가?
- 과장된 제스처를 사용하고 있지 않는가?
- 옷차림은 단정한가?
- 몸 동작이 적절한가?
- 시선처리가 적절한가?
- 흥분했을 때 표정관리를 하는가?

상기한 질문들에서 문제점들이 확인되면 보다 효과적인 의사소통을 위해서 다음과 같은 개선노력이 필요하다.

- 상대방에게 3m 이상 떨어져서 이야기하지 말아라.
- 상대방 앞쪽을 향해 관계를 형성하기 위한 준비가 되어 있음을 나타내라.
- 팔과 다리를 펴라.
- 상대방의 눈, 코에 초점을 맞추어 상대방과 부드러운 눈맞춤을 유지하라.
- 웃어라.
- 긍정적 반응을 즉각적으로 보여라.
- 따뜻함과 애정을 표현하는 신체적 접촉을 적극적으로 하라.

## 제9장

# 인적자원관리

# 1. 인적자원관리의 개념과 중요성

## 1) 인적자원관리의 개념

조직은 어떤 원칙에 따라 조직구성원을 채용하여 어느 직위에 얼마 동안 얼마만큼의 봉급으로 배치하고, 어떤 교육훈련을 누구에게 시켜서 누구를 먼저 승진시킬 것이며 퇴직은 어떻게 할 것인가 등 다양한 사람관리에 대한 문제를 해결하는 업무가 필요하다. 이처럼 조직이 필요로 하는 인력을 조달, 유지, 개발, 활용하는 활동을 계획하고 조직하며 통제하는 일련의 관리활동을 인적자원관리(Human Resource Management)라고 할 수 있다(신복기 외, 2019; 오세영, 2018). 또한 현대적 의미에 있어서의 인적자원관리는 조직의 구성원들이 자발적으로 조직의 목적 달성에 적극적으로 기여하게끔 함으로써 조직의 발전과 함께 개인의 안정과 발전을 도모하도록 조직의 구성원들을 관리하는 철학과 그것을 실현하는 제도 및 체계라고 할 수 있겠다. 이처럼 조직에서의 인적자원관리는 목표달성을 위해 수행하는 활동의 효과성 및 효율성과 긴밀한 관계를 가진다고 하겠다(강용규 외, 2013).

〈표 9-1〉과 같이 여러 학자들의 개념 정의를 종합해 보았을 때, 인적자원관리란 조직의 목적을 달성하기 위하여 조직구성원을 합리적으로 활용하는 조직적이고 계획적인 절차라고 정의 내릴 수 있다.

〈표 9-1〉 인적자원관리의 개념

| 학자 | 개념 정의 |
|---|---|
| 드러커(Drucker, 1990) | 인간을 그 대상으로 하는 관리로 인간의 개성 존중, 능력개발, 근로자의 인간적 만족을 추구하는 관리체계 |
| 피고스와 마이어스(Pigors and Myers, 1997), 스페이트(Spates, 1999) | 종사자 각자의 능력을 최대한으로 발휘시켜 종사자가 자기 직무에서 최대의 만족을 얻음과 아울러 기업에 대해 최대의 공헌을 하도록 잠재능력을 육성·계발시키는 방법 |
| 요더(Yoder, 1998) | 종사자로 하여금 조직에 대해 최대의 공헌을 하게 함과 아울러 최대의 만족을 느낄 수 있도록 협력·지도하는 기능 및 활동 |

출처: 박경문(2006)

## 2) 인적자원관리의 중요성

사실상 인적자원관리의 중요성은 이전의 인사관리에서도 많이 강조되어 왔으나, 최근 들어 급변하는 환경 속에서 조직성과 및 직무만족이 인적자원관리 사이에 밀접한 상관관계가 있다는 것이 많은 연구자들에 의해 입증되면서 인적자원관리의 중요성이 더욱 강조되고 있다.

사회복지조직의 존립 목적은 클라이언트와 지역사회에 양질의 사회복지서비스를 제공하는 데 있으므로, 사회복지조직에 종사하는 사회복지사들의 전문적 판단이나 기술, 재량 등에 크게 의존할 수밖에 없다. 따라서 사회복지조직의 미션과 비전에 부합되는 인력을 모집·선발·임명하고 그들의 잠재역량이 최대한 발휘되도록 지원하고 관리하는 것은 조직의 성패를 좌우할 수 있는 매우 중요한 요소가 된다.

아울러 사회복지 환경변화에 따라 사회복지 수요가 급증하고 이에 따른 사회복지에 대한 기대수준도 높아지고 있으며, 최근 사회복지전달체계의 변화는 사회복지의 책임성을 강화시켜 사회복지 인력의 전문성 제고를 요구하고 있다. 이에 사회복지현장의 욕구변화를 빠르게 감지하여 보다 체계적인 교육·훈련 프로그램을 개발할 필요가 있다.

# 2. 인적자원관리 과정

## 1) 인적자원계획

인적자원계획은 인적자원을 관리하려고 시도하는 노력을 조직의 목표와 연결시키는 과정이라고 할 수 있다. 인적자원계획은 조직의 사명과 목적과 목표, 전략, 구조, 사람 등으로 구성된다.

성공적인 인적자원관리를 위해서는 인적자원을 계획하는 노력을 조직의 전략방향과 연결시키는 과정인 전략적 인적자원계획의 도입이 필요하다. 이러한 조직의 전략적 계획의 과정은 장기적이고 지속적인 특성을 갖고 있으며, 인적자원관리자는 전략적 인적자원계획에 참여하면서 현재와 미래에 필요한 근로자와 수요공급에 관한 요구사항을 결정한다(김경우, 2007).

## 2) 모집

직원모집은 인력선발을 전제로 하여 양질의 지원자를 확보하는 활동을 말한다(박경규, 2006). 직원의 모집에는 직원모집공고의 내용과 방법이 포함되어 있다.

### (1) 직원모집 공고내용

직원의 모집 공고내용에는 직무명, 직무분류 및 봉급범위, 근무지역 및 직무부서, 최소한의 자격요건, 시험 및 면접일시, 신청절차, 그리고 지원신청 마감일시가 포함되어야 한다.

### (2) 모집 공고방법

법인 또는 시설에서 채용할 때에는 해당 법인 및 시설의 홈페이지, 소식지, 지자체 홈페이지 등에 채용 관련 사항을 15일 이상 공고해야 한다. 아울러 모집공고의 방법에는 인쇄물을 사용하거나, 간단한 공고문을 사용하여 학교나 관련된 곳에 배포할 수 있으며, 그리고 개인적 접촉을 사용할 수 있다.

### 3) 선발

직원선발의 기본적인 목적은 지원자들 중에서 우수한 인재를 식별하는 것이다. 좀 더 정확하게 말하면 공석이 된 직무를 어떤 지원자가 가장 성공적으로 수행할 수 있느냐를 찾아내는 것이다(박경규, 2006). 직원의 선발에 있어서는 자격을 갖춘 자는 누구나 응모하여 경쟁을 통하여 능력 있는 자를 임용하는 공개모집을 원칙으로 하며, 필요한 요소와 직원선발을 위한 방법(시험방법)이 포함되어 있다.

#### (1) 서류전형

지원자가 제출한 지원서의 내용을 평가하는 과정이다. 군경력, 학점, 자격증 소지여부, 가족관계 등 미래의 성과와 관련이 있는 지원서 항목에 대한 평가를 실시한다. 지원서에 나타난 항목에 대한 점수부여는 지원서 평가의 타당도(validity)와 관련되기 때문에 보다 정밀한 검토가 요청된다.

##### ① 입사지원서

어떤 기관이든 지원서를 작성하지 않는 경우는 거의 없다. 입사지원서는 성명, 주소, 성별, 교육, 경력 등 신상자료부터 재정상태, 취미 등 개인적인 항목까지 포함되어 있다. 입사지원서는 선발에 유용한 지침을 제공하는 질문들로 한정되어야 하고, 지나치게 긴 지원서는 시간낭비일 뿐이다. 입사지원서를 작성하는 요령은 다음과 같다.

- 사진은 최근 3개월 내에 정장 차림에 밝은 표정으로 촬영한 것을 사용

한다.

- 성명은 한글과 한자를 함께 적는다.
- 주민등록번호와 생년월일은 기입란 양식에 맞춰 기재한다.
- 주소 및 우편번호는 현재 거주지를 기준으로 작성한다.
- 학력은 고등학교 이후부터 기재하고, 대학원은 재학, 수료, 학위 취득을 구분한다.
- 자격사항은 국가공인뿐만 아니라 사설기관에서 발행한 것도 기재한다.
- 병역사항은 군필 혹은 면제라고 기재하고, 면제자는 사유를 간략히 밝힌다.
- 신장, 체중, 시력 등 신체사항은 정확하게 기재한다.
- 가족사항은 부모, 배우자, 형제, 자매 순으로 모두 기재한다.
- 경력사항은 해외연수, 자원봉사, 동아리활동 등을 중심으로 구체적으로 기술한다.

② 이력서

이력서는 개인의 특성과 지적인 측면을 알아보기 위해 학력을 기재하고, 그 사람이 이전에 무엇을 경험했는지를 알아보기 위해 경력을 기재한다. 이력서를 작성하는 요령은 다음과 같다.

- 간단명료하되 포인트를 맞춰 구체적으로 기술한다.
- 과장됨이 없이 솔직하게 작성한다.
- 당신에 관한 정보와 지원 분야를 연결시켜 기술한다.
- 읽게 하려면 보이게 하라(스타일, 글자체, 종이 등).
- 자신을 표현할 수 있는 각각의 헤드라인을 만들어라.
- 정성 들여 깨끗이 작성한다.
- 연대순으로 기술한다.
- 성공적으로 수행했던 업무에 대해 구체적으로 기술한다.

- 지원한 분야와 관련 있는 자격증을 제시하라.
- 동아리활동 및 자원봉사활동을 강조하라.
- 중점사항을 정확하게 기술하라.
- 완성되었으면 다시 한 번 검토하라.

③ 자기소개서

특정한 서식이 없거나 기관에서 대략적인 항목을 지정해준다. 일반적으로는 개인의 성장환경, 학력 및 경력 소개, 지원동기, 장래희망 등을 기재한다. 자기소개서를 작성하는 요령은 다음과 같다.

- 모집기관의 속성에 맞춰 자신을 소개하라.
- 자기 이미지를 만들어라.
- 중간중간에 재치 있는 헤드라인을 달아라.
- 자신이 적임자임을 강조하라.
- 구체적인 경험을 바탕으로 작성하라.
- 참신한 문구로 시작하라.
- 입사 지원동기를 구체적으로 밝혀라.
- 자신의 장점을 최대한 부각시켜라.
- 경력(수상, 자격증, 봉사활동 등)을 강조하라.
- 자신의 포부와 비전을 제시하라.

### (2) 선발시험

선발시험은 심리검사, 필기시험, 실기시험 등을 통해 지원자가 가지고 있는 능력 및 개인적 특성(성격, 적성 등)을 측정하기 위해 실시하는 것을 말한다.

### (3) 선발면접

선발면접(selection interview)은 조직이 지원자를 상대로 면접을 통해 지원자가 가지고 있는 능력 및 개인적 특성(가치관, 태도, 성격 등)을 파악하는 활동이며, 조직은 이러한 과정을 통해 조직 및 고용조건(급여, 승진기회 등)에 대한 정보를 지원자에게 제공하게 된다.

① 개별 면접

면접위원이 지원자 1명을 상대로 면접하는 방법으로, 상세한 정보수집이 가능하다는 장점은 있으나 시간이 오래 걸리고 지원자에게 긴장과 압박감을 준다는 단점이 있다.

② 집단 면접

면접위원이 여러 명의 지원자를 동시에 면접하는 방법으로 면접시간 단축, 지원자의 심리적 안정, 그리고 지원자 간 경쟁 유발이라는 장점은 있으나 심층면접이 불가하고, 자리 순서에 따른 불이익이 발생할 수 있는 단점이 있다.

③ 집단토론식 면접

지원자 팀별로 과제를 주어 자체 토론을 하고, 면접위원이 이를 관찰하는 방법이다. 리더십, 표현력, 적극성 등 다양한 요소 평가가 가능하나, 신상에 대한 질문이 불가능하며 소극적 지원자에 대한 평가가 불가능하다.

④ 프레젠테이션 면접

지원자가 특정 주제에 대한 자신의 의견을 개진하는 방식이다.

⑤ 무자료 면접

지원자의 학력, 경력 등의 신상자료를 전혀 모르는 상태에서 선입견 없이 임하는 방식이다.

⑥ **다차원 면접**

선배 직원들이 지원자들과 조를 이루어 다양한(예: 산, 술집 등) 장소에서 만나 자유롭게 집단토론하는 방식이다.

#### (4) 경력조회

경력조회는 지원자의 과거의 행적에 대해 확인하는 과정이다. 즉, 지원서나 이력서에 기재된 지원자의 학력, 직무경험, 자격증 획득 등이 사실인지를 밝히는 활동이다. 특히, 경력사원을 채용하는 경우 전 직장에서의 근무실태, 퇴직이유 등에 대한 정보는 올바른 선발 결정에 유용한 자료가 된다.

#### (5) 신체검사

지원자가 미래의 직무를 수행하는 데 신체적 조건을 갖추었는지를 확인하는 과정이다.

## 3. 직원개발과 직원 수행력 평가

### 1) 직원개발

#### (1) 직원개발의 개념

직원개발이란 사회복지조직에서 활동하는 직원들의 소양과 능력을 개발하고 직무수행에 필요한 지식과 기술을 향상시키며 가치관과 태도를 바람직한 방향으로 변화시키기 위한 교육 및 훈련활동이라고 할 수 있다(성규탁, 2003). 그리고 새로운 집단의 서비스 욕구에 대처하기 위한 새로운 서비스 프로그램의 개발과 실행을 위해서는 사회복지사에게 지속적인 훈련 및 개발을 위한 노력이 필요하다(김치영 · 최용민, 2006).

### (2) 직원개발의 필요성

새로운 업무에 대한 적응훈련은 신입직원뿐만 아니라 기존의 업무담당자에게도 필요하다. 새로운 복지환경에 대응할 수 있는 정책과 기술, 클라이언트와 지역사회의 욕구 변화 등과 같은 내용은 기존 직원들에게도 지속적으로 제공되어야 하고 새로운 이론과 실천기술, 관련 정보에 대한 습득을 통해서 양질의 서비스 제공이 가능하기 때문이다.

직원개발은 직원들로 하여금 새로운 지식과 기술 및 전문적 태도를 향상시켜 사회복지조직이 제공하는 서비스의 효과성을 높이려는 데 있다. 또한 직원들이 클라이언트를 더 좋은 입장에서 돕기 위해 그들의 지식과 인간행동 및 사회적 관계의 이해를 증진시킬 수 있다. 이를 통하여 직원들이 증대된 전문적 태도를 제공받고, 기술과 방법론에 있어서 뒤떨어지지 않도록 기회를 제공받으며, 조직의 목표 달성을 위한 동기를 부여받을 수 있다.

그리고 직원개발은 조직구성원들이 함께 토론하고, 감정을 공유하고, 함께 활동하는 것을 통해서 직원 상호 간에 서로를 보다 잘 이해하고 연대감을 높임으로써 조직의 목표달성에 직·간접적으로 영향을 미친다(김치영·최용민, 2006).

한편 「사회복지사업법」 제10조(지도·훈련)에 따르면 이 법이나 그 밖의 사회복지 관련 법률의 시행에 관한 사무에 종사하는 공무원과 사회복지사업에 종사하는 사람의 자질 향상을 위하여 인권교육 등 필요한 지도와 훈련을 할 수 있다. 이러한 근거로 한국보건복지인력개발원과 한국사회복지협의회 등의 기관에서는 사회복지 인력에 대한 교육프로그램을 개발하여 실시하고 있다. 아울러 현재 사회복지법인 또는 사회복지시설에 종사하는 사회복지사들은 「사회복지사업법」 제13조(사회복지사의 채용 및 교육 등)에 근거하여 정기적으로 인권에 관한 내용이 포함된 보수교육을 받아야 한다.

### (3) 직원개발의 종류

#### ① 신규채용자 훈련

신규채용자 훈련은 신규로 채용된 사회복지사들이 직책을 담당하기 전에 받는 적응훈련 혹은 기초훈련, 오리엔테이션 등으로 부른다. 신규채용자에 대한 교육훈련의 목표는 조직의 목적이나 조직의 구조와 기능 및 직무 내용에 따른 훈련을 통하여 직장 내의 조직문화와 업무 상황 및 담당 직무를 이해하고 직장 분위기에 적응할 수 있는 능력을 배양하며 전문성을 강화하는 데 있다(김기태 외, 2005). 신규채용자의 성공적인 교육훈련을 위해서는 아래와 같은 내용이 포함되어야 한다.

- 조직의 역사와 서비스
- 기본정책, 규정 및 절차
- 조직구조
- 봉급, 작업시간, 휴가 등에 관한 기본적인 정보
- 직원을 위한 사무실 배정
- 특별급여
- 승진, 봉급인상과 같은 제반 기회와 도전
- 소속 부서 및 타 부서의 업무 내용
- 타 부서와의 업무 협조 기술
- 직장 예절 등

최근 많은 조직들에서는 신규채용자 훈련을 매우 중요하게 생각하여 자체적으로 일정한 훈련 과정을 마련하고 일과 시간 중이나 일과 시간 후에 과정을 이수하도록 하고 있다.

② 일반직원 훈련

일반직원 훈련은 신규채용자, 감독자, 고급관리자를 제외한 사회복지사를 대상으로 한 훈련으로서 보수교육 또는 재직자 훈련이라고도 한다. 훈련의 내용은 주로 새로운 지식과 기술의 습득 및 변화하는 사회에 적응할 수 있는 변화대응능력을 향상시킴으로써 직무수행능력을 증진시키는 것이다(김기태 외, 2005).

③ 감독자 훈련

감독자 훈련은 1인 이상의 부하를 통솔하고 감독할 책임을 진 슈퍼바이저들에 대한 훈련을 말한다. 여기에서 슈퍼바이저는 보통 제일선의 지도감독을 맡고 있는 팀장을 의미한다. 종래에는 슈퍼바이저들에 대한 훈련이 경시되어 오다가 일선 업무의 감독에 대한 중요성이 커짐에 따라 감독자 훈련이 점차 강조되고 있다. 이들에 대한 훈련의 내용은 업무 수행에 필요한 지식은 물론 사기, 리더십, 의사소통, 인간관계, 인적자원관리 등 거의 전 분야에 걸치고 있다(안해균, 1982; 김치영 · 최용민, 2006).

④ 관리자 훈련

관리자 훈련이란 감독자보다 상위계층에 속한 중 · 고급 관리자에 대한 훈련을 의미한다. 일반적으로 이들 관리자들에게 요구되는 능력은 정책수립 및 기획능력, 문제해결자로서의 창의력, 통찰력, 직관력 등이 요구된다(김기태 외, 2005).

### (4) 직원개발의 방법

직원개발은 일정한 장소에 직원들을 모아 놓고 특정한 주제에 관한 정보를 전달하는 강의방식, 어떤 주제에 관한 논의 내지는 토론(세미나) 모임 형태, 교육 대상자 스스로가 특정 사례를 분석 · 연구하여 발표와 토의를 수행하는 사례연구, 상사로부터 직무에 관한 지도감독을 받는 슈퍼비전 등을 주로 많이 활용하고 있으며, 그 외에도 역할 연기, 브레인스토밍 등이 유용한 직업개발의 방법으로 활용되고 있다. 이렇듯 직원의 능력개발을 위한 교육훈련방법은 다양하므로, 교육훈련의 실시 전에 그 목적과 대상 등을 고려하여 어떠한 방법이 가장 효과적이고 효율적인지를 결정하여야 한다. 직원개발의 방법은 다음과 같다.

① 현장훈련

현장훈련(the job training)은 훈련대상자가 자기의 소속기관 내에서 자기의 직무를 수행하면서 상관으로부터 지도 · 훈련을 받는 방법이다. 현장훈련방법은 실용적인 효과가 크고, 경비가 절약되며, 인간관계의 개선에 도움이 많이 된다는 장점이 있다. 반면에 교육훈련을 담당하는 상관의 교육훈련의 기술이 부족할 경우에는 효과적이지 못하며, 훈련대상자가 많을 경우 능률적이지 못하다는 단점이 있다(김기태 외, 2005).

② 순환보직

순환보직(position or job rotation)방법은 보직을 바꾸어 가면서 직무를 수행하는 방법으로 교육대상자의 경험과 시야를 넓혀 주고 조직의 전반적인 업무 능력을 향상시켜주는 직원개발방법이다.

③ 강의

강의는 직원개발을 위한 가장 공통적인 도구로서 일정한 장소에 직원들을 모아서 사회복지에 관한 전문지식과 기술 및 태도를 전달하는 방법이다. 이 방법은 많은 사람을 대상으로 교육내용을 체계적으로 전달할 수 있으며, 경비를 절약할 수 있다는 점에서 효율성 측면에서 장점이 있으나, 강사 자질에 크게 의존하여 강사가 유능하지 못하거나 직원들이 무성의하여 피드백이 없을 경우 소기의 효과를 달성할 수 없다는 단점이 있다. 따라서 일방적인 강의에서 벗어나 영화, 슬라이드 등의 시청각 기재를 활용함으로써 강의방법을 보완하는 것이 바람직하다(김치영 · 최용민, 2006).

④ 회의

회의(conference)는 어떤 주제에 관한 논의 내지 토의가 이루어지는 공식적 모임이다. 집단을 대상으로 1명 혹은 그 이상의 연사가 발표, 토론을 하거나 구성원 간의 상호의견을 통해서 학습이 촉진된다. 토의 과정을 통해서 피교육자들은 그들의 생각을 정립하고 평가를 받고 수정을 받는다. 회의에서는 정보의 상호교환이 강조되며 일반적인 지식의 전달이 아니라 서로 간의 의견교환을 통해서 배우게 된다. 이 방법은 상호 간의 토의가 강조되기 때문에 회의의 참여자들은 회의에 임하기 전에 토의될 주제에 관해 적어도 어느 정도의 지식을 갖고 있어야 하며, 소규모 집단에만 적용할 수 있고 그 과정이 느리다는 제한점이 있다(성규탁, 2003; 김치영 · 최용민, 2006).

⑤ 토의

토의는 한 주제에 대하여 소수의 사람이 먼저 주제발표를 한 다음 여러 사람이 토론을 하는 방법을 말한다. 이 방법의 장점은 자유롭고 공개적인 분위기에서 적극적인 사고의 유발 및 지식과 경험의 교환이 가능하여 집단사고를 통해 중지를 모을 수 있다는 데 있다. 그러나 많은 사람이 참여하기 때문에 사람마다 자기 의견을 개진할 기회를 갖기 힘들고, 토의가 결론 없이 끝나는 데 대해 불만이 생길 가능성은 물론 토의의 초점을 잃을 염려가 있으며, 참가자의 질에 크게 좌우된다는 단점이 있다. 따라서 토의를 진행하기 전에 주제에 대한 충분한 사전지식을 공유할 필요가 있다. 토의방법은 근소한 차이에 따라 자유 토의 포럼(forum), 패널(panel) 및 심포지엄(symposium) 등으로 나눌 수 있다(안해균, 1982; 김치영 · 최용민, 2006).

⑥ 감수성 훈련

감수성 훈련은 소집단의 구성원들이 자신들이 어떻게 생각하고 느끼고 행동하며 다른 사람들의 행위에 어떻게 반응하고 있는지를 알 수 있도록 수용적이고 열린 분위기를 제공하려고 노력한다. 감수성 훈련 집단의 목적은 직원들로 하여금 그들 자신, 특히 자신의 감정에 대한 이해를 증진시키는 것을 도우려는 것이다(Skidmore, 1990; 김치영 · 최용민, 2006). 이와 같은 훈련은 보통 격리된 장소에 가서 1일 또는 2일 합숙훈련을 하면서 이루어지게 되는데, 성인의 태도와 행동의 변화를 기하는 데 가장 효과적인 방법이라 생각되나 자칫 잘못 인도되는 경우 상호 간의 감정을 상하게 되는 역효과를 가져올 수도 있다는 것이 단점으로 지적되고 있다.

⑦ 사례발표

사례발표(case presentation)는 직원개발의 공통적인 방법이다. 통상 사례발표는 직원들 간에 돌아가면서 한다. 이는 직원들의 이해와 능력의 개선을 돕는 것 외에 사례를 계획하고 개입기법을 배우는 데 도움을 준다. 사례발표 시 발표시간은 보통 30분에서 45분이 허용된다. 그러고 나서 가능한 개입 대안들을 비롯한 평가와 토의에 몇 분이 주어진다. 직원들은 전문적 윤리규범상 그 밖에 다른 곳에서는 이들 사례들을 공개하고 토의하지 않도록 요청된다(Skidmore, 1990). 사례발표의 장점은 분석적 사고능력과 문제해결능력의 개발에 도움을 준다는 점이나 사례선정을 잘못하여 흥미와 관심을 끌지 못할 경우 비효과적이다.

⑧ 역할연기

역할연기(role playing)는 명칭 그대로 어떤 사례를 여러 직원들 앞에서 2인 또는 그 이상의 직원들이 실제로 연기한 후 여러 직원들이 이 연기를 평가하고 토론한 후 사회자가 결론적인 설명을 하는 것이다. 예를 들면, 10대의 두 딸을 가진 가족의 부부관계 및 가족의 역동성을 이해하려는 시도에서 4명의 직원들이 실제로 이들의 역할을 맡아 역할연기를 해볼 수 있다(Skidmore, 1990). 이와 같이 이 방법은 어떤 사례를 직접 연기한 후 직원들이 평가하고 토론하는 방식으로 흥미를 갖고 적극적으로 참여하나 다른 방법과 병용해야 효과적이다.

⑨ **신디케이트**(분임토의)

신디케이트(syndicate)는 동일한 문제를 소집단으로 나누어 토의하여 해결 방안을 작성한 후 다시 전체가 모여 발표하고 토론함으로써 문제를 해결하는 교육훈련방법이다. 이 방법은 교육훈련대상자들 간에 접촉이 긴밀해지고 관리자들의 관리기법을 기르는 데는 효과적이다(김기태 외, 2005).

### 2) 직원 수행력 평가

직원 수행력 평가는 특정 직원의 직무에 대한 기대 사항을 설정하고 직원의 실제 업적을 측정, 평가, 기록하여 당사자인 직원에게 피드백을 제공하는 과정이다(French, 1987; 김치영 · 최용민, 2006). 직원 수행력 평가의 궁극적 목적은 직원의 업무능력 개발에 있으며, 평가결과는 직원의 승진, 해고, 포상 및 임금을 결정하는 데 기초자료로 활용된다. 평가의 기준은 지식, 판단력, 태도, 지도력, 주도력, 의존성, 사람들과의 관계, 업무의 질, 업무의 양 등이 포함된다.

- 지식: 직무 관련 지식의 정도
- 판단력: 합리적으로 결정하고 사실을 분석할 수 있는 능력
- 태도: 협조적이고 의지가 있는가?
- 지도력: 목적을 설정하고 목적을 성취하기 위해 다른 사람들을 동기부여 시키는가?
- 주도력: 독자적으로 일을 추진하고 계획을 수립하며 후속조치들을 잘 수행하는가?
- 의존성: 주어진 업무를 수행하는 데 있어 믿을 수 있는가?
- 사람들과의 관계: 다른 사람들과 일을 잘 하는가?
- 업무의 질: 직무를 정확하고 철저하게 처리하는가?
- 업무의 양: 요구되는 업무를 성취하는가, 빠르게 일하고 목적을 성취하는가?

# 4. 동기부여

## 1) 동기부여의 개념

동기부여는 사회복지기관의 행정이나 관리에 있어서 중요한 부분으로, 직원들 사이에서 높은 사기와 효과적으로 업무를 수행하는 데 있어서 결정적인 역할을 행사한다. 조직에서는 우수한 능력을 갖춘 사람들을 고용하여 이들의 능력을 향상시킬 수 있지만, 이러한 노력이 항상 만족할 만한 성과로 이어지지는 않는다. 조직구성원의 성과는 조직구성원이 직무를 얼마나 잘 수행할 수 있느냐 하는 조직구성원의 직무수행능력과 직무를 기꺼이 수행하고자 하는 자발적인 의욕에 달려있다. 조직구성원들이 어떤 수준의 동기부여를 갖고 업무를 수행하느냐에 따라 성과는 상당한 차이를 가져올 수 있다(박경규, 2006).

## 2) 동기부여이론

조직의 관리자는 조직구성원 개인의 욕구충족과 조직의 성과향상을 위해서 조직구성원들의 행동이 어떻게 변화되는지를 이해할 필요가 있다. 이를 위해서는 우선 조직구성원들이 어떤 동기를 가지고 있으며, 어떤 과정을 거쳐 동기가 유발되어 행동으로 나타나는지를 파악해야 한다(박경규, 2006). 동기부여가 어떻게 가능한가를 설명해 주는 다양한 이론들이 있는데 지금부터 이들을 살펴보기로 하겠다.

### (1) 고전 동기부여이론

테일러(Taylor)는 경영 및 관리에서 동기부여의 중요성을 인식하고 고전이론의 기초를 이루고 있는 몇 가지 생각들을 제안하였다. 그는 조직 내에서 열심히 일하는 구성원이 자기가 담당한 업무에 대해 성실하지 않은 구성원과 동일한 경제적 보상을 받는다면 곧바로 업무의 속도를 늦추고 업무에 몰입하지 않아 결과적으로 생산성이 저하된다는 결론에 도달하였고, 맡은 업무에 몰입하여 생산성을 높인 조직구성원에게 보상을 주어야 한다고 주장하였다.

그는 스톱워치의 사용과 일한 양에 따라 경제적 보상을 하는 상여금제도를 제안하였고, 스톱워치는 주어진 과업을 수행하는 데 얼마나 시간이 소요되는지를 정확하게 측정하고 기록하기 위해 사용되었으며, 상여금제도의 도입을 통하여 자신의 업무에 몰두하는 구성원은 기대 이상으로 일한 양에 대해 응분의 금전적 보상을 받아야 한다는 것을 강조하였다.

이처럼 고전 동기부여이론은 경제적 보상이 생산성 증대에 주요한 동기부여의 요소라는 생각에 기초를 두고 이루어진 것이다. 그러나 이와 같은 고전이론은 금전적 보상과 생산성 증대 간에 상관관계가 있다는 점에서는 주목을 받았지만, 금전적 보상 그 자체가 생산성 향상을 가져올 수 있는 유일한 요소가 아니라 다른 요인에 의해서도 일에 대한 동기부여가 이루어진다는 점이 주장되었다(김치영 · 최용민, 2006).

### (2) 인간관계이론

고전 동기부여이론이 금전 및 보상과 개인의 기본적 욕구의 중요성을 강조하는 것과는 달리 인간관계이론은 인간과 인간관계의 중요성을 강조한다. 인간관계이론에서는 생산성이 높은 조직의 부서는 부서의 구성원들 각자가 서로 간에 호의적인 태도를 갖고 있는 것으로 보고 있다. 즉, 그들은 모두 관계가 좋고 상호 간에 협력하며 동기부여를 한다는 것이다. 인간관계이론의 주장은 상호 간에 호의적인 관계 속에서 협력적인 구성원들은 서로를 동기부여하고 바람직한 생산수준을 달성한다는 것이다. 이 이론은 기획 및 의사결정 과정에 구성원들을 관여시키고 구성원들의 광범위한 참여를 강조한다. 이는 조직구성원들이 자신들이 조직의 일부라는 인식을 가지고 조직을 통제하고 운영하는 데 일조를 한다고 느낄 때 그들은 최선을 다하도록 동기부여가 된다는 것이다. 사회복지서비스에서도 사회복지조직의 구성원들이 기획 및 의사결정 과정에 자신들이 중요한 역할을 할 수 있다고 인식될 때 그들은 더욱더 적극적으로 참여하고 더 나은 양질의 서비스를 제공하도록 동기부여될 수 있을 것이다(김치영 · 최용민, 2006).

### (3) 매슬로(Maslow)의 욕구이론(욕구위계질서이론)

매슬로(Maslow)는 인간의 욕구를 5단계로 구분하였다. 욕구들은 계층을 이루고 있으며 충족되지 못한 욕구에 의해 동기부여가 이루어지며 충족된 욕구는 더 이상 동기부여를 시키지 못한다. 즉, 하위계층의 욕구는 더 이상 동기부여로 작용되지 못한다.

#### ① 생리적 욕구

가장 기본적인 생리적 욕구(physiological and survival needs)는 의식주, 수면, 갈증 등에 대한 욕구로 모든 욕구 가운데 가장 기본적인 것으로서 가장 강력하다. 조직에서 생리적 욕구를 충족시키기 위한 조치로서는 급여, 복리후생 등이 해당된다.

#### ② 안전의 욕구

생리적 욕구가 충족된 이후 나타나는 것이 안전의 욕구(safety and security needs)이다. 안전의 욕구는 위험, 사고, 전쟁, 질병, 폭행, 범죄, 매우 춥거나 더운 기온 등으로부터 벗어나 안전해지고 싶은 욕구이다. 조직에서 안전의 욕구를 충족시킬 수 있는 조치로서는 고용의 안정성, 연금제도(또는 퇴직금) 등이 있다.

#### ③ 사회적 욕구

생리적 욕구와 안전의 욕구가 충족되면 사회적 욕구(social needs)가 중요하게 나타나는데, 이는 다른 사람이나 집단과의 우정, 애정, 소속감 등에 대한 욕구이다. 이에 대해 조직에서는 동료와의 관계를 돈독히 할 수 있는 기회를 마련하고 소속감을 고취시키는 노력이 필요하다.

④ 자아존중의 욕구

자아존중의 욕구(esteem needs)는 사람들이 사회생활을 통해 자신의 능력을 높게 평가받고, 자신을 존중하고 자존심을 지니며 다른 사람으로부터 존경받기를 원하는 욕구이다. 즉, 위신이나 지위욕, 자긍심 등이 이 욕구와 관련된다. 이에 대해 조직에서는 적절한 경력개발을 통해 조직구성원의 나이나 지위에 걸맞는 직급을 보유하도록 노력해야 한다.

⑤ 자아실현의 욕구

인간의 욕구 가운데 최상층에 위치한 것이 자아실현의 욕구(self-actualization needs)이다. 이는 자기충족 및 성취에 대한 욕구로서 사람이 자기가 가지고 있는 능력을 실현시키고자 하는 욕구이다. 음악가는 음악을, 시인은 시를 써야만 최상의 행복을 느낄 수 있듯이 조직에서는 조직구성원들이 자아를 실현할 수 있도록 직무를 설계하고 직무를 구성하는 노력이 요구된다.

### (4) ERG이론

매슬로의 욕구이론을 발전시킨 알더퍼(Alderfer)의 ERG이론은 상위 욕구를 충족시키기 전에 하위 욕구가 먼저 충족되어야 한다는 매슬로의 가정을 배제하고 있다. 이 이론은 매슬로의 다섯 가지 욕구를 존재의 욕구(existence needs), 관계의 욕구(relatedness needs), 성장의 욕구(growth needs)를 포함한 세 가지 범주로 나누어 설명하고 있다.

① 존재의 욕구

존재의 욕구는 배고픔, 갈증, 수면, 주거와 같은 생리적이고 물질적인 욕구로 매슬로의 생리적 욕구와 안전의 욕구에 해당한다.

② 관계의 욕구

관계의 욕구는 직무내외적 상호 인간관계와 관련된 모든 욕구를 포함하는 것으로서 다른 사람과의 감정의 교류와 상호 의존성에서 만족을 얻고자 하는 욕구를 말한다. 이것은 매슬로의 소속의 욕구와 존중의 욕구의 일부가 해당된다.

③ 성장의 욕구

성장의 욕구는 개인과 직무에 대한 계속적인 성장과 발전에 대한 욕구로서 잠재 능력의 개발 및 확장과 이에 따른 개인적 성장과 관련된 욕구를 말한다. 이것은 매슬로의 존중의 욕구 및 자아실현의 욕구에 해당된다.

### (5) 행동수정이론

스키너가 고안한 행동수정이론은 조작적 조건화로도 불리며, 개별 및 집단에서의 인간행동은 보상과 처벌 기대에 의하여 영향을 받는다고 주장한다. 즉, 행동은 지속적인 처벌 또는 지속적인 보상을 통해서 변화될 수 있다는 것이다. 행동수정이론은 일반적으로 보상을 처벌보다 더 바람직한 것으로 강조한다. 조직관리 차원에서 급여인상과 승진과 같은 보상이 직무성과와 관련하여 상당한 기간 지속적으로 제공될 경우와 그렇지 않은 경우와 비교해 볼 때 상당한 차이를 가져온다. 이와 관련하여 조작적 조건화를 통하여 조직구성원들에게 최대한의 영향을 미치기 위한 조직의 기본적 규칙을 다음과 같이 제시하고 있다(김치영 · 최용민).

- 바람직한 행동을 얻기 위한 주요한 수단으로서 처벌을 사용하는 것을 피하라.
- 바람직한 행동을 적극적으로 강화하라. 그리고 가능한 한도에서 바람직하지 않은 행동을 무시하라.
- 바람직한 반응과 강화 사이의 시차를 최소화하라.
- 적극적 강화를 상대적으로 자주 적용하라.

- 각 개인의 반응수준을 확인하고 최후의 복합적인 반응을 얻기 위한 구체적 절차를 사용하라.
- 적극적인 것으로서 또는 소극적인 것으로서 개인이 경험하는 상황들을 확인하라.
- 아주 명백한 용어로 바람직한 행동을 명시하라.

### (6) X이론과 Y이론

X이론은 지도자가 권위적이고, 전제적이며 닫힌 통제를 행하며 의사결정 과정에서 조직구성원은 소수역할을 담당한다고 강조한다. 조직구성원들은 중앙화되고 전제적인 감독과 지시를 필요로 하고, 인간은 기본적으로 일하는 것을 싫어하고 가능하면 일하는 것을 피하려고 하기 때문에 일을 하도록 동기를 부여하기 위해서는 강제하고 통제하며 위협을 가해야 한다는 것을 강조한다. 즉, 관리자는 조직구성원들이 무엇을 해야 할지 그리고 무엇을 결정할지에 대해서 말해주는 것을 원하고, 관리자들은 행동통제와 친밀한 지도감독을 해야 한다.

Y이론에 따르면 조직구성원들은 덜 중앙화되고 관리 또는 감독받기를 싫어하며 의사결정에의 참여를 원한다. 노동에 있어 육체적, 정신적 노력은 놀고 쉬는 것과 같이 자연적인 것이라는 것이기 때문에 조직구성원들의 동기를 부여하기 위해서는 벌칙에 대한 위협과 통제를 최소화하는 것이 강조된다. 즉, 관리자는 조직구성원들이 그들의 작업에서의 사명감과 높은 수준의 에너지를 투자할 수 있는 준비가 되어 있는 능력이 있고 활동적인 사람들이라는 것을 믿으며, 관리자들은 조직구성원들이 가장 높은 수준에서 일을 할 수 있도록 작업환경을 창출해 주는 것이 강조된다.

### (7) 동기부여-위생이론

1950년대에 허쯔버그(Herzberg)는 직무에 만족을 주는 요인을 동기유발요인이라 하고, 불만을 초래하는 요인을 위생요인이라고 가정하여 이론을 전개하였다. 위생요인은 조직구성원들이 수행하는 직무와 직접적으로 관련이 없는 외부적 요인으로서 조직의 정책과 행정, 슈퍼비전, 상급자, 하급자, 그리고 동료들과의 개인적 관계, 높은 임금, 직업 안전, 지위, 좋은 작업환경, 개인적 생활 등이 포함되는데, 이러한 것들이 갖추어지지 않았을 경우 불만을 초래하는 요인으로 규정하였다. 반면에 조직구성원들의 동기를 유발하는 동기유발요인은 직무와 직접 관련이 있는 내부적 요인으로 직무에 대한 흥미, 직무에 대한 성취감, 성취에 대한 인정, 승진, 책임성 등이 포함되어 있다. 이 이론에 따르면 조직구성원에게 동기를 부여시키기 위해서는 먼저 위생요인을 어느 정도 충족시킨 후에 동기 요인에 관심을 갖게 하는 것이 효과적이라고 주장한다(신복기 외, 2019; 이상구 외, 2009).

### (8) 기대이론

브룸(Vroom)의 기대이론에서는 개인은 자신의 행동결정 과정에서 여러 가지의 가능한 행동대안 또는 행동전략을 평가하여 자기 자신이 가장 중요시하는 결과를 가져오리라고 믿는 행동전략을 선택한다고 주장한다. 동기부여는 세 가지 요소에 의해 영향을 받는다. 첫째, 기대감(expectancy)은 어떤 활동이 특정 결과를 가져오리라고 믿는 가능성을 말한다. 둘째, 수단성(instrumentality)은 어떤 특정한 수준의 성과를 달성하면 바람직한 보상이 주어지리라고 믿는 정도이다. 셋째, 유의성(valence)은 특정 보상에 대해 갖는 선호의 강도이다. 예를 들어, 학생들이 시험 준비를 할 때 이렇게 생각할 수 있다. "시험준비를 많이 하면 시험성적을 잘 받을 수 있는가", "시험성적이 좋으면 장학금을 받을 수 있는가", "장학금이 나에게 얼마나 중요한가." 시험준비를 열심히 하면 좋은 성적을 받을 수 있다고 판단될 때(기대감이 높을 때), 높은 시험성적을 받으면 장학금을 받는다고 믿을 때(수단성이 높을 때), 그리고 시험성적과 장학금이 학생에게 있어 중요할 때(유의성이 긍정적일 때) 학생은 열심히 공부할 의욕을 갖게 될 것이다.

### (9) 강화이론

강화(强化, reinforcement)이론은 학습(learning)을 설명하는 근거로서, 강화가 이루어지지 않으면 새로운 행동은 지속되지 못하고 사라지게 된다고 주장한다. 즉, 보상받는 행동은 반복되는 경향을 보이지만 보상받지 않는 행동은 반복되지 않는 경향을 보인다. 그러므로 조직구성원들이 업무를 훌륭하게 수행했거나 생산성을 획기적으로 높였다든지, 창의적인 제안을 했을 경우 이에 대해 보상을 함으로써 이러한 행동은 계속해서 일어날 수 있지만, 반대로 보상받지 못했을 경우에는 이러한 행동이 계속적으로 일어나기를 기대할 수 없다. 또한 조직구성원의 성과나 공헌이 지속적으로 인정되지 않는다면 종업원들이 높은 성과를 보이리라는 기대를 할 수 없다.

한편, 어떤 행동이 계속적으로 일어나도록 강화하고자 할 경우에는 일어난 행동에 뒤따라서 바로 보상을 함으로써 조직구성원들이 관련 행동과 보상의 연계성을 분명하게 인식할 수 있도록 하여야 한다. 반면에 조직구성원들이 수행한 업무에 대한 피드백 없이 관리자가 바라는 행동만을 전달하면서 보상하는 것은 비효과적이다.

### 3) 동기부여의 공통적인 요소

앞서 살펴본 동기부여이론들의 공통적인 요소에는 개인적 관심, 시간관리, 행정적 지지, 책임과 권한의 명확한 동의(또는 인정)와 감사, 성취를 위한 기회, 직업가치와 직업윤리, 직무집단의 영향력 등이 포함된다. 자세한 내용을 살펴보면 다음과 같다.

#### (1) 개인적 관심

사회복지사들은 그들이 하고 싶은 업무를 수행할 때 높은 질의 업무수행능력과 양적인 결과물의 증대, 즉 생산성의 증대를 가져올 수 있다.

#### (2) 시간관리

주어진 충분한 시간 내에서 자기가 자기 시간을 잘 관리하는 것이다. 행정가의 입장에서는 기관운영의 틀 안에서 주어진 시간의 사용을 존중하여야 하고, 사회복지사의 입장에서는 그들이 제공하는 서비스를 개선하고 계획하며 창조적으로 만들 수 있는 시간들이 주어져야 한다.

### (3) 행정적 지지

상관으로부터의 신뢰와 지지는 직원들의 사기를 진작시키고 팀워크를 증대시켜서 조직이 목적하는 것을 성취하는 데 도움을 준다.

### (4) 책임과 권한의 명확화

직원들은 그들이 해야 할 것들에 대해 분명한 책임을 이해할 때, 그리고 그들이 책임을 수행할 수 있는 권위를 가지고 있다고 느낄 때 기관의 서비스나 이익을 위해 더 많은 일들을 해야겠다는 동기를 부여받으며 그 일들에 대해 긍정적인 감정을 갖게 된다.

### (5) 동의(또는 인정)와 감사

직원들은 항상 상관으로부터의 피드백을 필요로 하고, 행정가들은 적절하게 그들의 부하 직원들에게 감사와 동의(인정)를 보여주어야 한다. 현명한 행정가들은 개인적 면담이나 직원회의 등을 통해서 직원들에게 감사의 뜻을 전하기도 하고, 직원들이 수행하는 각각의 업무에 대해 피드백을 제공하면서 그들이 수행하는 업무에 대한 동의를 나타냄으로써 직원들의 동기를 유발할 수 있게 된다.

### (6) 성취를 위한 기회

무엇인가 가치 있는 것을 할 수 있는 기회를 직원들에게 제공하는 것은 기관의 사기와 직원들의 동기부여에 중요한 영향을 미친다. 직원들은 무엇인가 가치 있는 것을 성취함으로써 긍정적인 감정과 만족을 얻게 된다.

#### (7) 직업가치와 직업윤리

직업가치는 직업적 신념이며, 직업윤리는 직업적으로 해야 할 것과 하지 말아야 할 것을 구분할 수 있다. 이는 행정가와 사회복지사들의 행동과 결정수립을 인도하는 데 도움을 준다.

#### (8) 직무집단의 영향력

사회복지사들이 업무를 수행하기 위해 하나의 직무집단으로 들어가게 되면 집단의 영향력이 종종 강력한 동기유발을 조장하는 역할을 한다.

### 4) 동기부여방법

조직구성원의 근로의욕을 북돋우기 위한 동기부여방법에는 경제적인 보상과 비경제적인 보상, 그리고 인간관계제도가 있다. 자세한 내용을 살펴보면 다음과 같다.

#### (1) 경제적 보상

조직구성원의 근로의욕을 높일 수 있는 강력한 도구는 바로 경제적 보상이다. 경제적 보상은 임금과 복지후생으로 구성되어 있다. 경제적 보상은 조직구성원의 생계와 직접 관련되기 때문에 생리적 욕구가 강한 종업원에게는 그 효과가 크다. 그뿐만 아니라 임금이 조직구성원의 능력 내지 업적을 정확하게 반영할 경우 조직구성원의 임금을 통해 자신의 능력을 인정받을 수 있다.

경제적 보상이 동기부여 프로그램에서 힘을 발휘하기 위해서는 보상공정성이 확보되어야 한다. 공정성을 유지하지 못한 상태에서 조직이 경제적 보상을 위해 많은 투자를 한다고 해도 효과는 반감된다. 경제적 보상은 조직의 입장에서 보면 지불능력 면에서 한계가 있다. 따라서 조직은 지불능력 면에서 자유로운 비경제적 보상을 최대한 활용하여야 한다.

### (2) 비경제적 보상

조직구성원들은 금전적인 측면 외에도 다른 여러 가지 요소에 의해서도 동기부여가 될 수 있다.

#### ① 직무설계

직무설계에 따라 조직구성원의 동기부여는 달라진다. 조직구성원들의 지나친 직무전문화로 인해서 단조로움, 권태, 지루함 등으로 의욕상실이 나타나게 되는데 이를 극복하기 위한 방법으로 직무순환, 직무확대, 직무충실, 직무교차, 준자율적 작업진단, 근로시간의 조정 등이 있다. 허쯔버그(Herzberg)는 조직구성원들을 열심히 일하도록 하는 요인으로 동기부여요인(motivators)을 제시하였다. 동기부여요인은 도전감, 성취감, 안정감, 책임감, 성장, 발전, 직무내용 등으로 주로 일 자체와 관련된다. 그러므로 조직에서는 조직구성원들에게 동기부여요인을 제공할 수 있도록 직무를 설계함으로써 조직구성원들이 신바람 나게 열심히 일할 수 있도록 해야 할 것이다.

#### ② 직무의 안정성

직무의 안정성은 매슬로가 제시한 욕구 가운데 안전욕구에서 언급되는 사항이다. 오늘날처럼 기술변화가 빠르게 이루어지는 현실에서는 많은 조직구성원들이 직무의 안정성에 대해 불안해하기 쉽다. 조직구성원들이 현재 자신이 담당하고 있는 직무에서 방출되는 것을 두려워하여 새로운 직장을 찾는 상황에서는 조직구성원들로부터 자발적인 근로의욕을 기대하기가 어려울 것이다.

#### ③ 편안하고 안전한 근로조건

조직구성원들이 편안하고 안전한 근로조건을 원하는 것은 안전에 대한 욕구에서 나오는 것이다. 불편하고 열악한 환경하에서 조직구성원들의 근로의욕이 솟아나기를 기대하기는 어렵다.

④ 공정한 리더십

관리자의 훌륭한 리더십은 조직구성원이 효과적으로 업무를 수행하는 것을 도와줄 뿐만 아니라 조직의 성과향상으로도 이어지게 된다. 그러나 리더가 무능하여 불공정한 사람일 경우, 이러한 리더로부터 명령을 받아야 하는 조직구성원들은 좌절감을 느낄 수 있으며 자신의 업무수행에 몰두할 수 없을 것이다.

⑤ 합리적인 명령과 지시

조직구성원들은 관리자들로부터 합리적인 명령과 지시를 받기 원한다. 명령은 조직 내의 공식적인 의사소통이다. 일반적으로 지시와 명령은 실행할 수 있어야 하며, 지나치게 자세할 필요는 없지만 충분히 설명되어야 하고, 분명하고 간결하게, 그리고 조직구성원이 잘 수용할 수 있는 방식으로 내려져야 한다. 불합리하며 실행되기 어려운 명령은 조직구성원에게 불안과 좌절감을 가져다주게 되어 조직의 성과와는 반대되는 악의적인 불복종을 초래할 수도 있다.

⑥ 조직문화

조직구성원이 속해 있는 조직이 어떤 가치를 중시하며, 자율권과 재량권을 어느 정도 부여하느냐가 조직구성원의 동기부여에 많은 영향을 미친다. 우수한 조직들에서 창의성, 적극적인 참여 등이 강조되는 경향이 있는데 이런 조직에 속해 있는 구성원들은 그렇지 못한 조직에 있을 때보다 열심히 일할 것으로 기대할 수 있다. 의사결정의 권한은 주로 상층부에 집중되어 있으며 공식화된 규정이나 절차에 의해서 주로 업무가 진행되며, 조직구성원의 의사나 참여가 허용되지 않는 조직의 경우를 가정한다면 그런 조직에 종사하는 조직구성원들에게서 업무에 대한 의욕과 자발성을 기대한다는 것은 무리일 것이다.

### (3) 인간관계제도

조직이 도입하고 있는 인간관계제도는 조직구성원들의 인간관계를 개선하거나 갈등의 소지를 줄일 수 있는 동기부여 프로그램으로서 큰 의미가 있다. 이러한 인간관계제도에는 카운슬링, 소시오메트리, 참여제도, 그리고 불만처리제도 등이 포함되며, 자세한 내용은 다음과 같다.

① 카운슬링

카운슬링(counseling)은 직무성과에 초점을 맞추기보다 문제의 원인에 초점을 맞춘다. 직무성과가 향상되었다고 해서 반드시 문제가 해결되었다는 것을 의미하지 않으며, 또한 문제가 심각해질 때까지 직무성과가 영향을 받지 않을 수도 있다. 카운슬링에는 전문적 지식을 갖춘 심리치료사들이 관여하게 되는데 조직구성원들이 다룰 수 없는 수준의 문제일 때 상당한 도움이 될 수 있다. 카운슬링은 조직구성원이 갖고 있는 갈등을 줄이고 긍정적인 태도를 계속 지속하도록 만들며, 이해관계를 통합시키는 가장 효과적인 방법 중의 하나이다.

② 소시오메트리

소시오메트리(sociometry)는 집단구성원들 간에 좋아하고 싫어하는 양상을 나타낸 것으로서, 조직에서 많이 사용되는 방법은 아니지만 작업집단이나 조직에 대한 애착의 정도를 나타내는 수단으로서 상당한 잠재력을 지니고 있는 방법이다. 소시오메트리를 이용하면 어떤 사람이 집단에서 선호되고 선호되지 않는가를 알 수 있다. 대체로 소시오그램(sociogram)은 비교적 소규모 집단의 비공식적 관계를 파악하는 데 사용되며, 소시오메트리 매트릭스(sociometry matrix)는 대규모 집단의 소시오메트리 구조를 파악하는 데 이용된다.

③ 참여제도

많은 조직에서 구성원들이 자신이 속한 조직에 자신들의 의견을 전달하고 반영시킬 수 있도록 허용하고 있다. 조직구성원들이 경영에 참여할 수 있는 길을 열어 놓음으로써 구성원들의 근로의욕을 북돋우기 위함이다. 예를 들면, 제안제도와 문호개방정책 등이 있다.

제안제도는 조직구성원에게 조직에 도움이 되는 창조적인 제안을 내놓도록 자극하는 제도로서 폭넓게 사용되고 있다. 효율적인 직무수행방법이나 낭비의 절약, 장비개선, 설비 및 절차의 개선 등이 예가 될 수 있다. 이러한 제도를 통해 한편으로는 종업원들의 충성심, 응집력, 몰입 등이 증진될 수 있으며, 다른 한편으로는 창조적인 노력의 결과로서 금전적인 보상을 받는 기회를 제공하기도 한다.

한편, 문호개방정책(open-door policy)은 직속상사를 통해서 만족스런 해결책을 구할 수 없을 경우 보다 높은 직위의 상사에게 고충을 가지고 가도록 허락하는 제도이다. 이는 많은 조직에서 채택하고 있는 것으로 알려지고 있으나 실제적인 성과는 크지 않은 것으로 알려졌다.

④ 불만처리제도

성숙한 조직일수록 잠재된 갈등을 표면화시켜 토론을 통해 갈등해결을 도모하려는 의지와 능력을 갖추고 있다. 물론 모든 갈등이 몇몇 수단에 의해 완전히 제거될 수는 없다고 하더라도 갈등을 표면화시키고 감소시키는 데 크게 기여할 수 있을 것이다. 이를 위해서는 조직구성원들이 갖고 있는 불만이나 고충(grievance)을 공정하게 처리할 수 있는 절차를 구비하는 것이 필요하며, 이를 통해 조직구성원들의 근로의욕을 계속 유지해야 할 것이다.

## 5. 슈퍼비전

### 1) 슈퍼비전의 개념

슈퍼비전(supervision)을 어원 그대로 풀이하면 '위에서 내려 보다.', 즉 상급자의 하급자에 대한 감독 · 통제를 의미하지만, 슈퍼비전을 제공하는 사람인 슈퍼바이저(supervisor)의 역할은 슈퍼비전을 받는 슈퍼바이지(supervisee)를 지지하고, 용기를 북돋워 주며, 정보를 제공하고, 상대방의 말을 듣는 것이다

(Skidmore, 1995; 강종수, 2019).

또한 직무수행능력을 고취시키는 방법으로 직원들의 동기를 유발하는 방법 이외에 일반적으로 사회복지행정에서 많이 사용하는 방법이 슈퍼비전을 통한 직무수행능력의 고취이다. 사회복지분야에서는 사회복지사들은 서비스를 효과적으로 효율적으로 제공하기 위해서 계속적으로 지식과 기술을 발전시켜 나가야 하기 때문에 슈퍼비전이 필요하고, 서비스전달자의 업무수행을 발전시키기 위해서 도움을 제공하는 것이며 조직 내부에서 같은 전문직업적 업무수행에 있어서 직원들 간의 도움을 주는 것이라 할 수 있다.

## 2) 슈퍼비전의 분야와 기능

### (1) 슈퍼비전의 분야

슈퍼비전의 분야에는 행정적 슈퍼비전, 지지적 슈퍼비전, 교육적 슈퍼비전, 그리고 사례자문 슈퍼비전이 있다.

#### ① 행정적 슈퍼비전

행정적 슈퍼비전은 관리와 비슷한 의미로 해석, 기획, 인력관리, 조직화, 지도, 그리고 통제를 포함하는 것으로 아울러 직무할당, 검토나 감독, 의사소통, 상위직원과 하위직원 사이의 방벽으로서의 역할, 직원들을 그들이 수행할 과업에 일치시키는 것이다. 이를 통해 효율적으로 업무를 수행하며 사회복지행정 규정에 대한 정확한 이해를 돕는 역할을 한다.

#### ② 지지적 슈퍼비전

지지적 슈퍼비전은 사회복지영역에서 슈퍼바이저가 슈퍼비전을 받는 직원들에게 심리적인 지지를 제공하며, 이러한 지지에 힘입어 슈퍼비전을 받는 사회복지사 또는 직원들이 업무와 관련된 다양한 스트레스에 압도당하지 않고 직무를 계속 수행할 수 있게끔 하는 것을 의미한다. 아울러 지지적 슈퍼비전은 신뢰 형성, 관점 공유, 결정에 대한 책임 공유, 성공을 위한 기회 제공, 동료를 통한 지지 제공, 업무 관련 긴장 완화 등 업무에 만족감을 가질 수 있도록 지원한다.

③ 교육적 슈퍼비전

교육적 슈퍼비전은 슈퍼바이저가 교육자로서의 기능을 수행하는 것이다. 슈퍼바이저는 하급자들을 위해 계속적인 교육을 촉진하고, 직접적인 지시나 지도를 통해 하급자들이 성공적으로 업무를 수행할 수 있도록 교육자의 기능을 담당한다. 이와 같이 교육적 슈퍼비전은 업무능력의 개선, 경험과 지식의 공유, 정보제공, 가이드 제공, 조언, 제안, 문제해결 원조 등 사회복지사의 전문적 성장을 제고하는 데 많은 도움이 된다.

④ 사례자문 슈퍼비전

사례자문 슈퍼비전은 슈퍼바이저가 개별 사례를 다루는 데 있어서 또는 실천개입과 관련된 문제를 다루는 데 있어 구체적인 충고나 방향을 제시하는 것을 의미한다. 사례자문가로서 슈퍼바이저는 선배전문가로부터의 더 많은 경험과 상이한 관점이 필요한 어려운 상황을 인지할 수 있고, 때때로 선배전문가로부터 적절한 사례조언을 구할 수 없을 때는 조직외부에 있는 전문적인 자문가로부터 일회성의 조언을 구하는 것도 가능하다.

### (2) 슈퍼비전의 기능

슈퍼비전은 교수의 기능, 행정의 기능, 업무촉진의 기능을 가지고 있다(남기민 · 최성재, 2000).

① 교수의 기능

슈퍼비전은 하급자로 하여금 사회복지실천전문가로서의 태도를 확립하고 사회복지 전문지식과 실천기술에 대한 이해를 증진하는 것을 목표로 하는 교수의 기능을 가지고 있다. 슈퍼비전의 교수 내용에는 사회복지 윤리와 철학, 기관의 정책, 사회복지 전문 지식과 실천기술, 자기 인식, 기관 내외의 가용자원, 그리고 서비스의 우선순위와 시간관리 등이 포함된다.

② 행정의 기능

슈퍼바이저는 하급자로 하여금 업무의 질과 양의 측면에서 통일성과 효율성을 달성하기 위하여 행정적인 일을 돕는 역할을 한다. 행정기능에는 의사소통체계 연결, 직무수행의 책임성, 프로그램 평가, 사례의 배당 및 업무분담, 정서적인 지지, 그리고 각 조직구성원의 경험 이용에 관한 것이 포함된다.

③ 업무촉진의 기능

슈퍼바이저는 하급자들이 사회복지서비스 전달업무에 있어서 맡겨진 일을 스스로 노력하여 감당할 수 있도록 장애요소나 방해요소를 제거해 주고, 용기를 주며 지지해 주는 역할을 한다. 이러한 역할의 수행은 업무를 촉진하는 기능을 하며, 슈퍼바이저가 하급자를 일방적으로 이끌어가는 것이 아니라 하급자가 스스로 할 수 있도록 옆에서 도와주는 역할을 해야 한다.

### 3) 슈퍼바이저의 지위 및 조건

슈퍼바이저는 일선 사회복지사와 행정가 양쪽에 대해 책임을 지는 중간관리자로서 사회복지사를 통하여 클라이언트를 보다 잘 도울 수 있도록 원조한다. 슈퍼바이저는 행정가와는 다르게 기관 내 업무 환경과 기관에서 이루어져야 하는 업무 등과 관련되어 있다. 슈퍼바이저는 다음과 같은 조건을 갖추어야 한다.

- 전문직에 대한 지식과 기관에 대한 종합적인 지식을 갖추어야 한다.
- 자신이 클라이언트의 문제를 해결해 본 경험과 지식을 갖추고 있어야 한다.
- 기관, 하급자 등에 대한 헌신적인 사명감을 가져야 한다.

- 하급자에게 솔직한 태도를 가져야 한다.
- 감사와 칭찬으로 하급자의 동기를 유발해야 한다.

아울러 슈퍼비전 체계에서의 윤리는 한국사회복지사협회의 '사회복지사 윤리강령'에 준한다.

- 슈퍼바이저는 개인적인 이익추구를 위해 자신의 지위를 이용해서는 안 된다.
- 슈퍼바이저는 전문적 기준에 의해 공정하게 책임을 수행하며, 사회복지사 · 수련생 및 실습생에 대한 평가는 저들과 공유해야 한다.
- 사회복지사는 슈퍼바이저의 전문적 지도와 조언을 존중해야 하며, 슈퍼바이저는 복지사의 전문적 업무수행을 도와야 한다.
- 슈퍼바이저는 사회복지사 · 수련생 및 실습생에 대해 인격적 · 성적으로 수치심을 주는 행위를 해서는 안 된다.

# 6. 소진관리와 갈등관리

## 1) 소진관리

### (1) 소진의 개념

소진(burnout)이란 전에는 헌신적이었던 전문직업인이 직업에서 경험하는 스트레스와 고통들에 대한 반응으로 직무에서부터 멀어져 가는 과정을 말하며, 자기 직업에 대한 이상, 열정, 목적의식이나 관심을 점차적으로 상실하는 과정이다.

### (2) 소진의 단계

소진현상은 다른 집단에 비해 사회복지조직에서 종사하는 사회복지사의 경우에 두드러지게 나타나는데, 이러한 소진은 4단계를 거친다고 한다(신복기 외, 2019; 홍봉수 외, 2012).

① 열성의 단계

사회복지사가 자기 일에 대해 나름대로 열정을 가지고 많은 시간과 노력을 투자하는 단계이다.

② 침체의 단계

담당하고 있는 업무가 다른 모든 것을 대체할 만큼 투자의 가치가 없다고 느끼는 단계이다. 이 단계에서 사회복지사는 오히려 보수, 근무시간과 근무환경 등에 신경을 쓰고 개인적인 욕구충족을 중요시한다.

③ 좌절의 단계

사회복지사가 자신의 직무수행능력과 일 자체의 가치에 의문을 갖는 단계로, 클라이언트와의 직접적인 접촉을 피하고 피로, 두통, 복통 등의 경험을 호소하는 증상을 보인다.

④ 무관심의 단계

자신을 좌절로부터 방어하기 위해 냉담해지는 단계이다. 정신적 · 신체적으로 기권상태에서 클라이언트에게 무관심해지거나 그 직업을 떠나는 단계이다.

### (3) 소진관리전략

조직 수준에서 소진을 예방하기 위한 전략으로는 다음과 같은 것들이 있다(강용규 외, 2013).

- 소진을 가져오는 조직구조적 요인인 사회복지사의 직무수행에 있어서의 자율성과 통제권을 확대한다.
- 중요한 결정에 사회복지사의 참여기회를 보장하고 수직적 의사소통의 경로를 마련한다.
- 사회복지사 대 클라이언트 비율을 낮춘다.
- 정신적 · 정서적 부담이 가중될 때 타임아웃이 가능하게 한다.
- 개별 사회복지사의 장점을 살릴 수 있도록 조직에 융통성을 부여한다.
- 적절한 교육훈련의 기회를 정기적으로 제공한다.
- 일터의 물리적 환경을 개선한다.

## 2) 갈등관리

### (1) 갈등의 개념

일반적으로 갈등이란 조직의 한 단위가 다른 단위와 관계를 가지면서 자신들의 이익을 증진시키려는 과정 속에서 일어나는 행동으로 보는 견해도 있고, 조직의 한 단위가 다른 단위로부터 자신의 관심이 좌절되었거나 좌절될 것을 인식할 때 시작되는 과정으로 보는 견해도 있다. 또한 갈등을 한정된 자원이나 작업활동을 배분하게 될 때나 서로 다른 처지, 목표, 가치, 인지 등이 존재할 때 조직내에서 일어나는 불일치로 보는 견해도 있고, 대립되는 양자가 바라는 가치를 얻고 또한 그들의 경쟁자를 해치거나 제거하려는 의도에서 제한된 자원이나 힘, 또는 지위를 얻기 위해 투쟁하는 것이라고 보는 견해도 있다(오세영, 2018).

### (2) 갈등의 원인

갈등은 상호의존성, 제한된 자원, 목표의 차이, 지각의 차이, 지위 신분상의 불일치, 조직의 문화, 의사소통의 왜곡, 전문가에 대한 수요 증가 등으로 유발될 수 있는데, 자세한 내용을 살펴보면 다음과 같다.

① 상호의존성

상호의존성이란 두 개의 단위가 그들 각자의 과업성과를 위하여 협조, 정보교환, 동의, 기타 조정적 활동 때문에 상대방에 의존하게 되는 정도를 말한다. 이러한 상호의존성이 공동협력을 위한 유인을 제공하기도 하지만, 동시에 집단 간의 갈등의 기회도 제공한다.

② 제한된 자원

목표달성에 어떠한 자원 또는 수단을 동원할 것인가, 그리고 제한된 자원을 누가 차지할 것인가에 대하여 행동 주체 간에 의견이 일치하지 않고 경쟁이 생기면 갈등이 발생한다.

③ 목표의 차이

둘 이상의 행동 주체가 서로 양립할 수 없는 목표들을 동시에 추구할 때 승패의 상황이라는 갈등 상황이 조성될 수 있다.

④ 지각의 차이

지각의 차이를 가져오는 요인으로는 사람의 가치관, 경험, 시간적 안목, 지위, 역할, 목표 등을 들 수 있다.

⑤ 지위 신분상의 불일치

지위 신분상의 불일치가 있는 곳에, 그리고 지위 신분상의 계층에 변화가 일어났을 때 갈등이 촉진된다. 예를 들면, 근속 연수, 나이, 교육 수준, 급여 수준 등이 여기에 포함된다.

⑥ 조직의 분화

플라스틱회사, 컨테이너회사 및 식료품 회사에 관한 연구에서 조직의 분화가 갈등의 원인이 됨을 발견한 바 있다.

⑦ 의사소통의 왜곡

갈등의 원인으로서 자주 인용되는 것으로서, 정보가 계층을 따라 위아래로 통과하는 과정에서 그 정보는 모호해지거나 왜곡되기 쉽다.

⑧ 전문가에 대한 수요 증가

오늘날 계선(line)과 참모(staff)의 차이는 집단 간 갈등의 가장 일반적인 형태이다. 조직의 모든 영역에서 기술적 전문지식의 필요성이 증대되고 참모(전문가)의 역할이 확대됨에 따라 계선과 참모 간의 갈등이 생기게 되었다.

### (3) 갈등관리전략

토마스(Thomas, 1976)는 갈등해결 방안으로 다섯 가지, 즉 회피, 순응, 경쟁, 타협, 협력을 제시하였다.

① 회피

회피(avoidance)는 단지 갈등으로부터 물러서거나 참는 것을 말한다. 갈등이 대단하지 않을 때, 감정이 고조됨에 따라 감정을 가라앉힐 시간이 필요한 때 또는 단호한 조치를 통한 해결이 더 큰 문제를 초래하게 될지도 모르는 상황에 적합하다.

② 순응

순응(accommodation)은 다른 사람의 필요나 관심을 자신의 것보다 중요시함으로써 조화로운 관계를 유지하는 것을 목표로 하는 방법이다. 이는 갈등 상황에 있는 문제가 개인에게 그다지 중요하지 않을 경우에, 또는 나중에 있을 문제를 위해서 신뢰를 쌓기를 원할 때 가장 바람직하다.

③ 경쟁

경쟁(competition)은 개인이나 다른 사람의 희생을 통해서 자신의 필요를 충족시키는 경우에 야기된다. 경쟁은 받아들일 수 없는 해결안이 제시되어야 하거나, 결정에 대한 상대방의 반응이 영향력을 미치지 못하지만 중요한 사안에 대한 신속한 해결안이 필요할 경우에 효과적이다.

④ 타협

타협(compromise)은 당사자 모두에게 중요한 일부에 대한 포기를 요구한다. 타협은 갈등 당사자가 거의 동등한 힘을 지니고 있으며, 복잡한 문제에 대한 일시적 해결안을 얻어내는 것이 바람직할 때 혹은 시간적 압박이 있는 가운데 조속한 해결을 요구할 때 가장 이상적인 대안이다.

⑤ 협력

협력(collaboration)은 궁극적으로 자신과 상대방 모두에게 이득이 되는 해결방안이다. 협력은 시간적인 압박이 거의 없으며, 모든 당사자들이 진지하게 서로 이득이 되는 해결방안을 원할 때, 그리고 갈등이 나타나고 있는 문제의 중요성이 타협할 수 없을 만큼 큰 경우에 유용하다.

제10장

# 재정관리



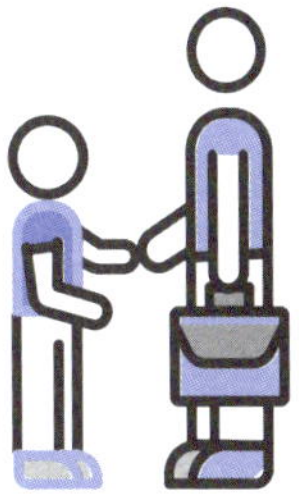

# 1. 재정관리의 개념과 중요성

## 1) 재정관리의 개념

일반적으로 재정관리란 국가 또는 지방자치단체를 비롯하여 사회복지기관, 기타 공공기관에서 조직의 목표달성을 위해 필요한 재원을 합리적이고 계획적으로 동원·배분하고 이를 효율적으로 사용·관리하는 제반 경제활동이라고 할 수 있다(강종수, 2019; 배은영 외, 2012). 재정관리는 물적자원의 동원에 해당하는 세입과 자원의 활용을 의미하는 지출로 구분되며, 사회복지조직에서는 사회복지행정가가 주도하여 재무 계획, 기금 조성, 부채관리, 예산편성, 지출 통제와 관련한 일들을 담당한다(강종수, 2019).

아울러 사회복지조직에서의 재정관리는 조직의 목표달성을 촉진하고, 법률, 전문직의 윤리 및 지역사회의 수준과 일치하는 방향에서 재원과 다른 부족한 자원을 통제하고 계획적으로 사용하는 것이다(신복기 외, 2005).

한편, 재정관리는 [그림 10-1]과 같이 예산 편성, 예산 집행, 그리고 결산의 과정을 거쳐서 이루어진다.

[그림 10-1] 재정관리의 과정

## 2) 재정관리의 중요성

사회복지조직은 어떻게 부족한 재원을 통하여 얼마나 효율적으로 사업을 집행하며 재정을 사용하는 것이 매우 중요하다. 그러한 점에서 재정의 관리와 통제는 사회복지행정에서 가장 중요한 부문이라 할 수 있다. 아울러 사회복지조직에 있어서 재정관리는 필요한 재원을 합리적이고 계획적으로 동원·배분하고, 이를 효율적으로 사용·관리하는 과정으로 사회복지서비스를 실시함에 있어 그 양과 질의 향상을 좌우하는 중요한 의의를 갖는다(배은영 외, 2012).

이와 같이 재정관리는 사회복지기관·시설의 관리 과정을 구성하고 있는 가장 중요한 요소 중 하나로서 사회복지행정에 있어서 부족한 자원을 확보하고 분배하고 조정하는 업무는 필수적인 것이다. 따라서 기관을 운영할 책임을 갖고 있는 관리자는 재원의 확보와 재정을 관리할 책임을 지게 된다(배은영 외, 2012).

### 3) 사회복지조직 재정의 특성

사회복지조직의 가장 큰 특징 중의 하나는 자원의존성이 강한 것이다. 자원 중에서도 재원에 대한 의존성이 높은 편이어서, 사회복지조직들은 편성되는 예산에 따라 사업을 진행할 수 있게 된다. 따라서 사회복지조직의 행정가들은 항상 안정적인 재원확보를 위한 노력에 많은 신경을 쓰게 되며 재원확보의 구조와 과정은 사회복지조직구조 및 형태, 의사결정과정에도 상당한 영향을 미친다.

한편, 비영리기관으로서 사회복지조직들은 영리적인 이윤을 추구할 수 없기 때문에 모금활동과 같은 외부적 재원확보 노력에 많은 시간과 자원을 투자할 수밖에 없다. 하센펠트(Hasenfeld, 1992)는 사회복지조직과 재원과 관계에 관한 주요 특징을 다음과 같이 제시하고 있다.

첫째, 사회복지조직은 일반적으로 재원의 지속적인 조달을 직접적으로 통제할 수도 없고 통제하려 하지도 않는다. 사회복지조직은 법적으로 위임된 서비스라 할지라도 재정할당정도를 스스로 정할 수 없고, 입법기관에서 정해 주어야 한다.

둘째, 사회복지조직은 매우 다양한 재원을 갖는다. 즉, 정부보조금, 재단지원금, 협찬후원금, 개별기부금, 서비스 요금, 수익사업 이익금, 기타 행사 등의 수입이다.

셋째, 다양한 원천으로부터 재원을 확보하기 위해 사회복지조직은 특별한 업무를 수행해야 한다. 즉, 재단에 사업제안서(proposal)를 쓰거나, 정부와 계약관계를 맺고, 기부자에게 후원금을 요청하거나, 공동모금회 회원단체들과 연대하여 모금행사에 참여하고 클라이언트에게 요금을 지불하도록 마케팅하고, 기부금품을 모집하거나 접수받고 특별행사를 조직화하는 등의 다양한 재원확보전략을 추진해야 한다.

## 2. 예산 편성

### 1) 예산의 개념과 의의

#### (1) 예산의 개념

예산(budget)은 일정 기간에 걸쳐 계획된 지출과 그 지출을 위한 자금 조달 계획으로, 일반적으로 다음 1년간 조직의 목표를 금전적으로 표시한 것을 말한다. 예산은 수입·지출의 종류 및 금액을 계통적·조직적으로 편성한 예정적 계산이며, 사업 계획의 내용과 방향을 계수적으로 표시하여 재정의 규모, 내용 및 방향을 알 수 있게 해준다.

사회복지조직의 예산 수립과 관련하여 현재 공공 사회복지조직은 「국가재정법」의 적용을 받고, 민간 사회복지조직은 「사회복지법인 및 사회복지시설 재무·회계 규칙」의 적용을 받아 전국적인 통일성과 행정의 표준화를 기하고 있다(강종수, 2019).

#### (2) 예산의 의의

예산의 의의는 형식적 의미와 실질적 의미의 두 가지 측면에서 파악될 수 있다. 실질적 의미의 예산이란 법인과 시설의 재정수요와 이에 충당하는 재원을 추정하여 작성한 1회계연도에 있어서의 세입·세출의 예정계산서를 말한다. 즉, 법인과 시설의 예산은 법인과 시설의 연간 수입과 지출을 추정하여 작성한

계획서이다.

예산의 효력은 세입예산에 따라 다르나, 세입예산은 세출예산의 재원으로서의 세입의 예정인 것이며, 세입예산의 범위 내에서 징수 · 수납하는 것은 아니다. 반면에 세출예산은 법인과 시설에서 지출할 수 있는 최고한도를 표시한 것으로 이를 초과하여 집행할 수 없다.

### 2) 예산의 종류

예산은 성질, 대상, 시기에 따라서 다음과 같이 분류된다.

#### (1) 성질에 따른 분류

① 일반회계

일반회계는 일반적인 국가 또는 민간기관의 활동에 관한 세입과 세출을 총망라하여 편성한 예산을 말한다.

② 특별회계

특별회계는 특정한 세입이나 자금으로 특정한 세출(사업)을 충당함으로써 일반적인 세입 · 세출과 구분하여 경리하는 회계를 말한다.

#### (2) 대상에 따른 분류

① 법인회계

법인회계는 법인 업무 전반에 관한 회계를 말한다.

② 시설회계

시설회계는 법인이 설치 · 운영하는 사회복지시설에 관한 회계를 말한다.

③ 수익사업회계

수익사업회계는 법인이 수행하는 수익사업에 대한 회계를 말한다.

### (3) 시기에 따른 분류

① 본예산

본예산은 예산 수립 절차에 따라 확정된 예산을 말한다.

② 수정예산

수정예산은 수립 과정에서 필요에 따라 일부 수정한 예산을 말한다.

③ 추가경정예산

추가경정예산은 예산이 성립되고 회계연도가 개시된 후에 변경이 필요해서 추가로 편성한 예산을 말한다. 「사회복지법인 및 사회복지시설 재무 · 회계 규칙」 제13조 규정에 따르면 법인의 대표이사 및 시설의 장은 예산성립 후에 생긴 사유로 인하여 이미 성립된 예산에 변경을 가할 필요가 있을 때에는 추가경정예산을 편성할 수 있도록 하고 있다. 법인의 대표이사 및 시설의 장은 추가경정예산이 확정된 날로부터 7일 이내에 이를 시장 · 군수 · 구청장에게 제출하여야 한다.

④ 준예산

준예산은 회계연도 개시 전까지 법인 및 시설의 예산이 성립되지 아니한 때에 전년도에 준하여 집행하는 예산을 말한다. 「사회복지법인 및 사회복지시설 재무 · 회계 규칙」 제12조의 규정에 따르면 회계연도 개시 전까지 법인의 예산이 성립되지 아니한 때에는 대표이사가 시장 · 군수 · 구청장에게 그 사유를 보고하고, 예산이 성립될 때까지 임 · 직원의 보수, 법인 및 시설운영에 직접 사용되는 필수적인 경비, 법령상 지급의무가 있는 경비에 한하여 전년도 예산에 준하여 집행할 수 있다.

### 3) 예산 편성의 성격과 원칙

#### (1) 예산 편성의 성격

① 정치적 과정

예산 편성은 자원배분이 초점이 되는데, 이러한 자원배분에 대한 의사결정은 정치적으로 이루어지므로 정치적 과정이라고 할 수 있다.

② 프로그램 기획 과정

예산 편성은 조직의 목표달성을 위한 프로그램을 수행하기 위한 것이고, 예산편성 과정은 목표 설정, 대안개발 및 기대효과 분석, 효과성 평가기준 설정 등의 프로그램 기획 절차와 병행 · 통합되므로 프로그램 기획 과정이라고 할 수 있다.

③ 프로그램 관리 과정

예산 편성은 조직의 관리자가 조직 각 단위의 활동과 그 책임자 및 시행일정 등을 검토하므로 프로그램 관리 과정이 된다.

④ 회계 절차

예산서는 회계 담당자가 자금의 내적 및 외적 흐름을 통제하고 재정활동을 승인하는 근거가 되므로 예산 편성은 회계절차의 성격을 가진다.

⑤ 인간적인 과정

예산은 클라이언트와 예산을 집행하는 조직성원, 지역사회인들에게 커다란 영향을 미치게 되므로 예산 편성을 잘하려면 이들과 접촉하여 대화하는 기회를 가질 필요가 있기 때문에 예산 편성은 인간적인 과정이라 할 수 있다.

⑥ 미래를 변화시키는 과정

예산은 장래의 활동계획에 대한 재정계획이므로 미래의 목표를 새로 설정할 수 있고, 이에 따른 새로운 활동을 할 수 있기 때문에 미래를 변화시키는 과정이 된다는 것이다.

### (2) 예산 편성의 원칙

사회복지조직에 있어 예산의 원칙은 예산의 편성과 집행 및 결산에 있어 개별 사회복지법인 및 시설이 자의적으로 운영하지 않도록 「사회복지법인 및 사회복지시설 재무 · 회계 규칙」에 의하여 전국적인 통일성과 행정의 표준화를 기하고 있다. 이와 함께 예산의 편성에 있어서 준수되어야 할 원칙들을 제시하고 있는데 그 내용은 다음과 같다(이상구 외, 2009).

① 공개의 원칙

예산의 편성 · 심의 · 집행과정의 주요 단계는 공개되어야 한다.

② 명료성의 원칙

예산은 모든 국민이 이해할 수 있도록 편성되어야 한다.

③ 포괄성의 원칙

예산은 총계주의 원칙에 입각하여 모든 세입, 세출을 포함해야 하며, 해당 조직의 모든 활동을 나타내야 한다.

④ 예산통일성의 원칙

모든 세입은 하나의 일반기금으로 납부되고 여기서 모든 세출이 나와야 한다. 이 원칙은 세입과 세출 간에 특별한 직접적인 관계가 있는 경우 등을 제외하고는 특정한 세출과 세입이 직결되는 것을 금지한다.

⑤ 명세성의 원칙

예산수지는 구체적, 명세적으로 제시되어야 하며, 특별한 경우 외에는 예산의 이용과 전용은 금지되어야 한다.

⑥ 사전승인의 원칙

예산은 사전에 이사회의 심의 · 의결을 받아야 한다.

⑦ 정기성의 원칙

지출권한을 일정기간에 한하여 부여하여야 한다. 이 기간이 끝날 때까지 사용되지 않은 예산은 효력을 상실하든지 금액과 용도를 정하여 이사회의 재의결을 받아야 한다.

⑧ 정확성의 원칙

예산의 추계는 가능한 한 정확해야 하며, 세출을 과다하게 적산하거나 세입의 과소추계에 의한 은폐된 재원이 존재해서는 안 된다.

## 4) 예산 편성의 과정 및 내용

### (1) 예산의 편성권

재정계획의 목표와 내용을 숫자로 표현한 예산은 법인 이사회의 의결 및 시설운영위원회에의 보고를 거쳐 확정되지만(다만, 법인이 설치운영하는 시설인 경우에는 시설운영위원회에 보고한 후 법인 이사회의 의결을 거쳐 확정함), 그 과정에서 실질적으로 중요한 것은 예산안이다. 사회복지법인의 경우에는 「사회복지법인 및 사회복지시설 재무 · 회계 규칙」 제10조에 따라 법인의 대표이사 및 시설의 장이 예산편성권을 행사한다.

### (2) 예산 편성 절차

법인의 대표이사 및 시설의 장은 확정한 예산을 매 회계연도 개시 5일 전까지 관할 시장 · 군수 · 구청장에게 제출(정보시스템을 활용한 제출 포함)하여야 한다. 아울러 예산에는 다음의 서류가 첨부되어야 한다.

- 예산총칙
- 세입 · 세출 명세서
- 추정재무상태표
- 추정수지계산서
- 임직원 보수 일람표
- 예산을 의결한 이사회 회의록 또는 예산을 보고받은 시설운영위원회 회의록 사본

### (3) 예산의 내용

예산의 내용은 세입(모든 수입)과 세출(모든 지출)로 구성되며, 세입과 세출은 모두 예산에 계상되어야 한다. 세입은 주로 사업수익, 보조금, 후원금 등으로 구성되고, 세출은 사무비, 재산조성비, 사업비 등으로 구성된다.

### (4) 예산 편성 요령

법인의 대표이사와 시설의 장은 예산 편성 요령을 정함에 있어 다음의 사항을 고려해야 한다(서울복지재단, 2010).

① 일반 사항

- 「사회복지법인 및 사회복지시설 재무 · 회계 규칙」 등 관련 법규, 지침 등을 준수해야 한다.
- 법인전입금, 후원금, 공모사업 지원금 등 시설 자체의 세입재원 확충을 위한 노력을 강화해야 한다.

- 법인과 시설회계의 예산을 구분하여 편성하고, 사업계획에 근거하여 수입 및 지출예산을 편성한다.
- 시설에서 발생하는 모든 수입과 지출은 반드시 예산에 계상하여야 한다.
- 예산규모는 전년도 또는 수 개년 분의 실적을 검토한 후에 익년도 물가 상승률을 추가하여 고려하여 추정하되, 과거 실적과는 상관없이 제로베이스(Zero-Base)에서 편성할 수도 있다.
- 정부 및 지방자치단체의 보조금이 얼마인지를 확인하고 편성한다. 통상 정부 또는 지방자치단체의 내년도 예상계상 신청지침을 참조하여 예산 편성 요령을 정하되, 시 · 군 · 구의 특별한 지침이 없으면 소속 법인의 예산 편성 요령에 준하여 예산을 편성한다.

② 세입 관련 사항

- 세입예산은 재원별, 성질별로 관 · 항 · 목으로 구분하여 편성한다.
- 주요 세입 재원은 정부 · 지방자치단체의 보조금, 법인전입금, 후원금, 각종 공모사업 지원금, 설비 이용료 수입, 불용재산 매각수입, 각종 잡수입(자판기 수입 등) 등으로서 모든 수입을 누락 없이 편성하여야 한다.
- 보조금 수입은 각 보조사업별로 명확히 구분해야 한다.

③ 세출 관련 사항

- 세출예산은 경비의 성질과 기능을 고려하여 관 · 항 · 목으로 구분 편성한다. 특히, 본예산에 편성해야 할 경비들을 추가경정예산을 전제로 누락하지 않았는지 점검한다.
- 일반적으로 세출예산은 사무비(인건비, 업무추진비, 운영비), 재산조성비, 사업비, 전출금, 과년도지출, 반환금, 예비비, 잡지출 등으로서 누락된 과목이 없는지 확인한다.
- 업무추진비 등 소모성 경비 증가를 억제하고, 불요불급한 사업은 예산편성 단계에서 삭감조정하며, 사업추진 및 시설운영에 직접 필요한 예산을 우선

적으로 편성한다.

- 정부, 지방자치단체, 법인, 시설의 역점사업에 우선권을 부여한다. 사업비는 사업계획서에 근거하여 지출 예산을 편성한다.
- 신규 사업을 발굴하여 유사사업은 통·폐합하도록 한다.
- 지출단가에 대한 정부 및 지방자치단체의 지침이 있는 경우(가령, 인건비)에는 이를 적용시킨다. 보조금 이외에 법인이 자율적으로 부담하는 인건비성 경비는 법인전입금 항목에 편성한 후 집행함으로써 보조금과 법인전입금의 구분을 명확히 한다.
- 지출단가에 대한 지침이 없는 경우, 조달청 가격 또는 한국물가정보에서 발행하는 월간종합물가정보지를 참조하거나, 시장 조사를 통해 결정할 수 있다.
- 여비, 수용비, 수수료, 공공요금, 제세공과금, 연료비, 차량유지비 등의 운영비는 전년도 실적을 분석하여 낭비요인 제거 등 절감할 수 있는 부분이 있는지를 우선적으로 검토하고, 각종 사업단가의 인상을 통제함으로써 예산절감을 유도한다.
- 예산 편성 집행 단계에서 중복·과잉투자를 방지한다.

### 5) 예산수립 유형

전통적으로는 품목별 예산이 가장 많이 사용되었지만 최근 품목별 예산이 기관이 제공하는 프로그램의 특징, 우선순위, 효과성, 효율성 등을 반영하지 못하고 있다는 비판이 있어 다른 예산 편성방식들을 사용한다. 품목별 예산, 프로그램 예산, 수행력 예산, 성과주의 예산, 프로그램 기획과 예산 체계(Program Planning and Budgeting System: PPBS), 영기준예산 등이 있는데 프로그램 예산과 수행력 예산은 동일한 것으로 분류하고, 성과주의 예산도 프로그램 예산이나 수행력 예산과 비슷하게 분류된다. 성과주의 예산과 프로그램 예산은 둘 다 프로그램에 관한 보다 많은 정보를 주는 것으로 설계된다는 특징이 있다. 프로그램 예산은 프로그램의 목표를 성취하는 데 들어가는 비용을 살피는 것이고, 성과주의 예산은 기관이 제공하는 서비스나 재화의 비용을 살피는 것이다. 프로그램 기획과 예산체계(PPBS)는 복잡성으로 인해 사회복지조직에서는 거의 사용되지 않고 있는 예산 편성 방식이며, 영기준예산은 공적사회복지기관(정부조직)에서 주로 사용되는 예산 편성 방식이다.

### (1) 품목별 예산(Line-Item Budget: LIB)

품목별 예산은 다음 해의 계획된 총비용을 보여주기 위해 사용되는 예산 형식으로, 그 기관의 다양한 수입과 지출목록들이 명시되고 각 목록마다 예상되는 금액을 명시하여 단순하게 목록화하는 것이다. 품목별 예산은 정부와 비영리조직 예산에서 가장 기본적이며 널리 사용되는 예산 형식으로 사회복지기관에서 가장 많이 사용하고 있다. 이는 기관운영을 위해 필요한 예산을 수입과 지출의 항목별 또는 지출 항목별로 구체적으로 제시하는 예산 편성 방법으로, 수입과 지출이 단일항목별로 구분되어 나타나는 경우에는 총지출과 총수입이 반드시 일치해야 한다. 품목별 예산은 기관이 무엇을 하는지를 나타내지 않고 어떻게 돈이 사용되었는지를 나타낸다.

#### ① 장점

품목별 예산의 장점은 다음과 같다.

- 전체 예상 지출 항목들을 수직으로 나열하여 사용하기에 간편하고 단순하다.
- 지출 근거가 명확하므로 예산 통제에 효과적이다.
- 지출이 예산 항목별로 정리되어 회계에 유리하다.

#### ② 단점

품목별 예산의 단점은 다음과 같다.

- 전년도 예산을 기준으로 하여 예산 증감의 신축성이 없다.
- 예산 증감 기준의 타당성이 희박하고, 그 비용의 사용 근거를 알 수 없다.
- 프로그램 목표나 내용, 결과 등과 연결성이 없기 때문에 프로그램의 사회적 책임성이라는 요구를 충족시키기 어렵다.

### (2) 성과주의 예산(Performance Budget: PB)

성과주의 예산은 기능주의 예산(Functional Budget) 또는 프로그램 예산(Program Budget)이라고도 한다. 사회복지조직에서 구입하는 물품, 용역보다 수행하는 프로그램 업무에 중점을 두는 관리 지향의 예산형식이라 할 수 있다. 이는 기관이 제공하는 구체적인 프로그램의 비용을 포함해서 구체적인 서비스나 재화의 비용을 강조하는 예산 편성 방법이다. 즉, 성과주의 예산은 조직의 활동을 기능별 또는 프로그램별로 구분한 후에 다시 세부프로그램으로 나누고 각 프로그램의 단위 원가에 업무량을 곱한 금액을 예산액으로 표시하여 편성하는 예산을 말한다.

품목별 예산자료와 함께 각각의 프로그램 자료와 전체 기관을 운영하는 데 필요한 행정서비스 자료를 합쳐서 예산을 작성한다. 이는 단순한 품목별 예산을 더 이상 강조하지 않아도 되고, 총 프로그램 비용이 계산되기 때문에 각각의 프로그램의 서비스 단가비용을 계산할 수 있어 프로그램 설계 시에 필요한 자료를 얻기 위해서도 기능적 예산 편성 방식을 사용할 수 있다.

#### ① 장점

성과주의 예산이 가지고 있는 장점은 다음과 같다.

- 프로그램의 목표와 운영에 대한 모니터링이 가능하다.
- 성과물이 예산 할당의 기준이 되기 때문에 프로그램의 효율성을 기할 수 있다.
- 단위원가를 계산하여 합리적 자금배분이 가능하다.

② 단점

성과주의 예산이 가지고 있는 단점은 다음과 같다.

- 직접비용과 간접비용을 계산해야 하므로 범위를 정하는 것이 쉽지 않다.
- 비용산출의 단위(시간, 횟수, 클라이언트 수) 설정과 단위원가를 책정하는 데 어려움이 있다.
- 단기적으로 성과가 드러나는 사업이나 성과를 명확하게 측정할 수 있는 사업에 대해서 예산 배분이 치중될 수 있다.

### (3) 계획예산(Planning Programming Budget System: PPBS)

계획예산의 대표적인 형태인 PPBS(Planning Programming Budgeting Systems)는 장기적인 기획 수립과 단기적인 예산편성을 유기적으로 관련시킴으로써 자원배분에 관한 의사결정을 합리적으로 일관성 있게 행하려는 예산 형식이다. 즉, 당해 연도의 사업계획과 이를 뒷받침하는 예산을 통합하여 편성하는 예산방식이다.

이 예산방식은 목표와 사업을 분명히 하고 장기적인 사업계획의 바탕 위에 이루어지기 때문에 사업계획과 예산 편성의 괴리를 막을 수 있고 사업의 효과성을 높일 수 있다. 그러나 목표 설정 과정이 용이하지 않고 결과에만 치중하므로 과정을 등한시하고 의사결정이 중앙집권화되는 문제점이 있다.

① 장점

계획예산이 가지고 있는 장점은 다음과 같다.

- 조직목표와 프로그램을 보다 정확하게 파악할 수 있다.
- 여러 목표 가운데 가장 긴급한 것을 선택할 수 있다.
- 목표달성을 위한 효율적인 수단의 분석이 가능하다.
- 자금 분배를 합리적으로 할 수 있다.

- 장기적 프로그램 계획에 대한 객관적 신뢰도가 높다.
- 조직의 통합적 운영이 편리하다.

② 단점

계획예산은 다음과 같은 단점을 가지고 있다.

- 목표 설정에는 여러 가지 이해관계 및 정치적 요인이 개입되므로 합리적인 목표 설정이 어렵다.
- 최고책임자에게 권한을 집중시키는 경향이 있다.
- 달성되는 효과의 정량화가 곤란하다. PPBS는 산출 · 효과의 계량화에 중점을 두고 있는데 공공사업의 경우 대체로 계량화가 곤란하다.

### (4) 영기준예산(Zero Based Budget: ZBB)

영기준예산은 전년도의 사업이나 관행에 구애받지 않으면서 계속프로그램 또는 신규프로그램의 정당성을 매년 새롭게 마련하여, 영(zero)에서부터 출발하여 업무계획을 수립하고 채택된 프로그램에 관해서만 예산을 편성하는 방식이다. 조직은 모든 사업을 매년 처음 시작한다는 전제하에서 매년 사업의 필요성에 대한 정당성을 제시하고 다른 사업과의 경쟁적 기반 위에서 우선순위를 정하여 예산을 편성한다.

이 예산 편성 방식의 특징은 집중적 예산 편성, 예산의 효율성 제고, 상향적 의사결정, 목표의 효율적인 성취에 중점을 둔다는 것과 함께 어떠한 목적을 세울 것인가에 최대의 관심을 기울이며, 기존의 프로그램이라고 해서 높게 평가하지 않는 것에 있다.

① 장점

영기준예산은 다음과 같은 장점을 가지고 있다.

- 재정운영, 자금배정의 탄력성을 유지할 수 있다.
- 하의상달의 촉진으로 사업의 효과성을 향상시킨다.
- 관리자의 참여를 확대시킨다.
- 자원배분의 합리화를 기할 수 있다.
- 프로그램의 효율성과 효과성을 기할 수 있다.

② 단점

영기준예산은 다음과 같은 단점을 가지고 있다.

- 사업의 축소와 폐지가 쉽지 않아 장기계획에 의한 프로그램 수행이 곤란하다.
- 목표 설정 기능과 계획 기능이 위축된다.
- 업무부담의 과중 및 분석기법의 적용한계 등을 들 수 있다.

## 3. 예산 집행

### 1) 예산 집행의 개념

예산의 집행이란 이사회의 심의 · 의결을 거쳐, 최종 확정된 세입 · 세출 예산안을 담고 있는 정책 목표와 프로그램을 성취하는 데 필요한 수입을 조달하고 경비를 지출하는 일체의 재정활동을 의미한다. 수립된 예산을 적절하게 집행해야만 사회복지조직의 목표를 효과적으로 달성할 수 있을 뿐만 아니라 투명성을 높일 수 있다. 조직의 신뢰성을 높이는 차원에서 예산 집행 시 예산안을 심의 · 확정한 본래의 의도를 충실히 구현하여 세출예산을 집행할 때에는 원칙적으로 예산에 표시된 목적과 금액범위 내에서 지출해야 한다. 그러나 애초에 정해진 예산 그대로 집행하기 어려운 경우가 있으므로 예산 집행상 필요하다면 미리 예산총칙에 명시한 예산 전용, 세출예산의 이월 등을 통해 신축적으로 예산을 집행할 수도 있다(강종수, 2019). 아울러 예산의 집행 시 예산과목 내역에 따라 집행해야 하고, 법적 근거에 따라 집행해야 하며, 시설 기준에 따른 집행이 이루어져야 한다(서울복지재단, 2010).

### (1) 예산과목 내역에 따른 집행

모든 예산은 예산과목의 내역, 즉 목적과 금액 범위 내에서 집행되어야 한다. 예를 들어, 차량 유류비는 시설의 공무용 차량을 위하여 지출하도록 되어 있음에도 불구하고 시설장 개인차량의 유류대금으로 집행이 되었다면, 이는 부적절한 집행이 되며, 「사회복지법인 및 사회복지시설 재무 · 회계 규칙」 제15조 '예산 목적 외 사용금지의 규정'에 위배되는 것이다.

만약 예산이 부족하거나 없는 경우에는 지출행위 또는 지출원인행위(주로 계약) 전에 반드시 추가경정예산을 편성하거나 예산을 전용하는 등 예산 확보 후 집행하여야 한다. 확보된 예산액보다 초과해서 지출하거나 예산확보 없이 지출하는 것은 예산운영과 지출명령을 부적정하게 처리하게 됨은 물론, 예산질서를 어지럽히는 행위가 된다.

### (2) 법적 근거에 따른 집행

예산의 집행은 반드시 법적 근거에 따라 집행되어야 한다. 우선 관련 법령이 있는지를 검토하고 세법 등 관련 법령이 있는 경우에는 이를 적용해야 한다. 특히 급여 및 수당에 대한 지급은 반드시 해당 법규 및 지침에 근거한 집행이 되어야 한다. 인건비 중 건강보험(「국민건강보험법」) · 국민연금(「국민연금법」) · 산재보험(「산업재해보상보험법」) · 고용보험(「고용보험법」)의 사용자부담금은 법적 근거에 의거하여, 정액급식비, 체력단련비, 교통비 등의 기타 수당은 시설 내부 규정에 따라 예산을 집행하되, 근거서류 유지관리에 주의를 기울여야 한다.

#### (3) 시설 기준에 따른 집행

교육 강사료와 각종 회의 참석 수당은 시설의 실정에 맞게 기준(법인 대표이사 또는 시설장의 방침)을 마련한 후 예산을 편성하고 집행하여야 한다.

### 2) 예산 집행 통제의 방법

예산 집행을 통제하는 방법에는 분기별 할당, 지출의 사전 승인, 지출 취소, 정기적 보고, 대체, 지불 연기, 차용 등이 있다.

#### (1) 분기별 할당

분기별 할당은 수입 혹은 지출이 특정 시기에 집중될 수 있으므로 예산의 수립과 지출을 분기별로 조정하여 수지의 균형을 유지하도록 한다.

#### (2) 지출의 사전 승인

일정액 이상의 지출을 할 경우 관리자의 사전 승인을 받도록 한다. 통상적으로 액수에 따라 중간관리자 혹은 기관장의 승인 여부가 정해져 있다. 수입과 지출의 균형 유지에 도움이 되고 승인을 미루어 지출을 억제할 수도 있다.

#### (3) 지출 취소

예상된 수입이나 인가되지 않거나 입금되지 않을 경우에는 자금 지출을 잠정적으로 또는 영구적으로 취소할 수 있다.

#### (4) 정기적 보고

관리자는 월별, 분기별로 재정 현황을 보고받아 검토하고, 법인이나 행정 관청에 정기적으로 보고해야 한다.

#### (5) 대체

회계연도 말에 사업별 또는 계정별로 과다 지출되거나 과소 지출된 경우에는 과다 지출분을 과소 지출분으로 충당하기 위해 관리자의 승인을 받아 대체한다.

#### (6) 지불 연기

지불할 돈을 의도적으로 적당한 방법을 동원해 연기함으로써 수입 예산이 입금되기까지 여유를 가질 수 있다.

#### (7) 차용

수입이 없는 상태에서 불가피한 지출을 위해 은행 등 금융기관이나 관련 단체로부터 자금을 빌릴 수 있다.

### 3) 예산 통제의 원칙

재정관리에는 예산 집행에 대한 관리가 반드시 포함되어야 한다. 예산의 집행은 수입과 지출에 관한 단순한 관리나 통제로서의 의미만 가지는 것이 아니고 회계의 통제, 프로그램관리 통제, 인사관리의 통제라는 의미도 있다. 이와 같이 사회복지조직은 다음의 예산 통제 원칙에 입각하여 예산을 집행해야 한다.

#### (1) 개별화의 원칙

재정통제 체계는 개별기관 그 자체의 제약조건, 요구사항 및 기대사항에 맞게 고안되어야 한다.

#### (2) 강제의 원칙

재정통제 체계는 강제성을 띠는 어떤 명시적인 규정이 있어야 한다. 강제성이 없는 규칙은 효과성이 없다. 강제성은 때로는 개별성을 무시할 수 있으나 규칙의 동일한 적용을 통한 공평성과 활동을 공식화하는 것이다.

### (3) 예외의 원칙

규칙에는 반드시 예외상황을 고려하여야 하고, 그러한 상황에 적용되는 다른 규칙도 명시되어야 한다.

### (4) 보고의 원칙

통제 체계는 보고의 규정을 두어야 한다. 재정활동에 대한 보고의 원칙이 없으면 재정 관련 행위를 공식적으로 감시하고 통제할 수가 없다. 예를 들면, 예산의 남용이나 개인적 유용, 항목변경 등의 사실들이 있는데도 보고되지 않으면 재정활동에 큰 문제가 생길 수 있는 것이다.

### (5) 개정의 원칙

규칙은 많은 경우 일정한 기간 동안만 적용할 수 있도록 제한되어 있거나, 적용할 때 부작용이 나타날 경우를 대비하여 일정한 기간이 지난 후에는 규칙을 새로 개정할 수 있어야 한다. 예를 들면, 여비, 연료비 등은 물가상승과 연계되어 있으므로 일정기간마다 개정되어야 한다.

### (6) 효율성의 원칙

통제에는 시간과 비용이 많이 드는 경우가 있다. 통제는 비용과 노력을 최소화하는 정도에서 이루어질 수 있어야 한다. 예를 들어, 보고서의 수를 많게 하거나 통제업무를 위해 인원을 새로 증가시키는 것은 비효율적이 되는 경우가 많으므로 효율성에 항상 유의하여야 할 것이다.

### (7) 의미의 원칙

효과적인 통제가 되기 위해서는 규칙, 기준, 의사소통 및 계약 등은 관계되는 모든 사람들이 의미 있게 잘 이해할 수 있도록 전달되어야 한다. 그러므로 규칙은 명확하게 쓰이고 통제자료는 쉽게 얻을 수 있어야 하며 절차의 분류와 해석을 위한 것도 명확히 쓰여야 한다.

### (8) 환류의 원칙

재정통제 체계에 관한 규칙, 기준, 의사소통, 계약 등을 적용할 때 발생할 수 있는 여러 가지의 부작용 및 장단점 등을 관련자들로부터 듣고 개정과 개선의 기초가 되어야 한다.

### (9) 생산성의 원칙

재정통제는 서비스가 효과적이고 효율적으로 전달되도록 하기 위한 수단이므로 이로 인하여 서비스 전달이라는 생산성에 장애와 갈등이 발생하지 않도록 한다.

## 4) 예산 집행의 신축성을 위한 제도

예산을 집행하는 데 있어서 예정된 계획성과를 얻지 못하거나 얻지 못할 것이 예상될 때, 경제사정의 변동 등으로 인하여 계획을 변경하지 않으면 안 될 사태에 직면할 때에는 예산에서 확정된 세입 · 세출 계획이 그대로 실행될 수 없다. 예컨대, 예측할 수 없는 사유로 경비가 부족하게 된 경우나 예정된 세입이 수납되지 않을 경우, 또는 예측할 수 없는 예산초과지출이나 예산지출의 필요가 생길 때는 의결된 예산을 그대로 집행할 수 없게 된다. 이에 대비하여 「사회복지법인 및 사회복지시설 재무 · 회계 규칙」에 몇 가지 신축적인 제도를 마련하고 있으며 예산의 전용, 예산의 이월, 예비비 제도 등이 이에 해당된다.

### (1) 예산의 전용

「사회복지법인 및 사회복지시설 재무 · 회계 규칙」 제16조에 따라 법인의 대표이사 및 시설의 장은 관 · 항 · 목 간의 예산을 전용할 수 있다. 다만, 법인 및 시설(소규모 시설은 제외)의 관간 전용 또는 동일 관내의 항간 전용을 하려면 이사회의 의결 또는 시설운영위원회에의 보고를 거쳐야 하되, 법인이 설치 운영하는 시설인 경우에는 시설운영위원회에 보고한 후 법인 이사회의 의결을 거쳐야 한다. 단, 예산총칙에서 전용을 제한하고 있거나 이사회 및 시설 예산심의 과정에서 삭감한 관 · 항 · 목으로는 전용하여서는 안 된다. 한편 법인의 대표이사 및 시설의 장은 관 · 항 간 예산을 전용한 경우에는 관할 시 · 군 · 구청장에게 결산보고서를 제출할 때에 과목 전용조서를 첨부하여야 한다.

#### (2) 예산의 이월

「사회복지법인 및 사회복지시설 재무 · 회계 규칙」 제17조에 따라 법인의 대표이사 및 시설의 장은 법인회계와 시설회계의 세출예산 중 경비의 성질상 당해 회계연도 안에 지출을 마치지 못할 것으로 예측되는 경비와 연도 내에 지출원인 행위를 하고 불가피한 사유로 인하여 연도 내에 지출하지 못한 경비를 각각 이사회의 의결 및 시설운영위원회에의 보고를 거쳐 다음 연도에 이월하여 사용할 수 있다. 다만, 법인이 설치 · 운영하는 시설인 경우에는 시설운영위원회에 사전 보고한 후 법인 이사회의 의결을 거쳐야 한다.

#### (3) 예비비

「사회복지법인 및 사회복지시설 재무 · 회계 규칙」 제14조에 따라 법인의 대표이사 및 시설의 장은 예측할 수 없는 예산 외의 지출 또는 예산의 초과지출에 충당하기 위하여 예비비를 세출예산에 계상할 수 있다.

## 4. 결산

### 1) 결산의 개념

결산은 1회계연도에 있어서 모든 재정활동의 결과를 확정적 계수로서 표시하는 행위이고 예산에 대응하는 개념으로 예산 집행의 실적인 법인과 시설의 지출이 예산에 근거하여 집행하게 되는 결과이다. 현행 재무회계 제도하에서는 일반적으로 예산이 어떻게 집행되었는지 또는 책정된 예산액을 의도된 목적대로 사용하였는지 여부 등을 확인하기 위하여 법인의 감사에 의한 결산의 감사와 이사회의 심의가 요구된다.

## 2) 결산 절차

### (1) 법인 및 시설의 사전 준비사항

- 예산흐름의 정리(예산 이용 · 전용, 예비비 사용 등)
- 소속 직원에 대한 사전 교육 실시
- 과목별 · 사업별 예산 대비 지출액 정리

### (2) 회계연도 종료

- 당해 연도 12월 31일 기준
- 당해 회계연도의 수납행위 및 지출원인행위 종료(장부 마감)

### (3) 출납폐쇄

- 다음 회계연도 2월 말일까지
- 당해 회계연도에 수납 및 지출원인행위가 된 사항의 세입금 수납 및 세출금 지출 마감

### (4) 결산서 작성

- 제 장부 마감 및 세입 · 세출 결산서 작성
- 예산 전용조서, 예비비 사용조서, 이월경비내역, 후원금 수입명세서 및 사용결과보고서 등 첨부서류 작성

### (5) 법인 감사

- 법인의 정기 감사 수감

#### (6) 이사회 심의 · 의결

- 이사회 이사들에게 회의 개시 7일 전까지 결산서 개별 통보
- 시설장이 결산안 설명
- 이사회의 결산 승인(결산안 확정)
- 이사회 회의록 필수 기재사항 - 예비비 사용 및 예산전용 승인, 비품폐기 승인, 결산 후 잔액 사용방안 승인 등

#### (7) 결산안 제출 및 공고

- 다음 회계연도 3월 31일까지 시장 · 군수 · 구청장에게 제출
- 법인 및 시설의 게시판과 인터넷 홈페이지에 20일 이상 공고

### 3) 결산서 작성 요령

결산서를 작성할 때 고려해야 할 사항과 작성 요령은 다음과 같다(서울복지재단, 2010).

#### (1) 일반사항

- 회계연도는 12월 31일에 종료되므로 그 전에 당해 회계연도의 모든 수납행위 및 지출원인행위를 종료한다.
- 과목별 예산의 증감사항이 모두 반영되었는지 확인해야 한다. 예산액의 증감을 가져오지 않는 예산전용 등이 모두 반영되었는지 확인한다.
- 예산과목 또는 사업목적의 위배사항은 없는지 확인해야 한다.
- 작성된 결산서가 누구나 쉽게 알아볼 수 있게 작성되었는지 객관적 입장에서 검토해야 한다.
- 예산편성지침에서 정한 지침과 규칙의 서식대로 작성되었는지 확인한다.
- 결산보고서와 같이 첨부되어야 할 서류들은 빠짐없이 구비되었는지 확인한다.

- 기타 소명할 수 있는 서류들은 모두 갖추고 있는지 확인해야 한다.
- 이사회 개최 기일과 「사회복지법인 및 사회복지시설 재무 · 회계 규칙」에서 정하는 기일 내에 시 · 군 · 구에 제출될 수 있는지 확인해야 한다.

### (2) 결산 준비 관련 사항

- 미불금, 미수금 등 미결산되는 부분이 없도록 사전에 점검한다.
- 퇴직적립금액의 충족여부를 확인한다. 12월 31일 전 직원이 퇴사한다는 것을 가정하여 전 직원의 평균임금을 산출한 다음 퇴직금 추계액을 정한다. 추계액과 실 적립액과의 일치여부를 비교한 다음, 부족분은 추가 적립해야 한다.
- 비품관리대장과 현물 재고를 상호 확인하고, 재물조사 실시 여부도 확인한다. 파손, 분실 등으로 인하여 사용할 수 없게 된 비품 등의 재산은 법인 대표(법인) 및 시설장(시설) 또는 이들로부터 위임을 받은 자(예: 총무부장)의 불용재산 폐기처분승인을 얻은 후에야 폐기처분할 수 있다.
- 후원금(물품) 수입 · 지출내역을 확인한다. 후원금 영수증 원부에 기록유지는 잘 되어 있는지, 후원금(물품) 지급내역에 누락사항은 없는지 확인한다.
- 통장별로 12월 31일 자 예금잔액증명서를 금융기관으로부터 받아 놓는다. 또는 통장사본(12월 31일 자 기재분)을 첨부한다. 통장상 전기말 잔액이 있었으나 회계연도 중 잔액이 없어 사용하지 아니한 경우, 또는 전기말 잔액은 없었다고 해도 예금이자가 발생할 수 있으므로 예금잔액증명서를 발급받아 두는 것이 정확하다.
- 이월예산 규모를 점검하고, 각종 증빙시 구비 여부 등도 확인한다.
- 수기로 하는 장부상에는 12월 말 누계금액을 기록하고, 전자 장부인 경우에는 12월 말 누계금액을, 세입 · 세출결산서에 예산 및 결산금액을 예산서에 작성한 순서에 따라 기록한다. 12월 말 누계금액이 결산금액이 된다.
- 현금출납부상의 세입 누계금액과 총계정원장의 모든 세입계정별 누계금액이 일치하는지 확인한다.

- 현금출납부상의 세출 누계금액과 총계정원장의 모든 세출계정별 누계금액이 일치하는지 확인한다.
- 세입 잔액에서 세출 잔액을 뺀 금액이 차기 이월금이 된다. 이 잔액이 12월 31일 현재의 예금 잔고 및 현금보관액 등의 합계금액과 일치하는지를 확인해야 한다. 또한 현금출납부의 12월 31일 잔액과 일치하는지도 확인해야 한다.
- 이 경우 차기이월 지출결의서를 작성한다. 적요란에는 '차기이월금 000원'(차인잔액)으로 표시한다. 장부상 지출란에 '잔액'을 기록하여 차인 잔액란을 '0'으로 한다. 지출결의서의 예산과목은 차기이월금으로 한다.
- 총계원장의 계정별 누계금액과 계정과목별 총계정원장보조부의 누계금액이 일치하는지를 확인한다.

### (3) 장부 마감과 관련된 사항

- 회계연도 말을 맞이하여 더 이상의 거래를 계속하지 아니하고 종료함에 따라 장부상에 추가적인 기록을 하지 못하도록 장부에 줄을 그어 마감하는 것을 뜻한다. 연도 말에는 사용 및 비치하고 있는 모든 장부를 마감시킨다.
- 「사회복지법인 및 사회복지시설 재무·회계 규칙」 제24조에서는 법인 및 시설에서 갖추어야 할 장부로 현금출납부, 총계정원장, 재산대장, 비품관리대장을 열거하고 있다.
- 증빙서(세금계산서, 각종 영수증 등) 미비사항, 결재누락 사항, 세금 관련 사항, 기타 불충분한 사항 유무를 일일이 확인하여 보완한다.
- 발급한 영수증부본은 일련번호순으로 위에서부터 아래쪽으로 편철하여 보관한다. 영수증철의 제일 앞부분과 뒷부분은 두꺼운 표지로 편철한다. 편철은 제일 윗장에서 아래쪽으로 표지를 덮어 개봉 및 폐기하지 못하도록 접속부분은 회계책임자가 간인한다.

#### (4) 세입 · 세출 결산서 작성과 관련된 사항

상기의 모든 작업이 완료되면 본 결산작업을 실시한다. 장부상의 12월 말 누계금액(결산금액)을 펜(수기장부) 또는 워드프로세서(전산장부) 등으로 기록 · 입력한 다음, 과목별 예산금액과 결산금액을 세입 · 세출결산서에 이기한다.

### 4) 결산보고서 첨부 서류

「사회복지법인 및 사회복지시설 재무 · 회계 규칙」 제19조, 제20조에 따라 법인의 대표이사 및 시설의 장은 법인회계와 시설회계의 세입 · 세출 결산보고서를 작성하여 각각 이사회의 의결 및 시설운영위원회에의 보고를 거친 후 다음 연도 3월 31일까지 시장 · 군수 · 구청장에게 제출(정보시스템을 활용한 제출도 포함)하여야 한다. 결산보고서에 첨부하여야 할 서류는 다음과 같다.

- 세입 · 세출결산서
- 과목 전용조서
- 예비비 사용조서
- 재무상태표
- 수지계산서
- 현금 및 예금명세서
- 유가증권명세서
- 미수금명세서
- 재고자산명세서
- 기타 유동자산명세서
- 고정자산(토지 · 건물 · 차량운반구 · 비품 · 전화가입권)명세서
- 부채명세서
- 각종 충당금 명세서
- 기본재산수입명세서(법인만 해당)

- 사업수입명세서
- 정부보조금명세서
- 후원금수입명세 및 사용결과보고서(전산파일 포함)
- 후원금 전용계좌의 입출금내역
- 인건비명세서
- 사업비명세서
- 그 밖의 비용명세서(인건비 및 사업비를 제외한 비용)
- 감사보고서
- 법인세 신고서(수익사업이 있는 경우만 해당)

## 5. 회계와 감사

사회복지조직의 투명하고 합리적인 운영을 위해서는 회계의 역할이 중요하며, 정부, 기업, 개인 등의 자원 제공자들은 자원의 효율적인 활용에 대한 수탁책임의 평가에 대한 정보를 요구하는데, 이는 적정한 기준에 의해 작성된 재무보고서와 사업실적보고서 등의 자료를 제공함으로써 전달될 수 있다.

### 1) 회계

#### (1) 회계의 개념

회계(accounting)란 금전 거래 등 어떤 조직체의 재정적 활동과 수지에 관한 사실 확인과 그 결과를 해석하는 여러 가지 사건들의 관점에서 본 기록과 분류 및 요약 기술이다. 회계는 이해관계자들의 의사결정에 유용한 정보를 제공한다(강종수, 2019).

### (2) 회계의 분류

회계는 그 목적에 따라 재무회계와 관리회계로 구분된다.

#### ① 재무회계

재무회계는 일정 기간 동안의 수입과 지출 사항을 측정 보고하려는 것으로 거래 자료기록, 시간표 작성, 분개 작성, 결산을 주요 내용으로 한다. 정보이용자는 외부 이해관계자이고, 정보 내용은 재무 상태, 경영 성과, 현금 흐름의 변동 등이고, 과거의 거래 성격을 가졌으며, 일반적으로 인정된 회계 원칙에 입각하여 작성이 된다.

#### ② 관리회계

관리회계는 관리자의 의사결정에 도움이 되도록 예산단위의 비용을 계산하여 예산의 실행 성과를 분석하는 것이 주요 내용이다. 정보이용자가 내부 의사결정자이며, 정보 내용은 관리적 의사결정과 통제에 유용한 정보 모두이며, 미래 상황에 대한 예측의 성격으로 의사결정에 필요한 합리성에 근거하여 작성이 된다.

### (3) 주요 회계 활동

#### ① 기록 업무

수입과 지출에 관한 기록 장부를 마련하여 회계원칙에 따라 장부에 기록한다.

#### ② 정리 업무

장부에 기록된 회계사항을 월별, 분기별로 종결하여 정리한다.

③ 재정 보고서 작성 및 보고 업무

재정 상태를 파악하기 위해 월별, 분기별로 재정 보고서를 작성하여 기관 내부 및 이사회에 보고하며, 또한 회계연도 말에는 1년 동안의 수입과 지출에 대한 대차대조표 등을 포함한 보고서를 작성해 행정 관청과 이사회에 보고한다.

### (4) 회계의 방법

「사회복지법인 및 사회복지시설 재무 · 회계 규칙」 제23조에 따르면 회계는 단식부기에 의하지만, 법인회계와 수익사업회계에 있어서는 복식부기의 필요가 있는 경우에는 복식부기에 의한다고 되어 있다. 여기에서 부기는 '장부기장'의 줄임말로 기관에서 일어나는 각종 거래를 일정한 원칙에 의하여 기록 · 계산 · 정리하는 것을 말한다.

① 단식부기

단식부기는 거래라는 사건의 인식을 현금의 유 · 출입으로만 해석하여 현금(보통예금 포함)의 유입과 유출에 대해서만 장부에 기록하는 단순한 현금주의 회계이다.

이 방법은 쉽고 간편하게 이해할 수 있지만 거래의 일면만을 기입하기 때문에 기록의 정확성 및 누락 여부 등을 확인하기가 곤란하다. 특히, 자산 · 부채 · 자본과 같은 일시적 시점에서의 재무상태를 나타내는 정보는 파악할 수 없다. 따라서 사회복지법인 및 시설의 회계에서도 경영성과 또는 사업의 성과 측정과 재산상태의 명확한 파악을 위해서는 복식회계정보가 필요하다.

② 복식부기

복식부기란 자산과 자본의 증감 및 변화의 과정, 그리고 그 결과를 계정과목을 통하여 대변과 차변으로 구분하여 이중기록 · 계산이 되도록 하는 부기형식을 말하는 것으로 단식부기와 상대되는 개념이다. 복식부기는 하나의 거래를 '거래의 이중성'과 '대차평균의 원리'에 따라 왼쪽(차변)과 오른쪽(대변)에 이중

기록하기 때문에 대변과 차변의 합계가 일치되어 대차평균의 원리가 성립된다. 이 원리에 의해 복식부기가 '자기통제기능' 또는 '자동검증' 기능을 수행하게 되고, 이로 인하여 회계처리 과정에서의 오류 또는 탈루 등이 자동적으로 검증되는 것이다. 만일 대변과 차변금액 간의 불일치가 발생할 경우, 계정과목 간 상관관계를 분석해 차이가 발생한 원인을 쉽게 발견할 수 있으므로 회계처리의 정확성과 투명성이 높아진다.

### (5) 장부

「사회복지법인 및 사회복지시설 재무 · 회계 규칙」 제24조에 따르면 법인 및 시설에는 현금출납부, 총계정원장, 재산대장, 비품관리대장을 두도록 하고 있다. 다음과 같은 기장방법을 사용하도록 한다.

#### ① 현금출납부

- 현금출납부 기장은 1월 1일 자 전기이월금부터 기장한다. 기타장부(총계정원장 보조부 등)는 첫 번째 발생 건부터 해당 일자에 즉시 기장한다.
- 연월일은 실제 현금출납일을, 계정과목은 예산과목의 목단위로 기재한다.
- 적요란에는 수입 및 지출내역의 요지를 간략히 기재한다(예: 1월분 전기료).
- 수입금액은 수입란에, 지출금액은 지출란에 각각 기록한다.
- 수입 누계액에서 지출 누계액을 차감한 잔액은 '차인잔액'란에 기록한다.

#### ② 총계정원장

현금출납부상에는 당일의 거래들이 모두 기재되나, 총계정원장에서는 계정과목별로 분류하여 작성한다. 계정과목은 '목' 단위로 기재하여도 좋으나, '재산조성비-시설비-시설장비유지비'식으로 관 · 항 · 목을 모두 기재해도 무방하다. 연월일은 월초일자와 월말일자만 기재된다. 적요란에는 전기이월, 월계, 누계만 기재하면 된다.

③ 재산대장

건물, 토지, 유가증권, 무형고정자산(영업권, 특허권, 상표권 등), 기계기구류, 기채(부채상황) 등 여섯 가지에 대한 작성 서식이 있다.

④ 비품관리대장

'비품'이라 함은 그 품질 형상을 변하지 아니하고 비교적 장기간 사용할 수 있는 물품으로서 책상, 의자 등 사무용 가구류, 냉장고, 선풍기, 오디오 등 가전제품류, 컴퓨터, 복사기, 팩시밀리 등의 사무용 제품, 보일러 등 기계기구류, 의료기구류, 운동기구류, 자동차 등의 물품을 말하며, 매년 정기적으로 재물조사를 실시해서 그 수량 및 상태를 확인해야 한다.

비품은 구입 및 불출 시 기록관리하며, 불용품으로 폐기처분 시에도 그 내역을 기재하여 재산상태를 한눈에 확인할 수 있어야 한다.

## 2) 감사

법인의 감사는 「사회복지법인 및 사회복지시설 재무 · 회계 규칙」 제42조에 따라 당해 법인과 시설에 대하여 매년 1회 이상 감사를 실시하여야 하며, 감사자가 감사를 실시한 때에는 감사보고서를 작성하여 당해 법인의 이사회에 보고하여야 하며 재산상황 또는 업무집행에 관하여 부정 또는 불비한 점이 발견된 때에는 시장 · 군수 · 구청장에게 보고하여야 한다. 그리고 감사인의 선임은 「사회복지사업법」 제18조 제1항에 따라 2인 이상을 두도록 하고 있으며 당해 법인과 특수관계자는 선임할 수 없다.

### (1) 규정준수 회계감사

규정준수 회계감사의 목적은 기관의 재정운영이 적절한 절차에 따라 시행되며, 재정이나 다른 보고서들이 적절하게 구비되었는지, 조직에 적용된 각종 규칙과 규제들을 조직이 잘 준수하고 있는지를 확인하는 과정이다. 규정준수 회계감사는 전통적인 품목별 예산형식에서 요구하는 방식이다. 즉, 주어진 자금이 규정된 항목별로 올바르게 사용되었는지를 확인하는 것이다.

규정준수 회계감사는 실제로 업무의 효과성이나 능률적인 경비지출 여부를 중요하게 여기는 것이 아니라, 규칙과 절차, 항목의 규정에 맞게 집행되었는가 하는 데 관심을 둔다. 따라서 지나치게 형식에 집착하여 문제해결을 어렵게 만들어 관료적 병폐를 드러나게 할 수도 있다.

#### (2) 운영 회계감사

운영 회계감사는 예산과 관련하여 바람직한 프로그램 운영의 산출 여부, 조직목표를 달성하는 데 있어서 효과성과 능률성 등의 문제에 관심을 나타내어 규정준수 회계감사의 약점을 보완하는 감사이다. 따라서 규정준수 감사보다는 운영 감사가 사회복지조직의 감사를 위해서 보다 적극적으로 활용되어야 할 필요가 있다. 왜냐하면 사회복지기관이 사람을 대상으로 하는 특수성을 갖기 때문에 규정준수 감사와 같이 재정지출에만 초점을 둔 감사는 완전하지 못하기 때문이다. 즉, 회계관리에 대한 감사 이외에도 사회복지기관의 감사 기능은 재원의 제공자가 의도한 사업과 프로그램이 제대로 수행되었으며, 사업과 프로그램이 의도한 목적이 달성되었는가에 대한 평가가 더욱 중요하기 때문이다.

### 3) 후원금 관리 요령

「사회복지법인 및 사회복지시설 재무 · 회계 규칙」 중에서 특히 후원금에 대해 법인의 대표이사와 시설장이 지켜야 하는 내용을 살펴보면 다음과 같다.

#### (1) 후원금의 영수증 발급

「사회복지법인 및 사회복지시설 재무 · 회계 규칙」 제41조의4에 따라 법인의 대표이사와 시설의 장은 후원금을 받은 때에는 「소득세법 시행규칙」 또는 「법인세법 시행규칙」에 따른 기부금영수증 서식에 따라 후원금 영수증을 발급하여야 하며, 영수증 발급목록을 장부로 작성 · 비치하여야 한다. 아울러 법인의 대표이사와 시설의 장은 금융기관 또는 체신관서의 계좌입금을 통하여 후원금을 받은 때에는 법인 명의의 후원금전용계좌나 시설의 명칭이 부기된 시설장 명의의 계좌를 사용하여야 한다. 이 경우 후원자가 영수증 발급을 원하는 경우를 제외하고는 영수증의 발급을 생략할 수 있다.

### (2) 후원금의 수입 및 사용내용 통보

「사회복지법인 및 사회복지시설 재무 · 회계 규칙」 제41조의5에 따라 법인의 대표이사와 시설의 장은 연 1회 이상 해당 후원금의 수입 및 사용내용을 후원금을 낸 법인 · 단체 또는 개인에게 통보하여야 한다. 이 경우 법인이 발행하는 정기간행물 또는 홍보지 등을 이용하여 일괄 통보할 수 있다.

### (3) 후원금의 수입 · 사용결과 보고 및 공개

「사회복지법인 및 사회복지시설 재무 · 회계 규칙」 제41조의6에 따라 법인의 대표이사와 시설의 장은 결산보고서를 제출할 때에 후원금수입및사용결과보고서를 관할 시 · 군 · 구청장에게 제출하여야 한다. 시 · 군 · 구청장은 제출받은 보고서를 제출받은 날부터 20일 이내에 인터넷 등을 통하여 3개월 동안 공개해야 하며, 법인의 대표이사 및 시설의 장은 같은 기간 동안 해당 법인 및 시설의 게시판과 인터넷 홈페이지에 공개하여야 한다. 다만, 후원자의 성명(법인 등의 경우는 그 명칭)은 공개하지 않는다.

### (4) 후원금의 용도 외 사용금지

「사회복지법인 및 사회복지시설 재무 · 회계 규칙」 제41조의7에 따라 법인의 대표이사와 시설의 장은 후원금을 후원자가 지정한 사용용도 외의 용도로 사용하지 못한다. 보건복지부장관은 후원자가 사용용도를 지정하지 아니한 후원금에 대하여 그 사용기준을 정할 수 있다. 후원금의 수입 및 지출은 세입 · 세출예산에 편성하여 사용하여야 한다.

제11장

# 마케팅과 홍보

# 1. 사회복지 마케팅

## 1) 사회복지 마케팅의 개념과 필요성

### (1) 사회복지 마케팅의 개념

사회복지 마케팅은 사회복지서비스의 소비자인 클라이언트, 자원제공자, 자격부여기관 및 지역사회가 사회복지조직에 대해 좀 더 많은 관심과 요구를 갖게 하기 위한 제반활동이라 할 수 있다(홍봉수 외, 2012). 아울러 사회복지 마케팅은 사회복지조직의 목적을 달성하기 위하여 클라이언트의 관리, 서비스의 개발 및 전달, 비용, 홍보, 자금 확보 등에 있어 영리조직의 마케팅 기법을 도입하여 급격하게 변화하는 사회적 환경에 조응하여 경쟁력을 확보하기 위한 일련의 활동이라고 할 수 있다.

### (2) 사회복지 마케팅의 필요성

1960년대 이후 미국의 사회복지조직들이 심한 운영난을 겪게 되면서부터 마케팅 개념이 사회복지조직으로까지 확대되었다. 1970년대 이후 복지국가의 위기 상황을 겪으면서 사회복지조직에서도 경제적 운영원칙의 중요성이 대두되었고, 마케팅기법이 사회복지조직의 재정확보를 위한 전략으로 도입되었다.

이렇듯 비용효과성을 강조하는 경제적 운영원칙이 사회복지조직의 운영에 있어서 마케팅을 중요한 관리 활동으로 부각시키고 있다. 사회복지조직에서 마케팅의 필요성에 관해서는 다음의 네 가지 측면에서 살펴볼 수 있다(이상구 외, 2009).

#### ① 책임성 측면

사회복지조직은 정부의 보조금이나 기타 단체의 기부금으로 운영되기 때문에 서비스 제공에 있어서 효율성과 효과성을 달성할 책임을 가지고 있다. 이러한 책임성의 요구에 부응하려면 사회복지조직의 운영도 전략적인 마케팅 도입이 필요하다. 책임성의 시대와 결부 지어서 클라이언트들이 해결하고자 하는 문제나 욕구를 정확히 파악하고 해결하기 위해 마케팅은 필요하다. 아울러 마케팅은 클라이언트의 변화하는 욕구와 그 욕구를 성취하기 위해 필요한 전략을 만들어 내기 위한 끊임없는 진단과 분석이기 때문에, 마케팅을 통해 제공되는 사회복지서비스나 프로그램과 클라이언트들이 해결하고자 원하는 욕구나 문제와의 적합성을 꾸준히 추구하기 위해 마케팅은 필요하다.

② 대상자 관리의 측면

클라이언트, 기관의 이용자, 기부자, 지역사회를 고객으로 인식하여 욕구를 세분화하고 관리에 있어 궁극적으로 고객만족을 이끌어내는 마케팅 접근이 필요하다. 마케팅은 잠재적 클라이언트나 실제 클라이언트들이 사회복지조직에서 제공하는 유용한 서비스에 대해 알 수 있도록 하는 방법들 중에 하나이기 때문이다. 잠재적인 클라이언트나 또는 클라이언트를 사회복지조직에 소개하는 사람들이 클라이언트들에게 제공되는 서비스나 혜택의 내용을 알아야 할 필요가 있으며, 조직은 후원자들이나 지지자들이 조직의 서비스를 제공하는 데 참여할 수 있도록 해야 할 필요가 있기 때문에 마케팅은 필요하다. 이러한 경우 마케팅은 잠재적 자원봉사자들에게 접근할 수 있는 하나의 방법이며, 조직과 조직의 임무가 후원자들이 지지하는 것이라는 사실을 설득하는 데 도움을 주는 방법이기 때문에 필요하다.

③ 서비스의 개발 측면

사회복지조직의 특성상 외부 환경의 강한 영향을 받게 되는데, 급변하는 정치적 · 경제적 · 사회적 · 법적 · 문화적 환경(시장)을 세분화하고 분석하여 서비스의 개발에 있어 상품의 가치를 높여야 한다. 거시적인 입장에서 마케팅은 점점 경쟁적이고 급변하는 과업환경 속에서 사회복지조직이나 사회복지사들이 효과적인 서비스를 전달 또는 제공하기 위해서 필요하다고 볼 수 있다.

④ 재정확보의 측면

사회복지조직의 목표를 달성하기 위해 필요한 재정자원의 계획과 동원, 배분, 효율적인 사용과 책임성 있는 관리는 필수적이다. 모금시장 분석, 다양한 모금상품 개발, 전략적인 모금 상품의 홍보는 물론이고 후원자의 개발, 이미 개발된 후원자의 일대일 고객관리를 통해 모금의 극대화를 가져와야 한다.

### (3) 사회복지 마케팅의 특성

대부분의 비영리조직에서는 물리적인 상품보다는 서비스를 생산한다. 영리부문에서 생산하는 물리적인 상품과 사회복지조직에서 생산하는 서비스 간에는 차이가 있어 마케팅에 영향을 미친다. 이와 같이 사회복지조직에서 마케팅을 실시하는 경우 다음과 같은 특성들을 고려해야 한다.

① 서비스의 무형성

영리부문에서 고객이 상품을 구입할 때 보면 우선 그 상품의 외형, 냄새, 맛 등을 통해 그것을 평가하게 된다. 그리고 그 상품을 통해 얻게 될 이익에 대해 어느 정도 기대를 갖게 되고, 그동안의 경험 혹은 정보를 통해 얻게 될 이익에 대해 어느 정도 기대를 갖게 되며, 품질에 대한 확신을 갖게 된다. 그러나 사회복지조직의 서비스는 그것을 이용해 보기 전에는 서비스 제공자의 주장을 확인할 수 있는 방법이 거의 없다. 이와 같이 사회복지서비스는 상품처럼 진열하거나 재고정리를 하기가 어렵고, 상대방을 설득하기 위해 홍보를 하거나 특허를 내기도 힘들며 이용자가 실제 이용을 해 본 후에만 평가가 가능하기 때문에 마케팅의 어려움이 있다.

② 서비스의 다양성과 복잡성

영리부문의 상품은 대량소비를 유도하기 위해 표준화를 통한 저비용을 유지하는 경우가 많아 다양성이 부족하다. 그러나 사회복지서비스는 이용자의 개별적인 욕구를 중시하기 때문에 다양한 서비스가 제공되어야 하며, 또한 서비스와 관련된 이해집단이 다양하여 욕구를 충족시키는 과정이 매우 복잡한 특징이 있다. 특히, 서비스 제공자와 이용자 간의 관계에 따라 다양하고 복잡한 과정을 통해 서비스가 제공된다. 이러한 이유로 인해 대량생산이 불가능하고, 결국 사회복지서비스 단위비용은 영리부문 상품의 단위비용보다 훨씬 높을 수밖에 없다.

③ 생산과 소비의 동시 발생

영리부문에서의 물리적 상품은 생산이 선행되고 고객에 의해 소비가 발생한다. 그러나 사회복지조직에서는 생산과 소비가 분리되지 않는 경우가 많다. 즉, 서비스는 먼저 판매행위가 발생할 수 있지만 생산과 소비는 동시에 일어난다. 이는 생산자와 소비자가 서비스 생산과정에 동시에 참여한다는 것을 의미한다. 따라서 사회복지 마케팅에서는 상품의 교환과정뿐만 아니라 생산자와 소비자의 상호작용을 강조할 필요가 있다.

④ 서비스의 소멸성

사회복지조직의 서비스는 식품이나 가전제품처럼 쌓아 두거나 저장할 수 없다. 그래서 서비스는 반환하거나 되팔 수 없다. 서비스가 일단 시작되면 참여하지 않은 사람들은 그 서비스를 잃어버린 것이다. 유사한 서비스가 다음에 제공된다 할지라도 정확하게 똑같은 것은 아니며, 그 서비스가 제공되기까지 일정 기간을 기다려야 한다. 따라서 사회복지 마케팅에서는 서비스가 가능한 최적의 조건에서 제공된다는 것을 확신시키는 전략과 실제로 그렇게 제공하는 노력이 요구된다.

## 2) 사회복지 마케팅의 구성 요소

### (1) 사회복지 마케팅의 핵심 요소

사회복지 마케팅의 핵심 요소는 소비자의 욕구와 수요, 소비자의 만족과 가치, 교환, 시장 등을 포함하고 있다(신복기 외, 2019; 이상구 외, 2009).

① 소비자의 욕구와 수요

자신들이 가지고 있는 욕구를 만족시킬 수 있는 구체적인 제품이나 서비스에 대한 선호를 갖게 되는데, 이러한 선호는 문화나 사회에 따라 다르며, 사회적 제도나 힘에 의해 형성되고 끊임없이 변형되어 간다. 특정 제품이나 서비스에 대한 욕구가 구매의사나 능력에 의해 뒷받침될 때 그것을 수요라고 한다. 즉, 지불능력이 있는 욕구는 시장에서 수요가 되며 소비자들은 제품이 주는 혜택이나 이익을 계산하고, 지불하는 금액에 비해 가장 큰 이익을 주는 제품을 선택하게 된다. 효과적인 조직은 소비자들이 좋아하는 것과 싫어하는 것을 알기 위해 소비자 조사나 고객의 요구사항, 보증 및 서비스 자료를 분석한다. 즉, 이를 통해 고객의 욕구와 수요를 세밀하고 정확하게 파악하고 이해하여야 한다는 것은 마케팅 전략을 위한 중요한 투입요소가 된다(신복기 외, 2019; 이상구 외, 2009).

② 소비자의 만족과 가치

소비자는 제품이나 서비스를 통해 그들의 욕구와 수요를 충족시킨다. 그리고 여러 대안 중에서 욕구를 가장 잘 만족시켜 줄 수 있다고 생각하는 대안을 선택한다. 그러나 소비자들은 욕구나 수요의 충족뿐만 아니라 지불할 대가를 동시에 고려하게 된다. 따라서 소비자들이 제품을 선택하는 데 지침이 되는 것은 각 대안이 소비자에게 제공할 수 있는 가치라 할 수 있다. 가치라는 것은 고객이 그 제품을 소유하고 사용하며 얻는 혜택과 그것을 얻는 데 필요한 비용 간의 차이이다. 만족은 기대에 맞추어 가치를 전달하는 제품에 대해 소비자가 지각하는 성능에 좌우된다. 만약 제품 성능이 소비자의 기대에 미치지 못한다면 그 구매자는 불만족하게 된다. 반면에 제품 성능이 기대에 일치한다면 구매자는 만족할 것이다. 즉, 소비를 통한 만족과 대가를 지불하고서라도 소비할 만한 가치가 있어야 한다는 것이다(신복기 외, 2019; 이상구 외, 2009).

③ 교환

교환이란 바람직한 목적물을 획득하고, 그 대신에 상대방에게 어떤 것을 제공하는 행위이며, 이는 가치 있는 제품이나 서비스에 대해 대가를 제공하고 획득하는 행위인 것이다. 교환은 사람들이 바람직한 목적물을 획득할 수 있는 여러 가지 많은 방법들 중의 한 가지이다. 어떤 서비스가 소비자의 욕구나 수요를 충족시키고 소비자에게 만족과 가치를 제공한다고 하더라도 그 제품이나 서비스를 제공하는 기업에도 무엇인가 이득이 있지 않으면 교환은 일어나지 않는다. 따라서 교환이 실제로 발생하기 위해서는 교환의 조건이 교환의 당사자로 하여금 교환 이전보다 더 나은 상태로 만들어 줄 수 있어야 한다. 그런 의미에서 교환은 가치를 창조하는 과정이라고 할 수 있다(신복기, 2019; 이상구 외, 2009).

④ 시장

시장은 어떤 재화나 서비스의 실제 또는 잠재적 구매자들의 집합을 의미한다. 교환은 시장을 통해 이루어지므로 마케팅을 통해 특별한 시장의 욕구와 수요를 파악하고 최상으로 서비스를 제공할 수 있는 시장을 선정한다. 구매자들은 교환과 관계를 통해 충족될 수 있는 어떤 특별한 욕구와 수요를 소유하고 있다. 기업은 마케팅을 통해 특별한 시장의 욕구와 수요를 파악하고, 최상으로 서비스를 제공할 수 있는 시장을 선정한다. 또한 시장의 고객들에게 가치와 만족을 창출하는 제품과 서비스를 개발할 수 있으며, 그 결과로 기업은 판매와 이익을 얻게 된다(신복기 외, 2019; 이상구 외, 2009).

### (2) 마케팅 믹스(4P)

마케팅 믹스(marketing mix)는 기업이 표적시장에서 원하는 반응을 얻을 수 있도록 하기 위해서 혼합하여 통제 가능한 전술적인 마케팅 도구의 집합을 뜻한다. 마케팅 믹스는 제품의 수용에 영향을 주기 위해 활용할 수 있는 모든 수단으로 구성되어 있다. 이러한 마케팅 개념을 토대로 성공적인 마케팅을 위한 요소인 마케팅 믹스는 일반적으로 네 가지 요소(4P: Product, Price, Place, Promotion)로 구성되어 있다.

① 제품(Product)

제품은 구매자의 욕구를 충족시키기 위한 산출물을 의미한다. 사회복지조직의 제품은 프로그램과 서비스라고 할 수 있다. 제품을 개발할 때에는 구매자가 사려는 것이 무엇인지를 파악하는 것이 중요하다. 따라서 비영리기관의 후원자 개발을 위한 마케팅에서 후원금 자체에 중점을 두기보다는 후원행위를 통한 사회적 기여와 소외계층의 삶의 질 향상에 중점을 두어 상품이 개발되어야 한다(황성철 외, 2007; 이상구 외, 2009; 오세영, 2018).

② 가격(Price)

가격은 구매자가 그 상품을 얻기 위해 기꺼이 지불하고자 하는 대가를 의미한다. 비영리조직의 경우 서비스와 프로그램에 대한 가격을 의미한다. 이는 수익사업의 이용료가 될 수도 있고 모금프로그램에 대한 가격, 즉 후원금을 의미하기도 한다. 생산자는 가격을 결정하기 전에 사람들이 그 상품에 어떤 가치를 부여하고 있는지를 반드시 파악해야 한다. 상품의 거래에서 구매자가 지불하는 것에는 시간, 노력, 생활양식의 변화 혹은 다른 기회비용이 포함된다. 그러나 사회복지조직에서 가격을 결정할 때는 반드시 이용자의 지불능력이 고려되어야 한다. 지불능력이 높은 사람에게 더 많은 지불을 요구하고, 지불능력이 없는 사람에게는 실비나 무료로 서비스를 제공하는 가격정책이 수립되어야 한다(황성철 외, 2007; 이상구 외, 2009; 오세영, 2018).

③ 유통 장소(Place)

유통은 구매자들이 마케팅 상품을 구입하기 가장 적합한 때와 장소에 있도록 하는 것을 의미한다. 달리 표현하면, 상품을 고객에게 전달할 수 있는 유통망으로서의 장소를 의미하는데, 사회복지기관에서의 유통은 서비스에 대한 접근용이성, 즉 고객이 쉽게 사회복지조직을 찾을 수 있도록 하는 것을 의미한다. 사회복지서비스는 공간적인 접근성뿐만 아니라 심리적 접근성도 방해받지 않도록 제공되어야 한다(황성철 외, 2007; 이상구 외, 2009; 오세영, 2018).

④ 판매 촉진(Promotion)

촉진은 고객 마음속에 관심, 궁극적으로 구매할 의도를 자극하기 위해 활용되는 모든 판매촉진기술이다. 즉, 그 제품의 유익함을 전달하는 과정이며 서비스의 홍보와 더 많은 기부금을 확보하기 위한 인쇄물 제작이나 언론 및 방송매체를 통한 홍보, 인터넷을 이용한 홍보와 의사소통을 의미한다. 또한 홍보에 있어서 중요한 것은 기발한 소재이다. 일반적으로 대중매체가 많이 사용되지만, 후원자 시장이 세분화된 경우에는 직접우편의 방법도 사용되고, 경우에 따라서는 공고, 대변, 로비활동, 교육프로그램 등 사람들과의 직접 대면 방법도 활용된다(황성철 외, 2007; 이상구 외, 2009; 오세영, 2018).

### 3) 사회복지 마케팅 과정

클라이언트 관점에서 마케팅 활동을 수행하기 위해서는 먼저 전체적으로 마케팅 활동이 어떤 과정을 거쳐 이루어지는가를 이해해야 한다. 마케팅 전략의 핵심은 고객, 기관, 경쟁자와 고객 세분화, 표적시장 선택 및 포지서닝이다. 또한 전략은 환경과 맞아야 하고, 조직구조는 전략과 어울려야 좋은 성과를 기대할 수 있다. 그런 의미에서 사회복지 마케팅 활동은 기관환경분석 → 마케팅 조사 → 목표 설정 → 시장분석 → 마케팅 도구 설정 → 마케팅 실행 → 마케팅 평가 등의 과정으로 진행된다(박차상 외, 2008; 이상구 외, 2009).

#### (1) 기관환경분석

사회복지조직에서 수립한 전략적 마케팅 목표를 달성하기 위해서는 해당 기관의 내·외부적인 환경에 대한 정확한 분석이 선행되어야 한다. 이때 환경적 요인은 사회제도적 환경과 조직내부환경으로 구분해 볼 수 있다. 사회제도적 환경으로는 모금과 관련된 각종 법규와 정부정책, 경제상황 등에 관한 내용이고, 조직 내부의 환경은 조직의 경쟁력과 조직 내 자원의 분석 내용이다. 아울러 기관환경분석에서는 기관의 존재 이유, 기관프로그램, 기관 지원, 기관 지원의 당위성, 지원자에 대한 혜택과 같은 사항들에 대한 분석이 필요하다.

기관환경분석단계에서 쓰이는 기법은 SWOT(Strength: 강점, Weakness: 약점, Opportunity: 기회, Threat: 위협)분석으로 이는 기관의 마케팅상의 강점요인과 약점요인을 확인하고, 외부 환경의 기회적 요인과 위협적 요인을 규명하는 분석기법이다. 이를 근거로 하여 강점요인은 강화하고 약점요인은 최소화하며, 기회요인은 활용하고, 위협요인은 최소화하는 마케팅 전략을 수립하게 된다.

- SO전략(강점-기회 전략): 시장의 기회요인을 활용하기 위해 강점요인을 사용하는 전략
- ST전략(강점-위협 전략): 위협요인을 회피하기 위해 강점요인을 사용하는 전략
- WO전략(약점-기회 전략): 약점요인을 극복함으로써 기회요인을 활용하는 전략
- WT전략(약점-위협 전략): 위협요인을 회피하고 약점요인을 최소화하는 전략

### (2) 마케팅 조사

마케팅 조사는 프로그램이나 서비스에 대한 잠재적 이용자와 그들이 원하는 바를 찾아내는 작업으로 사회복지기관이 관심을 갖는 문제에 대해서 지역사회가 가지고 있는 인식과 태도를 분석하는 것이다. 즉, 마케팅 조사는 정확하고 충분한 자료를 얻기 위하여 관리자와 소비자를 직접 연결시켜 줄 수 있는 최선의 커뮤니케이션 수단인 것으로 일종의 시장에 대한 조사의 성격을 갖는다. 이러한 맥락에서 사회복지기관은 시장에 대해 최소한 네 가지를 사전에 분명히 파악하고 있어야 한다. 첫째, 프로그램이나 서비스에 대한 욕구가 있는가? 둘째, 욕구를 지닌 사람들이 프로그램이나 서비스를 이용하려는 잠재적 욕구가 있는가? 셋째, 프로그램과 서비스를 이용하기 위한 비용이 준비되어 있는가? 넷째, 충분한 돈을 소유한 사람들이 그들이 원하는 프로그램과 서비스를 위해 기꺼이 쓰고자 하는 의지가 있는가? 등을 분명히 파악한다(이상구 외, 2009; 강종수, 2019).

### (3) 마케팅 목표 설정

마케팅의 목표를 설정하기에 앞서 기관의 목적을 살펴보아야 한다. 목적은 실행계획을 더욱더 구체적으로 제시하는 목표와는 구분이 된다. 사회복지기관의 목적은 대부분 사명 헌장(mission statement)의 형식으로 기관의 현재 상태와 미래의 방향을 제시해 준다. 목표 설정은 정확한 문제의 진술, 표적집단의 성격과 규모, 기관의 정책, 자원 동원 등의 변수들에 의해 범위와 방향이 정해진다. 목표는 마케팅 기획의 초기 단계에서 명확하게 규명되어야 하며, 특히 세부목표는 그 중요성의 우선순위가 제시되어야 한다. 목표는 목표 자체로서 완성될 수 없으며 사전조사와 목표달성을 위한 프로그램 그리고 결과에 대한 평가가 항상 함께 있어야 한다. 세부목표는 'SMART'하게 구성되어야 하는데, 이는 구체적(specific)이고, 측정 가능(measurable)하며, 달성 가능(attainable)하고, 결과지향적(result-oriented)이면서 시간적 한계(time-boundary)가 명확히 제시되어야 함을 의미한다(이상구 외, 2009).

### (4) 시장분석

시장분석은 누가(who), 어떠한 분야에(what), 어떤 방식으로(how), 언제(when), 어디서(where), 어떤 이유(why)로 기부를 원하는가를 분석한다. 시장분석은 시장세분화, 표적시장 선정, 시장 포지셔닝의 세 가지 단계로 구성된다. 이를 표적마케팅이라고 부르는데 이는 전체 시장 속의 세분화된 특정 시장의 소비자 욕구에 대응하는 마케팅 활동을 의미한다(이상구 외, 2009).

#### ① 시장세분화

시장세분화는 전체 시장을 일정한 기준에 따라 동질적인 세분 시장으로 구분하는 과정이다. 이때 활용될 수 있는 시장세분화의 기준은 인구통계학적 변수, 지리적 변수, 사회 심리적 변수, 행동적 변수, 그리고 심리적 변수 등이다. 이러한 기준들을 활용하여 사회복지 마케팅의 핵심과제인 '우리 기관에 기부를 하고, 서비스를 이용할 고객은 누구인가'라는 질문에 대한 답을 찾을 수 있을 것이다. 이렇듯 시장을 세분화하는 이유는 소비자들이 다양한 욕구와 동기를 가지고 있기 때문에 전체 시장을 욕구가 동질적이고 비슷한 성향을 가진 고객집단으로 구분하고 각 집단별로 차별적인 접근을 시도하기 위해서이다. 아울러 시장을 세분화하여 선택과 집중의 원리에 따라 표적시장을 공략함으로써 기관의 마케팅 목표를 효과적이고 효율적으로 달성할 수 있기 때문이다.

② 표적 시장 선정

세분화된 시장 중에서 기관이 공략 가능하다고 선택한 시장이 표적 시장(target market)이다. 표적 시장을 선정하기 위해 특정 세분 시장에 진입하는 것이 사업 목표 및 마케팅 목적과 일치하는지, 특정 세분 시장에서 마케팅에 성공하는 데 필요한 기술과 자원을 갖추고 있는지, 세분 시장이 적절한 규모와 성장을 유지하고 있는지, 그리고 세분 시장이 성과의 관점에서 매력을 지니고 있는지 등을 검토한다. 아울러 표적 시장 선정 시 경쟁조직의 마케팅 전략, 서비스 내용의 동질성, 시장의 크기, 경쟁자의 수 등이 고려되어야 하겠다.

③ 시장 포지셔닝

원래 포지셔닝이란 용어는 '상품을 사람의 눈높이로 진열하는 것이 가장 좋은 포지셔닝'이라는 말로 상품 진열과 관련되어 사용된 용어이다. 이렇듯 표적 시장의 고객들에게 해당 사회복지기관의 서비스와 프로그램이 경쟁 기관의 서비스와 프로그램에 비해 어떤 차별점이 있는지와 고객의 욕구를 제대로 만족시켜 주고 있음을 확신시켜 주는 포지셔닝 전략을 구사하여야 한다. 포지셔닝이란 시장 내 고객들의 마음에 위치 잡기란 의미를 갖고 있기 때문에 포지셔닝은 사회복지기관에서 제공하는 프로그램에 대한 책임성을 입증해주고, 사회적 지지와 후원을 얻어낼 수 있는 수단이 될 수 있으며, 더 나아가 기관의 이미지를 제고시키는 데 있어 크게 기여를 할 수 있다고 하겠다.

### (5) 마케팅 도구 설정

마케팅을 수행하기 위한 적절한 방법의 설정은 마케팅 대상을 선정하는 기부시장의 분석단계와 마찬가지로 중요성을 갖는다. 모금 마케팅을 위해서는 연중모금, 자본모금, 전화 및 자동응답시스템(ARS), 특별행사, 재단기부금, 대중매체 광고, 직접우편(DM)과 같은 방법을 활용하고, 마케팅 도구를 사용한 과거경험을 적절히 활용해야 하는데, 과거에 기관에서 활용한 마케팅 도구와 그 결과에 대한 면밀한 분석이 필요하며, 기부출처에 따라 좀 더 효과적일 수 있는 마케팅 방법이 무엇인가에 대한 분석도 과거 마케팅의 경험을 토대로 실시해야 한다.

### (6) 마케팅 실행

마케팅 실행이란 전략적인 마케팅 목표를 달성하기 위해 마케팅 기획을 활동으로 옮기는 과정이다. 마케팅 기획이 어떤 마케팅 활동을 왜 하는가에 관한 것인 반면, 집행은 '누가, 어디에서, 언제, 어떻게 하는가' 하는 것이다. 성공적인 마케팅 실행은 사회복지조직의 활동프로그램, 조직구조, 의사결정 및 보상시스템, 인적자원 및 조직문화를 조직의 전략을 지원하는 종합적인 프로그램으로 어느 정도 잘 규합하느냐에 좌우된다.

### (7) 마케팅 평가

마케팅 평가는 기부행위의 발생에 대한 종합적인 평가와 함께 새로운 기관외부 환경에 대한 분석으로 연계되는 과정이다. 기관 존재의 이유가 되는 사명에 기초한 사회적 욕구에 대한 분석이 필요하며, 마케팅 평가의 과정은 마케팅 종료가 아닌 새로운 과정으로 변환을 의미한다.

## 4) 사회복지 마케팅 기법

### (1) 연중모금

① 직접우편

직접우편(Direct Mail: DM)은 후원요청 편지를 잠재적 후원자에게 발송하는 전통적인 방식이다. 불특정 다수보다는 표적시장을 선정하여 보낼 때 효과를 발휘한다. DM은 겉봉투, 호소 서신, 첨부물로 구성된다. 우선 겉봉투는 받는 사람이 관심을 가지고 뜯어볼 수 있도록 디자인과 형식에 있어 세심한 고려를 해야 한다. 그리고 호소 서신은 후원자 개발의 목적과 내용이 뚜렷하게 나타나도록 간결하게 구성하고, 내용에는 구체적인 사례를 들어 긴급성과 욕구 그리고 도움을 통한 문제해결 가능성을 제시한다. 아울러 첨부물은 여러 가지를 첨부하기보다는 호소력이 강한 사진이나 신문기사를 잘 편집하여 동봉하는 것이 바람직하다(강종수, 2019).

② 고객관계관리 마케팅

사회복지조직에서 고객관계관리 마케팅(Customer Relationship Management: CRM)은 고객과 관련된 자료를 분석하여 고객 특성에 기초한 맞춤서비스를 지속적으로 제공하여 가치 있는 고객을 파악, 획득, 유지하는 활동을 말한다. 이는 이용자에게 맞춤서비스 제공을 통해 모금효과를 극대화할 수 있다(오세영, 2018). 사회복지조직에서 고객관계관리 마케팅 전략의 도입은 매우 중요한데 개인이 기부를 함으로써 사회에 공헌하며, 사회적으로는 기부문화의 확산이라는 측면에서 바람직하고, 사회복지조직은 자금을 조달할 수 있으므로 win-win 전략을 달성할 수 있다(이상구 외, 2009).

③ 기업연계 마케팅

기업연계 마케팅(Cause-Related Marketing: CRM)은 명분 마케팅이라고도 하는데, 기업과 비영리조직이 연계하여 기업이 이미지 제고를 위해 비영리조직의 활동과 연계하는 마케팅이다. 기업의 세제혜택과 이미지 개선 측면을 이용한 win-win 전략이라 할 수 있다(오세영, 2018).

#### ④ 데이터베이스 마케팅

데이터베이스 마케팅(Database Marketing)은 기관 이용자와의 직접 개별접촉을 통해 지리적, 인구통계적, 심리적 특성, 생활양식, 행동양식이나 구매기록 같은 다양한 개인적인 정보를 획득하여 컴퓨터에 데이터베이스화하여 구축함으로써 수익공헌도가 높은 고객에게 마일리지와 같은 차별적인 서비스를 제공하는 등 개별 고객의 정보를 바탕으로 차별적인 전략을 펼치는 마케팅 기법이다(이상구 외, 2009).

#### ⑤ 인터넷 마케팅

인터넷 마케팅(Internet Marketing)이란 인터넷을 통해 고객에게 정보를 전달하고 전자우편이나 홈페이지 등을 통하여 이익을 극대화하는 마케팅 기법이다. 사회복지조직에서 인터넷 마케팅은 인터넷이라는 매체를 활용하여 기관의 홈페이지에 사업과 프로그램을 홍보하고, 잠재적 후원자들에게 모금을 이끌어내는 방법으로 정보화시대에 적합한 마케팅 기법이다(이상구 외, 2009).

#### ⑥ 사회마케팅

사회마케팅(Social Marketing)은 정부나 지방자치단체, 시민과 지역사회를 위한 대중의 행동 변화를 위한 기법으로 사회문제로부터 도출된 사회적 목표를 달성하기 위하여 사회적 아이디어를 개발하고 그것을 대중에게 수용시키기 위한 마케팅이다(오세영, 2018).

### (2) 기타 모금 기법

#### ① 이벤트

이벤트는 후원의 특정 동기를 부여하기 위하여 특정 기관과 장소에서 사전계획하에 특별한 활동을 벌이는 의사소통 과정이라고 할 수 있다. 이벤트는 잘못하면 직원들만 고생하는 등 역효과를 가져올 수 있으므로 재미있어야 하며 사람들의 기억에 오래 남도록 해야 한다(오세영, 2018).

#### ② 대중매체광고

대중매체광고는 사회복지기관이 후원자 개발을 위해 대중매체를 활용하여 모금광고를 하는 것이다. 아직 미진한 실정이나 라디오나 잡지 등을 통한 마케팅이 점차 활성화되고 있다. 광고의 효과는 적어도 6개월 이상 광고를 해야 성과를 올릴 수 있다(오세영, 2018).

#### ③ 자동응답시스템(ARS)

자동응답시스템은 모금방송 시청자들이 이 시스템을 통하여 전화를 걸면 통화당 일정 금액의 후원금이 자동으로 전화요금에 부과되어 전화요금과 함께 기부금을 제공하도록 하는 방식이다. 이는 적은 금액으로 부담 없이 쉽게 참여할 수 있기 때문에 최근에 가장 활성화되고 있는 방법이다(오세영, 2018).

#### ④ 인터넷 모금

인터넷을 활용한 후원자개발은 점차 활성화될 것으로 보인다. 실제로 정보화가 가장 앞선 국가들에서는 인터넷을 통한 모금과 후원자 개발이 급속하게 증가하고 있다고 한다(오세영, 2018).

#### ⑤ 온라인 모금

후원자들이 온라인상에서 신용카드를 통해 후원금을 보내거나 기금 후원을 약속한 후 계좌이체하는 등의 방식이다. 국내에서는 기관 ID를 통해 직접 후원 요청하거나 홈페이지 배너, 게시판, 대화방 등을 통해 후원 요청을 할 수도 있다. 또는 통신회사에 등록하여 기관 홍보와 후원자를 개발하거나 광고비를 지불하고 후원자 모집광고를 낼 수도 있다.

### (3) 후원자 개발프로그램

사회복지기관에서 후원자는 결연후원, 정기후원, 비정기후원, 프로그램 후원 등으로 구분할 수 있다. 후원자 개발프로그램은 후원자의 유형에 따라 다르게 마련된다. 따라서 후원자 유형의 특성을 고려하여 후원자 개발프로그램이 수립되어야 한다(강종수, 2019).

#### ① 결연후원

후원자와 클라이언트를 연결하여 재정적·정신적 지원을 하도록 하는 방식이다. 실제로 모금 실적이 좋은 사회복지기관들은 모금액의 3분의 2를 결연 후원금에 의존하고 있다. 결연후원은 후원자에게 클라이언트에 관한 정보를 구체적으로 제공함으로써 장기적인 후원을 가능케 한다. 또한 물질적인 지원뿐만 아니라 정신적인 지지도 가능하게 해준다.

#### ② 정기후원

정기적으로 후원금을 내는 방식으로 결연후원과 동일하지만 구체적인 후원 대상이 정해져 있지 않은 것이 다르다. 이는 대부분 소규모의 사회복지시설에서 후원자를 개발할 때 선호하는 방식이다. 정기후원은 결연 후원과 달리 후원금액을 소액에서부터 고액까지 다양화하여 후원자들이 기부할 수 있는 폭을 넓혀 주는 장점이 있다.

#### ③ 비정기후원

정기후원과 비슷하나 비정기적으로 후원금을 낸다는 점에서 차이가 있다. 비정기후원자는 결연후원이나 정기후원에서처럼 정기적으로 장기간에 걸쳐 후원금을 내는 것에 부담을 느끼는 잠재 후원자를 대상으로 개발해 볼 수 있다.

④ 프로그램 후원

특정 사업이나 프로그램을 홍보하여 모금하는 방법이다. 최근 실직가정 결식아동돕기모금이나 다문화 가족 지원사업을 위한 모금 등이 대표적 예이다. 프로그램의 후원자를 개발할 때는 특정 개인의 욕구보다는 이슈가 되고 있는 사회적 문제나 욕구에 초점을 맞추는 것이 효과적이다.

### (4) 후원자 관리

후원자 관리는 현재의 후원자가 지속적으로 후원하도록 관리하는 제반활동을 말한다. 후원자의 욕구와 필요가 무엇인지를 파악하고 후원자의 만족도에 영향을 미칠 수 있는 모든 활동을 통합 · 조정하여 후원자로 하여금 보람을 느끼게 하고 그 만족감을 계속 유지함으로써 관계를 지속시키도록 해야 한다. 이를 위해 정기적인 욕구조사, 전산화된 정보체계, 후원자 관리 전문인력, 그리고 다양한 후원자 관리프로그램 등이 필요하다.

① 정기적인 욕구조사

후원자에게 제공하는 기관의 서비스에 대하여 얼마나 만족하고 있는지를 정기적으로 조사하여야 한다. 후원자 개개인을 분류하여 그들에게 맞는 서비스를 제공함으로써 후원 행위에 대한 만족감을 느끼고 후원을 더욱 증진할 수 있도록 자극해야 한다.

② 전산화된 정보체계

후원자가 증가하고 그에 따른 욕구 충족을 위한 자료 분석이 많아질수록 후원자 관리의 효율성을 높이기 위해 전산화된 정보체계가 필요하다.

③ 후원자 관리 전문인력

모든 직원에 대해 후원자 서비스 교육이 이루어져 즉각적으로 대처할 수 있는 능력을 갖추는 것도 중요하다. 그러나 무엇보다 모금과 후원자 관리를 전담하는 인력을 배치하는 것이 필요하다.

④ 다양한 후원자 관리프로그램

후원을 지속시키기 위해서는 단순히 감사 서신이나 기관 소식지 발송만으로는 부족하고, 후원자가 무언가 특별한 대우를 받고 있다고 느끼고, 긍지와 자긍심, 나아가 소속감까지 느낄 수 있도록 다양한 후원자 관리프로그램이 필요하다.

## 2. 사회복지 홍보

### 1) 홍보의 개념과 기능

#### (1) 홍보의 개념

홍보는 "대중과의 관계(Public Relations: PR)"로 알려져 있으며, 한 조직이 대중과의 원활한 관계를 유지하고자 하는 제반 노력을 의미한다. 이는 조직이 단순하게 대중들로부터 좋은 평판을 얻기 위한 활동을 말하는 것뿐만 아니라 조직 그 자체나 제품 · 서비스 · 활동 등에 대해 이해관계자로부터 신뢰감과 인지도 등을 얻기 위한 일체의 커뮤니케이션 활동과 조직의 이념이나 상황을 사회에 제대로 알려 조직과 사회가 원활한 관계를 형성하고 공생하도록 도모하는 일체의 활동을 포함한다(강종수, 2019).

PR(Public Relations)은 조직과 그 대중 간의 상호이해를 넓히고 유지하기 위해 의도적으로 계획된 조직 자체의 제반 커뮤니케이션 활동과 그에 대응하는 지속적인 노력을 말한다(최윤희, 1998; 정혜선, 2001). 즉, PR은 커뮤니케이션 과정으로 조직과 대중 사이의 호혜적 관계를 유지하기 위한 목적으로 사용되는 것이며, 이를 통하여 대중이 결정에 보다 용이하게 도달하게 하고 효과적인 기능을 발휘하도록 돕는 것을 말한다. 여기서 대중이란 같은 문제를 지니고 있으면서 때에 따라서는 문제해결을 위하여 조직적으로 행동할 수 있는 집단을 일컫는다. 이렇듯 PR이 대중을 관리하는 분야라면, 홍보(Publicity)는 대중을 관리하는데 필요한 기술적인 측면이 강조된 PR의 하위개념으로 언론매체에 조직에 관한 기사가 실리도록 하는 활동을 말한다.

### (2) 홍보의 기능

사회복지조직은 홍보활동을 통하여 지역주민과 원활한 관계를 유지하고, 신뢰감과 호감을 얻을 수 있도록 적합한 정보와 최대한의 이익을 제공하면서 동시에 기관의 활동에 대한 적극적인 참여를 기대하는 쌍방향 커뮤니케이션으로 전개해 나가게 되는 것이다. 이러한 홍보의 기능은 다음과 같다(장현주, 1997).

#### ① 홍보 본래의 기능

홍보 본래의 기능으로 사회적 취약계층의 존재와 이들의 사회적 요구를 대중과 지역조직에 알림으로써 이들에 대한 사회적 지원을 동원하고, 수혜 대상자들에게는 해당 사회복지기관의 목표와 특징, 기능과 사업 내용을 공지하여 사회복지프로그램의 효과적 사용을 유도하는 기능을 수행하는 것이다.

#### ② 공공교육의 기능

공공교육의 기능으로 어린이, 청소년, 부모, 노인 등에게 사회적 적응과 성장에 관한 정보를 제공하고, 개인과 가족 또는 사회적 위기를 예방할 수 있는 다양한 프로그램의 내용을 소개하여 지역사회를 교육시키는 기능을 수행하는 것이다.

#### ③ 예방의 기능

예방의 기능으로 고립되거나 역경에 처한 사람들에게 유용한 재활의 정보를 제공하고, 자조 또는 원조 집단에 대한 정보와 기능을 제공하며 그들의 의욕을 북돋는 기능을 수행하는 것이다.

## 2) 사회복지 홍보의 필요성과 목적

### (1) 사회복지 홍보의 필요성

앞서 언급한 바와 같이 사회복지조직은 홍보활동을 통하여 지역주민들에게 다양한 정보를 제공하며, 사회복지조직의 활동에 적극적인 참여를 유도해야 한다는 측면에서 그 중요성이 부각되고 있다. 사회복지 홍보의 필요성은 다음과 같다.

- 사회복지조직에서 하는 일을 지역사회에 정확하게 알려서 이용대상자 및 그의 가족에게 적절한 정보와 서비스를 제공하기 위해서이다.
- 지역사회 구성원의 사회복지조직에 대한 인지도를 높여 이해와 동의를 구하고, 사회복지조직에서 제공하는 다양한 사업에 동참을 유도하기 위해서이다.
- 노인 · 장애인 · 청소년 등 이용대상자의 문제와 복지에 대한 이해를 증진시키고, 부정적인 인식을 개선하고, 예방과 계몽활동을 촉진하기 위해 홍보는 필요하다.

### (2) 사회복지 홍보의 목적

사회복지조직은 대두되고 있는 홍보활동의 중요성과 함께 다음과 같은 홍보의 목적을 가지고 있다.

- 효과적인 홍보방법을 활용하여 사회복지조직의 목적과 하는 일을 지역사회에 알린다.
- 사회복지조직 내부는 물론 사회복지조직과 지역사회의 이해 관계자들과

원활한 의사교류를 촉진한다.
- 지역사회로부터 인정을 받는다.
- 지역자원의 참여를 증진한다.

### 3) 사회복지 홍보의 원칙과 과정

#### (1) 사회복지 홍보의 원칙

사회복지 홍보에 있어서는 홍보의 표적과 대상의 규명, 홍보자원평가, 홍보 대상자의 이익 고려, 홍보의 전문성 제고, 홍보의 정직성 및 홍보를 통한 참여자들의 심리적인 보상이 고려되어야 하며, 누가, 누구에게, 무엇을, 왜, 어떻게 알릴 것인지에 대한 원칙들이 지켜져야 할 것이다(김광식, 1999; 정혜선, 2001). 구체적인 사회복지 홍보의 원칙들은 다음과 같다.

- 기관의 목적 및 소명헌장을 분명히 한다.
- 홍보의 주체를 분명히 해야 한다. 사회복지기관 및 시설 등 관련 단체는 홍보 관련 실무자와 책임자가 명확한 가운데 해당 기관의 목적과 성격에 맞는 홍보를 실시해야 한다.
- 홍보의 대상이 명확해야 한다. 어떠한 조직이든 홍보의 성패는 표적대상을 만족시키는 데 있기 때문이다. 따라서 사회복지기관은 다양한 부류의 대중을 인식해야 하며, 어떠한 대중을 홍보의 표적으로 설정할 것인지 분명히 해야 한다.
- 접근하고자 하는 대상을 명확히 한다. 즉, 홍보의 대상이 누구인지를 정확히 규명해야 한다.
- 무엇을 전달할 것인지 메시지가 분명해야 한다. 홍보는 메시지를 통해서 주체와 객체가 연결된다는 사실을 명심하고, 가장 효과적이고 분명한 메시지 창출에 힘써야 한다.
- 홍보의 목적을 명확히 해야 한다. 사회복지기관은 기관의 이미지 개선 및

인지도를 향상시키기 위하여, 시행하고 있는 프로그램을 홍보하기 위하여, 인적 · 물적자원을 개발하기 위하여 홍보활동을 전개한다. 따라서 각각의 목적에 대한 세부목표를 설정하는 것이 중요하다.

- '어떻게 알릴 것인가'의 문제는 다양한 홍보수단의 선택과 홍보의 전문성을 위한 끊임없는 노력이 함께 수반되어야 할 것이다.
- 활용할 수 있는 자원들을 평가한다. 자원의 평가는 물적자원인 자금은 물론 권력, 기술과 같은 모든 것을 포함해야 한다.
- 기관에 도움을 줄 대상들에게 먼저 이익을 주어야 한다.
- 광고, 선전, 팸플릿에 관한 준비 및 참여와 관련한 홍보활동의 특별한 기법을 알아두어야 한다.
- 절대적으로 정직해야 한다. 즉, 제공하고자 하는 정보에 대해서 왜곡하거나 과장하지 말아야 한다는 것이다.
- 도움을 주는 사람들에게 또는 관심을 갖는 대상자들에게 감사해야 한다. 즉, 감사의 뜻을 전달해야 하는 과정이 포함되어야 한다.

### (2) 사회복지 홍보의 과정

#### ① 시장 분석

사회복지조직 홍보와 관련한 욕구, 문제, 정보 등을 수집 · 분석하여 현상을 파악한다.

#### ② 목표 설정

현상 파악을 근거로 홍보의 단기 · 장기적인 목표를 정리하고, 구체적이면서도 일관성을 유지하도록 한다.

#### ③ 대안의 선택

목표를 달성하기 위한 세부적인 계획과 전략 등을 종합적으로 검토하여 수립하고, 실현 가능성과 우선순위에 따라 시간, 예산, 인력 등의 계획을 정리한다.

④ 실행

목표 대중, 매체선정, 육하원칙에 근거한 설득 메시지, 목표와 주제를 지속적으로 유지할 전술 개발 등등 상황에 맞는 융통성과 신축성을 갖고 적기에 홍보를 수행한다.

⑤ 평가

홍보계획의 결과와 사용된 방법이나 기술의 효과, 대중의 반응들을 평가하고 분석하여, 목표 수정을 할 수 있도록 피드백을 한다.

### 4) 사회복지 홍보방법

#### (1) 대외 홍보

연간 홍보할 사항을 각 부서로부터 수렴하여 시기, 사안, 주제를 정리하여 전년도 연말에 차기 연도 연중 계획을 세운다. 그 다음 세부 홍보 계획을 사안별로 1~2개월 전에 계획안을 수렴하여 홍보담당이나 그 역할을 맡은 사람이 홍보 매체를 선정하여 보도자료를 배포한다. 배포방법은 이메일, 팩스, 우편발송, 직접 전달 등이 있다. 홍보 매체는 관보, 신문, 잡지, DM(Direct mail), 책자, 동영상, 사진, 인터넷 등이 있으며, 매체별 특성을 파악하여 그에 따른 홍보 전략을 세운다. 홍보의 매체는 시각, 청각, 시청각 그리고 호소하는 매체 등으로 분류하기도 하고 매체별로 분류하기도 하는데 대표적인 매체의 특징과 고려점을 살펴보면 다음과 같다.

① 관보

관보는 조직원 간의 친목 강화, 지역사회 구성원의 참여를 유도하기 위함이다. 대부분의 사회복지시설에서 관보를 발간하고 있는데, 사회복지조직의 주요 정책과 각종 행사 및 정보를 뉴스 형태로 실을 수 있고, 독자가 즐길 수 있는 내용과 조직에서 알리고 싶은 내용을 마음껏 실을 수 있다는 장점이 있다. 반면에 커다란 이슈를 창출할 만한 내용이 없거나, 형식적인 발간으로 인해 지역사회 구성원의 관심에서 멀어질 수 있다는 단점이 있다. 그리고 관보를 제작하는 데에 인력과 예산의 부담이 있는 것도 사실이다.

② DM

우편으로 발송하여 직접 설득하는 방법이다. 비용 부담이 크지만 잘 활용되면 적극적이고 효과적인 방법이다. 그러나 비용이 많이 들 수 있으며 정확한 명단 입수가 쉽지 않고 회신율이 낮다는 단점이 있다.

③ 동영상과 사진 홍보

기타 매체에는 동영상과 사진 홍보가 있는데, 백 마디의 말보다 한 장의 사진, 한 편의 동영상이라고 할 정도로 사실성에 강한 호소력을 갖고 있다는 장점이 있다.

④ 보도자료

사회복지조직과 관련된 일 중에 뉴스가 될 만한 사안을 잘 정리하고, 그 사안에 대해 새로운 의미를 부여한다. 예를 들어, 사회복지조직에서 주최하는 프로그램이 지역사회에 호의적인 영향을 끼친다는 것을 알리거나, 사회복지조직에 대한 인지도 상승과 지역사회 구성원의 인식을 바꿀 수 있는 메시지를 담고 있는가 등을 잘 각색하여 의미 부여를 하는 것이다. 보도의 경우 홍보자료 배포 후 목표 대중의 반응과 결과를 점검하여 다음 홍보 시에 반영하고, 보도를 해 준 곳에 감사를 표한다. 홍보 메시지는 신뢰성이 있고, 이목을 끌 수 있어야 하며, 명료해야 한다.

#### (2) 체험

사회복지시설을 체험하는 것은 사회복지시설에 대한 의식 변화에 대한 긍정적인 경험을 할 수 있는 좋은 기회이기에 사회복지시설에 대해 잘 알고 있는 사람이나 홍보 담당이 맡아야 한다. 체험자들에게는 사회복지시설을 소개하는 리플릿, 동영상 비디오를 활용, 시청각 자료를 통한 종합적인 사회복지시설 홍보를 한 후 체험을 유도한다. 후원, 자원봉사자 모집, 사회복지시설의 당면 현황 등의 메시지를 체계적으로 정리하여 소개한다.

#### (3) 시청각 자료 제작

사회복지시설 홍보에 활용할 수 있는 내용을 담은 비디오, 슬라이드, 사진 등을 정리하고 제작하며, 촬영할 자원이 부족하면 자원봉사자 등을 적극적으로 활용하여 추진한다. 사회복지시설은 행사를 할 때 직접 녹음, 촬영 등을 통해 기록을 남기고, 각 프로그램별로 소개용 슬라이드나 비디오를 제작하여 보관한다. 제작된 자료는 종류에 따라 분류, 보관한다. 또한 보도용 자료는 언제든지 활용 가능토록 준비해야 한다.

#### (4) 인터넷 홈페이지

인터넷 홈페이지는 사회복지기관의 프로그램, 소식 등 관련 내용을 이용자가 접근하기 쉽고 사용하기 유용하게 정리하여 관리해야 한다. 홈페이지의 커뮤니티를 적극적으로 활용하여, 관내 커뮤니케이션을 활성화하여 온라인(on-line)에서의 활성화가 오프라인(off-line)으로 유지될 수 있도록 한다.

### 5) 인터넷과 사회복지 홍보

#### (1) 인터넷 홍보의 특성 및 효과

인터넷 이용의 확산 및 인터넷 시장의 성장, 사회복지분야의 정보화는 기관의 웹사이트 구축을 빠르게 성장시켰다. 이제 비영리조직인 사회복지기관도 인터넷이라는 매체를 이용하여 홍보활동을 전개하게 되었고, 이는 사회복지계가 정보화시대 속에 자신의 위치를 확고히 하는 출발점으로서 중요한 가치를 갖는 것이라 할 수 있다. 특히, 사회복지기관의 홍보는 서비스 이용자와 제공자 그리고 이를 후원하는 자들 간의 쌍방향 의사소통이 원활하게 진행되도록 하는 것을 말하며, 서비스 이용자의 욕구가 신속하게 서비스 제공자에게 전달된다면 보다 적절한 처우가 마련될 수 있기 때문에 인터넷을 활용한 정보유통구조가 필연적으로 요구되고 있다(홍금자, 1998; 정혜선, 2001).

이러한 인터넷이라는 매체의 특성을 바탕으로 사회복지기관은 지금까지 어떠한 매체로도 접근하지 못했던 잠재적 대중을 확보할 수 있다. 서비스 이용자와 인적 · 물적 후원자가 기관에 참여할 수 있는 기회를 넓힐 뿐 아니라 조직의 서비스를 제공할 수 있는 가능성을 확대시키며, 기관이나 기관의 정책에 대한 관심정도를 파악할 수 있는 자료를 수집할 수 있다. 이뿐만 아니라 사회복지기관이 제공하는 정보를 통하여 새로운 교육의 장을 마련할 수 있으며, 사회복지에 친숙하지 않은 일반인들에게 복지 관련 정보와 이슈를 적극적으로 알려 보편화시키는 통로로 사용될 수 있다. 인터넷 이용자나 잠재적 대중의 입장에서는 기관의 후원자와의 직접 연결로 인한 신뢰감 구축과 기관 활동이나 행사 등의 최신정보 입수, 후원방식의 간소화 등 시 · 공간적인 제약을 극복하는 혜택을 누리게 된다. 이와 더불어 정보 기술의 발전과 함께 전자결제의 등장으로 인터넷상의 기부금 송금 확인 등의 편리한 후원환경을 제공받을 수 있다(임종민, 2000).

### (2) 인터넷 홍보전략

인터넷 웹사이트의 원활한 운영을 통하여 홍보활동을 전개하기 위해서는 웹사이트가 갖추어야 할 구축 전략이자 홍보활동의 실행 전략으로서 5C의 개념이 고려되어야 한다(임종민, 2000).

#### ① 콘텐츠(Contents)

콘텐츠란 인터넷 사용자가 컴퓨터 화면을 통해 만나게 되는 첫 접점으로 정보의 내용과 웹사이트, 디자인, 그리고 상호 작용을 뒷받침할 수 있는 기술의 세 가지 요소들이 적절히 조화되어 구성된 것을 말한다.

② 커머스(Commerce)

커머스란 인터넷상에서의 쇼핑몰 및 상품의 판매를 의미하는 것으로 기업의 경우 수익 창출의 수단으로 활용된다. 인터넷은 원 스톱의 상품 구매가 가능하며 매출 발생의 즉각적인 집계가 이루어진다는 점에서 그 효율성이 높다. 사회복지기관의 웹사이트에서 커머스란 후원 상품 및 프로그램으로 응용되며 기존의 기부 절차보다 더 많은 정보를 제공하고 온라인 또는 사이버 모금 등 후원 방식의 간소화를 통해 후원의 사이클을 단축시키는 장점이 있다.

③ 커뮤니티(Community)

커뮤니티란 웹상에서 비슷한 취미나 관심을 가진 사람끼리 각 분야별로 일종의 사이버 동호회를 결성하여 회원들 간의 정보교환 및 의견교환을 이룰 수 있는 공간이다.

④ 커뮤니케이션(Communication)

커뮤니케이션이란 인터넷상에서 사용자 간의 의사소통을 가능하게 해 주는 매개체이다. 즉, 이메일, 게시판, 뉴스그룹 등을 통해 서로의 의견을 교환하고 자유로운 토론을 하며 만족과 불만족을 표현한다. 또한 웹진이나 뉴스레터를 통하여 기관의 새로운 소식을 지속적으로 제공한다.

⑤ 커넥션(Connection)

커넥션이란 기관 간 사이트 링크에서부터 동종, 이종 간의 공동 마케팅에 이르기까지 기관의 홍보활동을 위하여 타 기관과 연계하는 것을 말한다. 수많은 웹사이트가 존재하는 인터넷상에서 사회복지기관은 사용자가 기관의 사이트에 관심을 가지도록 하기 위한 방법들을 개발할 필요가 있다. 특히, 다양한 서비스나 콘텐츠를 고객에게 제공하기 위해서는 동종 또는 이종 간의 공동 마케팅 전략은 불가피하다.

## 6) 대중매체 활용을 통한 홍보

### (1) 대중매체 활용의 이점

사회복지조직에서는 홍보활동을 위해 다양한 매체를 활용하고 있으나 대중매체 활용의 중요성이 날로 부각되고 있다. 대중매체를 활용하는 이점은 다음과 같다.

- 일반인들의 기관에 대한 인지도 제고
- 기관의 모금에 도움
- 문제가 심각해지기 전에 여론화함으로써 사회문제를 예방
- 문제를 부각시켜 정책결정자들에게 영향을 미칠 수 있음

### (2) 대중매체 활용의 유의점

대중매체를 적절하게 활용하기 위해 사회복지관의 홍보 담당자가 명심해야 할 사항은 다음과 같다(황성철 외, 2009).

- 평소 언론인들과 지속적인 관계를 유지하라.
- 언론사 내 다양한 사람들과의 접촉을 유지하라.
- 특정 사회문제에 있어서 전문가임을 언론사가 인지하도록 하라.
- 기관을 대변할 수 있는 위치임을 분명히 하라.
- 언론사 관계자가 본인을 쉽게 접촉할 수 있도록 하라.
- 언론사의 마감시간을 숙지하라.
- 독점 인터뷰가 아닌 경우에는 모든 언론사에 자료를 동시에 제공하라.
- 언론도 실수할 수 있음을 기억하라.

- 기대했던 이야기가 실리지 않더라도 실망하지 마라.
- 말하는 것이 그대로 실리지 않을 수 있음과 말한 모든 것이 실릴 수 있음을 기억하라.

제12장

# 정보관리와 문서관리

# 1. 정보관리

## 1) 정보관리의 개념

정보란 광(光) 또는 전자적 방식으로 처리되는 부호, 문자, 음성, 음향 및 영상 등으로 표현된 모든 종류의 자료 또는 지식을 말하며(「지능정보화 기본법」, 제2조), 수신자에게 의미 있는 형태로 처리된 데이터이며 현재 또는 미래의 결정이나 행동에서 실제적이거나 인지된 가치를 지니는 것이라 할 수 있다(신복기 외, 2019). 「지능정보화 기본법」 제3조에서는 정보화를 '정보를 생산 · 유통 또는 활용하여 사회 각 분야의 활동을 가능하게 하거나 그러한 활동의 효율화를 도모하는 것'으로 규정하고 있다.

한편, 정보관리란 조직의 행정가가 조직의 목표를 효과적이고 효율적으로 달성하기 위하여 각종 자료와 정보를 획득, 기록, 분석, 전달 · 배포, 사용 · 저장하는 등의 수집된 정보를 처리하고 조직화하며 관리하는 일련의 체계와 절차라 할 수 있다(장동일, 2006; 강종수, 2011). 따라서 사회복지조직에서의 정보관리는 조직의 운영, 관리, 분석 및 의사결정기능을 지원하는 데 필요한 정보를 적시에 효과적으로 제공함으로써 조직의 목적을 효과적으로 달성하기 위해 사용된다고 할 수 있겠다(배은영 외, 2012).

## 2) 정보관리의 필요성

지능정보화사회라고 부르는 현대사회에서 조직의 행정가는 새로운 정보를 획득하고 개발하여 활용하는 능력이 요구되며, 효과적이고 효율적인 정보관리는 사회복지조직의 중요한 관리활동의 하나로 그 중요성이 날로 강조되고 있다(이상구 외, 2009). 이와 같이 사회복지 분야에서 정보관리는 조직관리, 교육, 정보교환, 그리고 임상치료 등 다양한 업무에 활용될 수 있다는 점에서 그 필요성이 인정되며, 사회복지서비스 공급자의 입장에서 볼 때 사회복지 정보화는 다음과 같은 점에서 그 필요성이 인정된다.

### (1) 클라이언트의 욕구에 대한 효과적 대응

사회복지 정보화는 클라이언트의 욕구에 보다 효과적으로 대응할 수 있도록 한다. 사실상 특정 문제나 욕구를 지닌 클라이언트들이 자신의 욕구를 해결하기 위하여 어느 기관에서 어떤 서비스를 받아야 되는지, 그리고 서비스를 받기 위해서 어떤 절차를 밟아야 하는지 등에 대하여 잘 모르는 것이 대부분의 현실이다. 이러한 경우에 사회복지서비스를 제공하는 공급자들 간의 협조체계와 네트워크가 갖추어져 있다면 클라이언트에 관한 종합적인 서비스 제공과 사례관리가 가능할 것이다.

### (2) 서비스의 질과 생산성 향상

사회복지 정보화는 서비스의 질과 생산성을 높이는 데 기여할 것이다. 즉, 각 서비스 기관들이 개발한 프로그램이나 전문지식 등을 서로 공유할 수 있는 정보체계를 갖추고 있다면, 서비스의 질을 높일 수 있을 뿐만 아니라 프로그램 개발과 운영에 소요되는 비용을 줄이는 효과를 볼 수 있을 것이다.

### (3) 서비스 이용률과 효과성 제고

사회복지 정보화는 서비스의 이용률과 효과성을 높이기 위하여 필요하다. 사회복지서비스의 양적 확대는 서비스 공급주체의 다원화를 수반하고 있다. 즉, 정부기관뿐 아니라 민간부문에서도 양질의 서비스를 제공하고 있으나 수요자가 몰라서 이용하지 못하거나 공급자가 적당한 수용자를 찾지 못하여 서비스의 이용률이 떨어지는 경우가 있다. 이러한 문제를 해결하기 위해서는 각종 사회복지서비스의 통합 창구를 마련하여 복지자원과 복지욕구가 적절히 연결되고 또한 서비스들이 유기적으로 연결됨으로써 상승효과를 지니도록 해야 한다.

## 3) 사회복지조직 정보관리체계

### (1) 정보관리체계

정보관리체계는 인간이 가지는 인지능력과 시간성 한계를 극복하도록 도와주며, 대량의 복잡한 정보를 일정한 기준에 따라 분류하여 체계화된 구조로써 다양한 자료들을 수집하고, 저장하고, 처리하여 유용한 정보로 전환하는 것을 말한다(장동일, 2006). 이처럼 정보관리체계는 관련 자료와 지식을 포함한 다양한 정보를 보다 효과적이고 효율적으로 활용할 수 있게 하는 편리한 도구로서 조직관리나 의사결정에 필요한 데이터를 지원해 주게 된다. 아울러 정보관리체계는 사회복지조직의 정책결정과 행정을 위한 다양한 정보는 물론, 일선 사회복지사들의 담당업무에 필요한 정보까지를 포괄적이고 체계적으로 정리 · 분류한다(배은영 외, 2012).

### (2) 정보관리체계의 유형

정보관리체계의 유형은 지식기반 체계, 의사결정지원 체계, 업무수행지원 체계로 구분된다.

#### ① 지식기반 체계(knowledge-based system)

지식기반 체계는 의사결정지원을 목적으로 하며, 전문가 체계, 사례기반추론, 자연음성처리 등이 포함된다.

#### ② 의사결정지원 체계(decision support system)

의사결정지원 체계는 효과성과 의사결정의 특성 탐구에 초점을 두고 있으며, 복잡한 의사결정을 보다 쉽게 할 수 있도록 지원하기 위한 목적으로 고안되었다.

③ 업무수행지원 체계(performance support system)

업무수행지원 체계는 현장에서의 업무수행능력을 향상시키기 위해 개발된 통합정보제공 체계로 성과를 목적으로 하고 있다.

### (3) 사회복지조직 정보체계의 구성

사회복지조직에서의 정보체계는 크게 세 가지 하위 정보체계들로 나누어진다(김영종, 2017).

① 클라이언트 정보체계

클라이언트 정보체계(client information system)는 〈표 12-1〉과 같이 클라이언트에 관한 정보, 클라이언트와 서비스 프로그램 간의 상호작용 등에 관한 정보를 생성하고, 조직하고, 또한 보급하는 데 관심을 갖는 정보체계이다. 이 체계의

〈표 12-1〉 클라이언트 정보체계의 단계별 획득 정보

| 단계 | 획득 정보 |
|---|---|
| 확인 | 서비스의 잠재적 수요자 명단, 다른 기관의 의뢰, 비공식접촉을 통한 잠재적 서비스 대상자에 대한 자료 등 |
| 접수 | 개인이나 가족, 집단에 대한 자료 등 |
| 자격 여부 결정 | 대상자가 서비스 참여에 대한 자격 여부 판단을 위한 자료 산출, 서비스 비용을 누가 부담할 것인가 등 |
| 프로그램 | 문제, 욕구, 계획 간의 관계에 대한 기록, 문제는 때로 구술형식으로 하는 반면 서비스 계획은 개인적 또는 사례 개입 목표를 구체적으로 기록한 자료 |
| 서비스 전달 | 언제, 누가, 어떤 서비스를 제공했는지, 연결된 서비스의 경우 그 과정에 대한 자료도 포함 |
| 모니터링 | 서비스 계획과 실제 제공한 서비스 비교 자료 |
| 평가 | 서비스 평가와 관련된 자료 |
| 종료 | 서비스 종료 시기와 종료 이유, 서비스 제공 목표의 실현 여부, 다른 기관에 의뢰 여부 |

출처: 홍봉수 외(2012).

기본적인 기능은 프로그램에 참여하고 있는 클라이언트들에게 서비스를 제공하는 데 초점을 둔다.

② 조직 정보체계

조직 정보체계(organization information system)는 사회복지사업에 있어 기획이나 예산, 보고, 비용평가 등과 같이 기본적인 사회복지행정적 기능들을 보조하는 역할을 수행하는 것으로, 주로 외부의 자금 제공기관들에 의해서 요구되는 정보를 수집하는 경우가 많다. 조직 정보체계에 의해서 지원되는 전형적인 기능들은 욕구사정, 시설 및 운영에 관한 기획, 예산, 연구조사, 직원 및 임금대장, 회계 및 비용통제, 통계보고 및 예측 등이다.

③ 업무수행 정보체계

업무수행 정보체계(performance information)는 의사결정의 향상이나 프로그램의 생산성 및 효과성의 다양한 측면들을 평가하기 위해 요구되는 정보들을 다룬다. 업무수행 정보체계는 굳이 새로운 정보시스템을 운영하지 않더라도 기존의 클라이언트 정보체계와 조직 정보체계의 합성에 의해서 가능하다. 물론 이러한 합성은 두 체계가 자료들을 호환하거나 공유할 수 있는 통합성을 갖고 있는가에 의해서 좌우된다.

## 4) 국가복지정보시스템

### (1) 국가복지정보시스템의 추진배경과 의의

국가복지정보시스템은 제공기관 업무전산화를 통하여 업무의 효율성을 증대하는 것에 일차적인 목표가 있으며, 이차적으로는 입력된 데이터를 수립 · 관리함으로써 정보제공의 정보화를 구축하는 데 목표가 있다.

국가복지정보시스템을 통하여 '사회복지시설'은 사회복지 업무의 표준화 및 행정업무의 간소화 · 투명화, 시 · 군 · 구 행정기관 제출 서류의 온라인 접수 등이 가능해지고, 전산시스템 사용 및 유지보수 비용의 절감을 기대할 수 있다. 또한 '시 · 군 · 구 행정기관'의 경우 민간사회복지자원의 효과적 관리, 중복업무의 최소화, 행정업무의 간소화 등이 가능해지며 '보건복지부'는 시설현황 파악 및 사회복지민간자원 현황 등 실시간 통계 검색을 통하여 효과적인 정책수립기반 확보가 가능하다. 이러한 기능을 기반으로 '일반 국민'은 시설이용의 편의성이 증대되고, 시설업무나 투명성을 통하여 신뢰감을 구축할 수 있으며 궁극적으로는 사회복지 관련정보의 접근성이 제고될 것이다.

### (2) 국가복지정보시스템 구축사업

국가복지정보시스템은 복지포털시스템, 시설들의 내무업무 지원시스템인 복지서비스 신청시스템, 복지서비스 이력관리시스템, 복지서비스 이력정보 공동이용시스템, 회계통합시스템으로 구성되어 있다. 국가복지정보시스템은 2005년 8월(제1차 구축사업)에 복지정보 포털시스템(메인포털 및 장애인포털)과 장애인시설 중심의 복지서비스 신청시스템, 복지서비스 이력관리시스템, 서비스이력정보 공도이용시스템 등이 구축되었으며, 2006년 7월(제2차 구축사업)에는 복지정보 포털시스템 중 노인포털이 확대 구축되었고 노인시설 중심의 복지서비스 신청시스템, 복지서비스 이력관리 시스템, 복지서비스 이력정보 공동이용시스템, 그리고 회계통합시스템이 구축되었다. 2007년 4월까지 제3차 구축사업으로 복지정보 포털시스템에 대한 콘텐츠 유효성 확보, 재가시설 및 아동시설의 복지서비스 신청시스템, 재가시설 및 아동시설의 복지서비스 이력관리시스템, 회계통합관리시스템을 구축하였다(신복기 외, 2008).

### (3) 주요 국가복지정보시스템

#### ① 사회보장정보시스템(행복e음)

사회보장정보시스템은 각종 사회복지 급여 및 서비스 지원 대상자의 자격과 이력에 관한 정보를 통합 관리하고, 지자체의 복지업무 처리를 지원하기 위해

〈표 12-2〉 국가복지정보시스템 추진 현황

| 부문 | 사업명 |
|---|---|
| 기초생활보장 | 사회복지통합관리망(행복e음, 사회복지시설시스템, 복지포털시스템) |
| 취약계층지원 | 실종아동기관 신상카드 등록관리시스템 |
| | 경찰청 및 실종아동전문기관 간 연계체계구축 |
| | 입양정보통합 위탁시범서비스시스템 |
| | 가정위탁통합정보시스템 |
| | 드림스타트 통합정보시스템 |
| | 장애인보조기구통합DB연계 |
| | 장애인장기요양 시범사업 기반시스템 |
| | 장애인편의시설 홈페이지 |
| | RFID기반 장애인전용 주차구역 |
| 보육·가족 및 여성 | 다문화가족지원정보시스템 |
| | 보육통합정보시스템 |
| 노인·청소년 | 기초노령연금 정보시스템 |
| | 독거노인 U-Care 시스템 |
| | U-119 자동신고시스템 |
| | 노인일자리사업통합정보시스템 |
| | 노인장기요양보험정보시스템 |
| | e-하늘 통합정보시스템 |
| | 성범죄자 신상정보등록 및 인터넷열람시스템 |
| 사회복지일반 | 사회복지사 자격관리시스템 |
| | 복지넷 |
| | 사회복지활동 인증관리시스템 |
| | 사회공헌정보시스템 |
| | 나눔종합정보망 |
| | 전자바우처 통합정보시스템 |

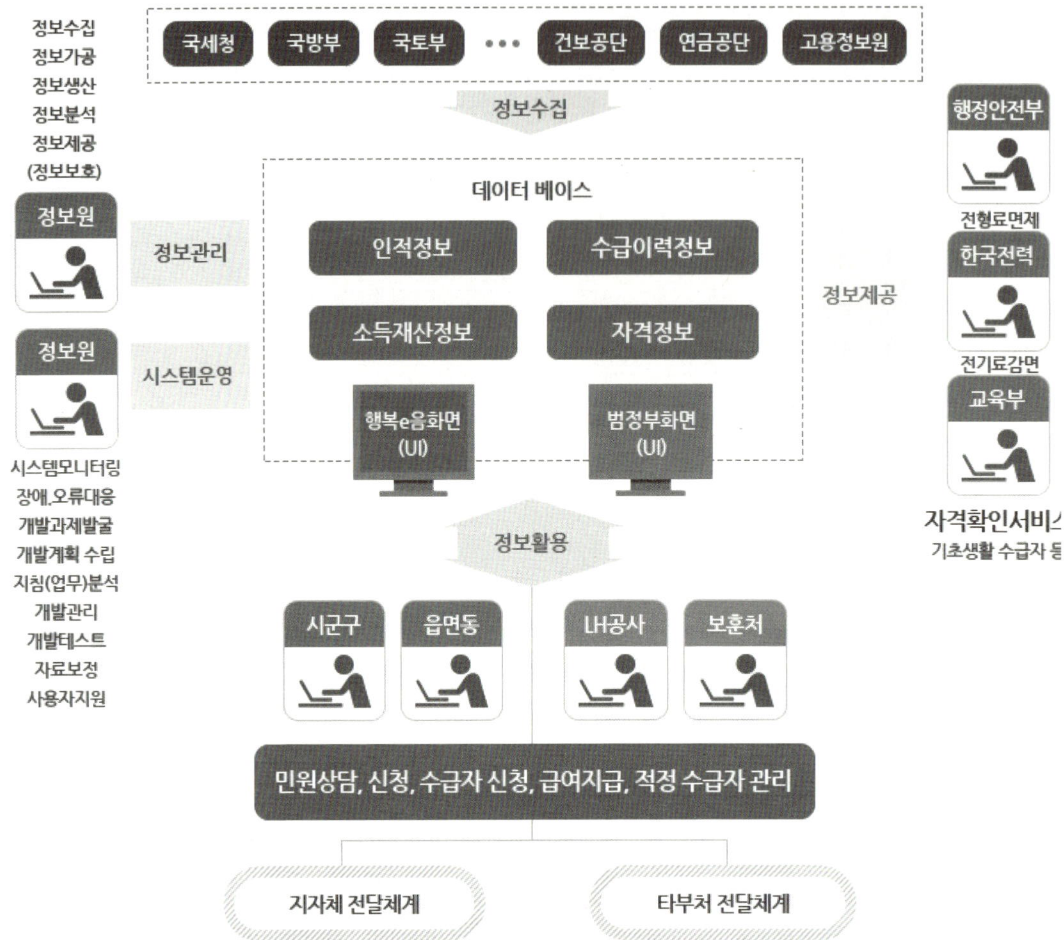


[그림 12-1] 사회보장정보시스템(행복e음) 구성도

기존 시군구별 새올행정시스템의 31개 업무 지원시스템 중 복지분야를 분리하여 개인별 가구별 DB로 중앙에 통합 구축한 정보시스템이다. 주요 서비스로는 5개 부처에서 관장하고 있는 기초연금, 영유아보육, 기초생활보장, 장애인연금, 긴급복지 등과 120개 사회복지사업이 있고, 복지대상자 선정 · 사후관리를 위해 소득 · 재산자료 및 서비스 이력정보를 연계하여 지자체에 제공함으로써 수급자 선정의 정확성 제고 및 담당 공무원의 업무수행 편의성을 제고하고 있다.

② 사회복지시설정보시스템

사회복지시설정보시스템은 사회복지법인 및 시설업무의 정보화를 위해 보건복지부에서 구축한 통합관리시스템으로, 2004년 국가복지정보시스템으로 도입되어 2009년 6월 지금의 명칭으로 변경되었다. 이 시스템은 사회복지시설 업무의 표준화, 투명화 및 사회복지업무의 전자화를 위한 사회복지시설 통합업무관리시스템이다. 또한 구축된 데이터를 기반으로 효과적인 사회복지 정책수립 지원과 대국민 시설이용 편의성 증대에 목적이 있다. 사회복지시설정보시스템의

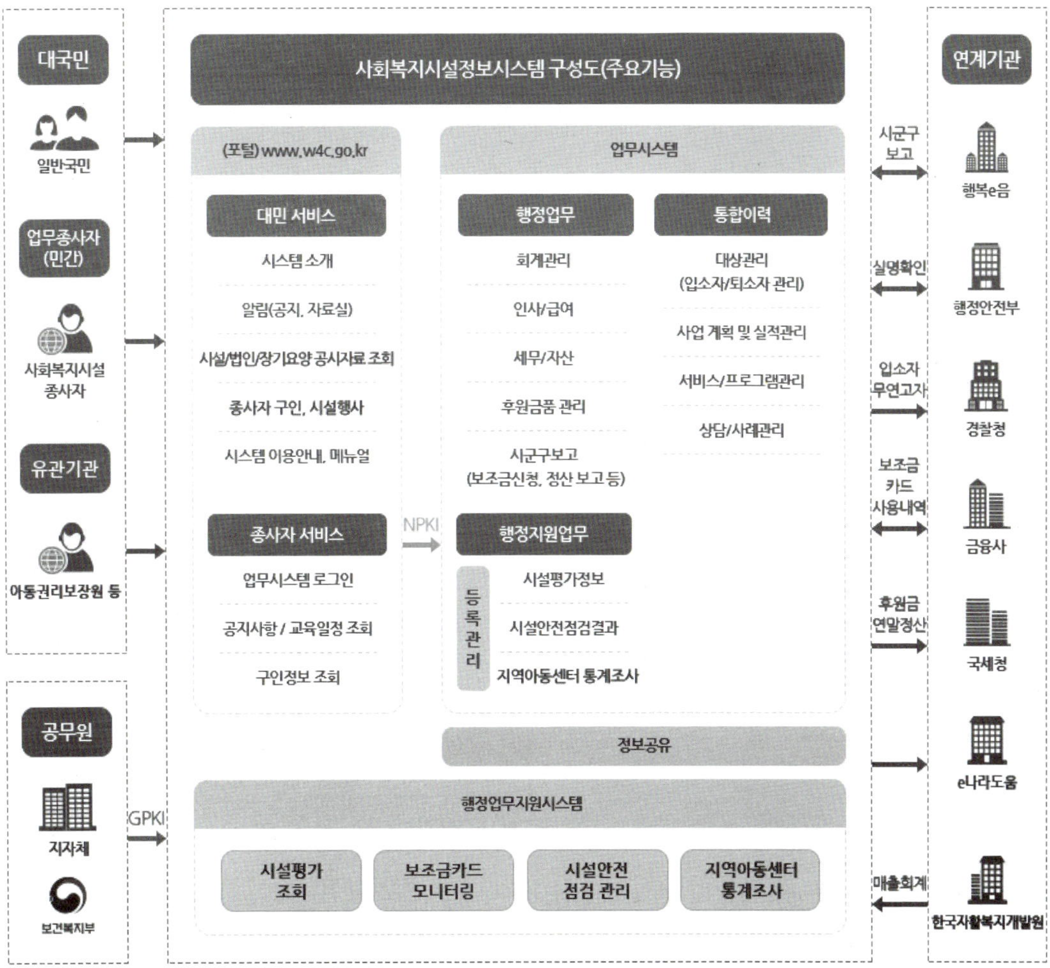


[그림 12-2] 사회복지시설정보시스템 구성도

주요 서비스는 다음과 같다.

- 회계: 전표의 입 · 출력, 검색 보고서 출력/ 거래내역 관리(지출결의서, 수입결의서 등)/ 예산 관리 및 예산실적, 잔액 관리
- 인사 · 급여 · 자산관리: 임 · 직원의 인사관리, 근태관리/ 임 · 직원의 급여관리, 퇴직적립금관리/ 비품 · 소모품 등 자산관리
- 세무: 원천세 관리/ 사업소득, 기타소득 관리/ 각종 세무자료 출력 지원
- 후원관리: 후원자 등록, 후원금 입력, 영수증 발행 등/ 후원자 및 결연자 정보 관리/ 후원금 입금, 지급 관리 및 CMS
- 이력: 서비스종별 서비스 이력관리 기능/ 생활자(이용자) 등록, 검색, 입 · 퇴소의 정보 관리 등/ 대상자관리, 상담관리, 일지관리, 프로그램관리, 급식관리 등의 상세정보 관리
- 시군구 보고: 사회복지시설 소관 시군구로 문서 보고/ 사회복지시설 보조금 교부금 신청 및 정산보고, 정기 보고, 수시 보고/ 예산서, 추경예산서 작성 및 세입세출 결산 보고 등

③ 복지로

복지로는 보건복지부가 국민의 수요에 기반하여 신속하고 질 높은 복지 관련 콘텐츠와 서비스를 통합하여 제공하기 위하여 2005년 8월부터 개설한 공공 포털이다. 복지로는 각 부처의 복지서비스 정보를 모아 한눈에 볼 수 있도록 제공하고 맞춤검색에서 온라인 신청까지 실생활 중심의 복지정보와 서비스를 제공하는 대한민국 대표 복지포털이다. 복지로의 주요 서비스는 다음과 같다.

- 복지서비스: 복지서비스를 생애주기, 가구상황, 관심주제, 지역별로 검색
- 복지정보: 알차고 유용한 복지 관련 정보 확인
- 온라인신청: 복지서비스 신청과 증명서 발급을 언제 어디서나 온라인에서 신청

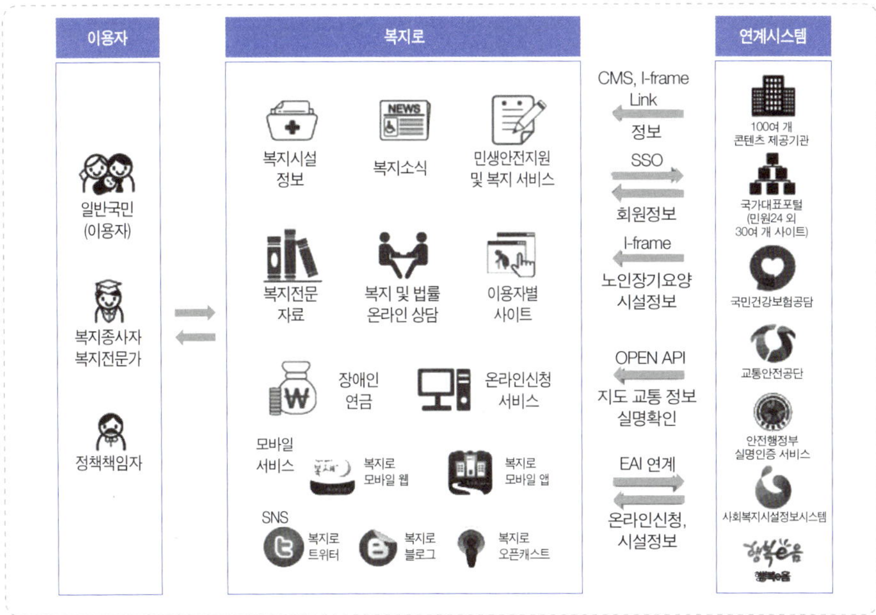


[그림 12-3] 복지로 시스템 구성도

- 복지도움요청: 본인 또는 이웃이 도움을 요청하여 상담 및 서비스 지원
- 부정수급신고: 복지부정 수급을 익명 또는 실명으로 신고하여 소중한 복지 예산을 지킴

# 2. 문서관리

## 1) 문서관리의 개념

문서관리는 관리활동을 촉진하는 기능으로서 이러한 촉진 기능은 의사전달 기능과 의사보존 기능으로 분류된다. 의사전달 기능은 문서 사무 면에서 구분하면 각종의 문서수발, 문서작성, 문서처리 등을 통하여 문서통제가 이루어지고, 의사보존 기능은 문서처리가 완료된 문서를 정리 및 보관이 원활하게 진행

될 수 있도록 하는 효율적인 대내문서 절차 등을 말한다. 즉, 문서관리는 원활한 정보 전달을 통하여 사무관리 활동에 정확하고 효과적인 의사결정을 가능하게 하므로 문서의 보관 · 보존에 있어 공간과 시간을 절약할 수 있고, 기록 · 관리하는 데 효과적으로 활용할 수 있으므로 사무환경의 개선 및 정리에 도움을 줄 수 있다(김영호 외, 2001).

### 2) 문서관리의 필요성

앞서 언급한 바와 같이 사회복지조직에서는 관리활동의 촉진과 원활한 정보 전달 등을 위한 문서관리의 필요성이 강조되고 있다. 구체적 문서관리의 필요성은 다음과 같다.

- 문서관리는 사회복지조직의 규모가 커지고 활동내용이 복잡해질수록 복잡한 내용을 기록하게 되며 이렇게 기록된 문서는 과거의 사업운영 형태 및 사업실적, 규모 등의 사회복지조직 운영에 필수적이다.
- 복잡한 업무일수록 분담의 필요성이 요구되어 각 분담기관, 즉 책임 부서 간의 정보교환의 정도가 높아지게 되기 때문에 문서관리가 필요하다.
- 사회복지조직의 활동에 따르는 여러 가지 아이디어를 기록할 기록물로서 보관 또는 보존되어 있는 각종 문서에 의해서 사회복지조직의 업무에 여러 가지 자료를 제공하여 사회복지조직 운영에 큰 밑거름이 되기 때문에 문서관리는 필요하다.
- 문서를 통한 각 책임 부서 간의 전달, 자료제공의 과정과, 회람, 공람 및 결재 과정에서 사회복지조직 운영사항과 사정이 파악되므로 업무의 상황을 파악할 수 있게 되고, 협조의 기능을 수행하기 때문에 문서관리는 필요하다.

### 3) 문서의 종류

문서의 종류는 작성주체, 유통대상, 목적, 성질, 문서의 처리 단계를 기준으로 구분할 수 있다.

#### (1) 작성주체에 따른 분류

① 공문서

공문서는 공적인 목적을 위하여 행정기관 또는 공무원이 직무상 권한 내에서 작성 · 시행하는 문서(도면, 사진, 디스크, 테이프, 도표, 필름, 슬라이드 등)와 행정기관에 접수된 문서를 일컫는다.

② 사문서

사문서는 개인이 권리 · 의무 또는 사실증명에 관한 사적인 목적을 위해 작성한 문서로, 개인의 사사로운 의사 또는 심경을 표시하는 문서를 말한다. 사회복지기관이 작성한 문서 또는 각종 허가서 · 신청서 등과 같은 것은 사문서이나, 행정기관에 접수된 것은 공문서이다.

#### (2) 유통대상에 따른 분류

① 대내문서

대내문서는 조직 내부의 지시, 명령, 협조, 보고, 통지 등을 위해 주고받는 문서이다.

② 대외문서

대외문서는 국민, 단체, 다른 행정기관 간(소속기관 포함) 주고받은 문서이다(예: 군수가 읍 · 면장에게 보내는 문서, 세무서장이 국세청장에게 보내는 문서, 행정기관이 민원인에게 보내는 문서 등).

③ 전자문서

전자문서는 컴퓨터 등 정보처리능력을 가진 장치에 의하여 전자적인 형태로 작성하여 주고받거나 또는 저장된 문서를 말한다.

### (3) 목적에 따른 분류

① 법규문서

법규문서는 헌법, 법률, 대통령령 등 각종 법령이나 법규를 총칭하는 문서이다.

② 지시문서

지시문서는 행정기관이 하급기관에 대해 일정한 사항을 지시하는 문서로, 훈령, 지시, 예규, 일일 명령 등이 이에 포함된다.

③ 공고문서

공고문서는 행정기관이 일정한 사항을 일반인에게 알리는 문서로서, 개정이나 폐지 없이 효력이 지속되는 고시와 단기적이고 일시적인 공고가 포함된다.

### (4) 성질에 따른 분류

① 비치문서

비치문서는 비치대장 등 행정기관이 일정한 사항을 기록하여 행정기관 내부에 비치하면서 업무에 활용하는 문서이다.

② 민원문서

민원문서는 민원인이 행정기관에 대하여 허가 · 인가 등 특정한 행위를 요구하는 문서와 그에 대한 처리 문서이다.

#### ③ 일반문서

일반문서는 비치문서와 민원문서 외의 문서를 말한다.

### (5) 문서처리 단계에 의한 분류

#### ① 접수문서

접수문서는 조직 외부에서 보내와 접수되는 문서로, 주관 부서에서 일정한 절차에 따라 처리된다.

#### ② 기안문서(결재문서)

기안문서는 결재문서라고도 하며, 결재권자의 결재를 얻기 위해 사무처리 초안을 기재한 문서이다.

#### ③ 완결문서

완결문서는 기안하여 결재를 거쳐 시행목적에 따라 완결된 문서를 말한다.

#### ④ 미결문서

미결문서는 결재가 아직 완료되지 않았거나 유보된 문서를 말한다.

#### ⑤ 합의문서

합의문서는 기안문서 중에서 다른 부서의 협조를 얻기 위하여 합의하는 문서이다.

#### ⑥ 시행문서(발송문서)

시행문서는 발송문서라고도 하며, 결재문서의 내용을 시행하기 위하여 규정된 서식에 의하여 작성된 문서를 말한다.

⑦ 보존문서

보존문서는 자료적 가치가 있어 보존을 필요로 하는 문서이다.

⑧ 보관문서

보관문서는 완결문으로서 보관될 문서를 말한다.

⑨ 미처리 문서

미처리 문서는 접수문서 또는 배포문서로서 어떠한 처리도 하지 않은 문서를 말한다.

⑩ 폐기문서

폐기문서는 보존 기간이 종료되어 폐기 처분되는 문서이다.

### 4) 문서관리의 원칙

문서관리는 필요한 정보를 적시에 사용하여 업무의 능률을 향상시키는 데 있다. 그러므로 효율적으로 문서를 관리하기 위한 기본원칙은 다음과 같다.

#### (1) 집중관리의 원칙

문서관리는 일반적으로 어느 한 부서에서 전체 문서를 전담 처리하여야 하며, 집중처리에서는 문서만을 전담하는 전담처리원칙이 실현되어야 함을 말한다. 집중처리와 전담원칙은 문서를 분산시키는 데서 오는 폐단을 방지하고 전문화의 이점을 살리는 데 의의가 있다고 하겠다. 하지만 개별적인 특수 조건이 반영될 필요가 없는 공통사무에만 적용하는 것이 일반적이며, 대부분 문서보관은 부서별로 집중관리하고 보존에 넘기는 문서만을 한곳에서 집중관리한다.

### (2) 사무자동화의 원칙

문서관리는 통일된 양식과 정연한 체제가 요구되며, 문서사무의 신속성 · 정확성을 도모하기 위하여 사무자동화가 요구된다. 이를 통해 수작업에 따른 소요시간을 절약할 수 있다.

### (3) 표준화 및 간소화의 원칙

문서관리에 있어서 문서처리, 문서취급, 문서작성, 문서정리 및 보관 등 사무처리 절차나 방법을 표준화하고 간결하고 요약된 합리적인 것을 만들고자 하는 원칙이다. 표준화와 간소화의 원칙에 따라 비생산적인 작업을 제거하고, 시간과 비용 그리고 직무 스트레스를 감소시키고, 간소화된 작업을 통해 보다 능률적인 업무처리를 가능하게 할 수 있다.

### (4) 즉일처리의 원칙

즉일처리의 원칙이란 해당 업무일 중에 어김없이 문서처리를 끝내야 한다는 원칙이다. 문서의 내용 또는 성질에 따라 그 처리기간이나 방법이 다를 수 있으나 효율적인 업무 수행을 위해 당일 즉시 처리하는 것이 바람직하다.

### (5) 적법성의 원칙

문서작성에 있어서 문서의 중요요건을 누락시킴으로써 문서의 신뢰성을 저해하거나 법령위반 등의 문제가 발생하기 때문에 문서는 규정에 따라 일정한 요건을 갖춘 권한 있는 자가 처리하여야 한다.

### (6) 책임처리의 원칙

문서처리에 있어서 어느 선까지 결재를 받을 것인가 또는 내용에 따라 다른 부서와의 관련성을 고려하여 필요한 조치를 취하여야 하며, 문서는 일정한 절차와 여러 단계를 거쳐서 처리되기 때문에 정해진 사무 분장에 따라 직무의 범위 내에서 책임을 가지고 관계규정에 따라 신속 · 정확하게 처리해야 한다.

## 5) 문서작성

### (1) 문서작성의 원칙

① 정확성의 원칙

정확성은 문서를 착오 없이 올바르게 처리하는 과정으로, 문서는 사실에 초점을 두고 내용, 설명, 기록 등이 틀리지 않아야 하며, 용어와 문장부호 등의 표현이 정확하여야 한다. 아울러 애매한 표현이나 과장된 표현문구를 피한다.

② 신속성의 원칙

문장은 가능하면 짧게 항목별로 표현하고, 복잡한 내용이면 결론을 먼저 내리고 이유를 설명한다. 아울러 문서의 유통경로와 처리 과정을 단축할 수 있도록 설계하며, 문서의 경유처를 최대한 줄이고, 문서의 처리기간을 사전에 정하여 주어진 시간 내에 문서가 처리될 수 있도록 사전점검을 한다.

③ 용이성의 원칙

문서 자체를 취급하는 주체가 사람이기 때문에 가능한 한 업무가 간편하게 처리될 수 있도록 설계하는 과정으로서, 1건 1매의 원칙에 따라 핵심 내용만 간략하게 작성하며, 읽기 쉽고 알기 쉬운 말을 사용하여야 한다. 필요시 분류 또는 식별의 구분이 되는 항목이나 기호를 가장 쉽게 볼 수 있는 곳에 설계한다.

④ 경제성의 원칙

문서를 처리하는 모든 부문에서 경제성의 원칙을 따라야 하며, 사용하는 서식을 통일하고 용지 규격을 표준화하여 일상의 반복적인 업무는 표준기안문제도를 도입한다. 이를 통해 사무관리비의 절감과 함께 집중관리 및 집중처리방법을 강구할 수 있다.

### (2) 문서의 구성

일반적으로 공문서의 기안문과 시행문은 두문, 본문 및 결문으로 작성을 하게 된다.

#### ① 두문

두문에서는 기관명과 수신자를 표시한다. 해당 문서를 기안한 부서가 속한 기관명을 기재하고, 수신자명 또는 수신자 기호를 쓴다. 수신자가 많을 경우에는 '수신자 참조'라고 쓰고, 결문의 밑의 왼쪽 기본선에 맞추어 수신자란을 설치하여 수신자명 또는 수신자 기호를 표시한다. 경유문서인 경우에는 (경유)란에 "이 문서는 경유기관의 장은 ○○○이고, 최종 수신기관의 장은 ○○○입니다."라고 표시한다.

#### ② 본문

본문에서는 제목 · 내용 및 붙임으로 구성된다. 제목에는 해당 문서의 내용을 쉽게 알 수 있도록 간단하고, 명확하게 기재한다.

#### ③ 결문

결문에는 발신 명의, 기안자 · 결재권자 등의 직위(직급)와 서명, 생산등록번호와 시행 일자, 기관의 우편번호와 주소, 홈페이지, 전화번호와 팩스 등이 기재된다. 발신명의는 행정기관의 장의 명의를 기재하고, 기안자 · 검토자 · 협조자 · 결재권자의 직위/직급에는 직위가 있는 경우에는 직위를 쓰고, 직위가 없는 경우에는 직급을 쓴다. 다만, 기관장과 부기관장의 직위는 간략하게 쓴다. 아울러 시행 · 접수에는 처리과명을 기재하고, 일련번호는 연도별 일련번호를 기재하며, 시행일자와 접수일란에는 연월일을 각각 온점(.)을 찍어 숫자로 기재하고, 우편번호와 주소, 홈페이지를 기재하고, 전화번호와 팩스번호, 담당자의 전자메일을 기재한다.

### (3) 문서작성 요령

문서작성을 하는 데 있어서 「사무관리규정」 및 동 시행규칙을 통해 다음과 같이 엄격한 규정을 시행하고 있다.

① 용어

글자는 가로로 한글맞춤법에 따라 한글로 작성하되, 필요한 경우에는 괄호 안에 한자, 기타 외국어를 넣어 쓸 수 있다. 숫자는 아라비아 숫자를 쓰고, 연호는 서기연호를 사용한다. 날짜는 숫자로 표기하되, 연월일의 글자는 생략하고 그 자리에 온점을 찍어 표시한다(예: 2012. 12. 31.). 시 · 분은 24시각제에 따라 숫자로 표시하되, 시 · 분의 글자는 생략하고 그 사이에 쌍점을 찍어 구분한다(예: 13:30). 금액을 표시할 경우에는 금 뒤에 아라비아 숫자로 표시하고, 괄호로 한글로 기재한다(예: 금 200,000 혹은 금 이십만 원).

② 용지

용지규격의 표준화는 문서의 작성 · 처리 · 발송 · 정리 · 보관 · 보존에 있어서 매우 중요한 사항 중의 하나이다. 문서의 규격을 표준화함으로써 문서의 작성 · 편철 · 보관 · 보존이 용이하게 될 수 있다.

문서 작성에 쓰이는 용지의 규격은 필요한 경우의 예외를 제외하고는 A4용지(가로 210mm×297mm)를 사용하고, 문서의 편철 및 관리상의 필요에 의하여 용지의 여백은 위 30mm, 왼쪽 20mm, 오른쪽과 아래 각각 15mm로 한다.

한편 문서에 쓰이는 용지의 색깔은 흰색으로 글자의 색채는 검은색 또는 푸른색으로 한다. 다만, 도표의 작성이나 수정 · 주의환기 등 특별한 표시를 할 때에는 다른 색을 사용할 수 있다.

③ 수정 또는 삭제

수정 또는 삭제하는 글자의 중앙에 가로로 두 선을 긋고 수정 또는 삭제를 하고, 수정 또는 삭제하는 자가 그곳에 서명 또는 날인한다. 시행문을 정정하는 경우에는 문서의 여백에 정정한 자수를 표시하고 관인으로 날인하여야 한다.

④ 간인

2장 이상이면 앞 장을 앞쪽으로 접어 뒷장과 겹친 선에 날인(간인)한다.

⑤ 발신 명의 및 직인

발신 명의는 기관의 장으로 하고, 다만 내부 결재문서는 발신 명의를 표시하지 않는다. 관인이나 직인은 발신 명의 마지막 글자가 도장의 중앙에 오도록 날인한다.

⑥ 항목 구분

문서의 내용을 2개 이상으로 구분 및 작성하고자 할 때는 '1-가-(1)-(가)-1)-가)' 순으로 구분한다. 첫째 항목 부호는 제목을 첫 글자와 같은 위치에서 시작하고, 다음 항목부터는 바로 앞 항목의 위치로부터 1자(2타)씩 오른쪽으로 시작한다. 항목 부호와 그 항목의 내용 사이에는 1타를 띄운다. 문서의 본문이 끝났을 경우에는 1자(2타)를 띄우고 '끝' 자를 쓴다(예: '· · · 바랍니다. 끝.'). 만약 첨부물이 있을 경우에는 본문이 끝난 다음 줄에 붙임의 표시를 하고(두 가지 이상이면 항목 구분), 1자(2타)를 띄우고 '끝' 자를 쓴다.

### (4) 문서 기안과 결재

① 기안

문서의 초안을 작성하는 것을 기안이라 한다. 즉, 조직 내의 의사결정과 관련하여 문서의 형태로 결정권자의 결심을 요청하기 위한 예비 문서를 작성하는 것이다. 직급에 관계없이 「사무관리규정」에 의해 분장을 받은 업무 담당자가 기안한다.

② 결재

결재는 최종적인 의사결정 권한을 가진 결재권자가 어떤 사안에 대하여 자신의 의사를 결정하는 문서상의 절차를 말한다. 결재권자는 통상 최고책임자인 기관장이며, 결재는 직위 서열의 밑에서부터 위로 계층적인 결재란을 만들어 순서에 따라 진행된다. 결재는 기관장이 직접 처리하는 정상결재, 기관장이 위임한 사항에 대하여 하급의 직위자가 행하는 전결, 기관장이 휴가 등으로 직접 결재할 수 없는 경우에 그 직무를 대리하는 자가 대신 결재하는 대결이 있다.

### (5) 문서의 보존

문서는 기록물분류기준표를 기준으로 하되, 구체적 분류는 문서의 실제 내용을 검토하여 분류하고, 비밀문서 사본은 예고문대로 처리하되, 원본은 보존조치를 해야 한다. 문서의 보존기간은 영구, 준영구, 20년, 10년, 5년, 3년, 1년 등 총 7종이며, 준영구는 인적기록 · 물품관리기록, 시설관련기록 등 장기보존은 필요하나 관리대상인 인물 · 물건 · 시설 등이 사망 또는 소멸되면 더 이상 보존할 필요가 없지만, 보존기간을 특정하기 곤란하여 50년 경과 후 매 20년마다 보존 여부를 재분류해야 한다(김영호 외, 2001).

제13장

# 프로그램 개발과 평가



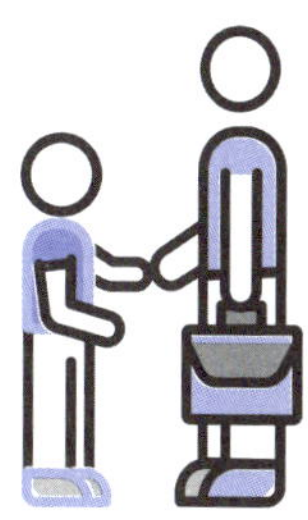

# 1. 프로그램 개발

## 1) 프로그램의 개념

사전적 의미의 프로그램이란 진행순서, 차례, 계획, 예정표, 연주 종목, 학습 계획, 과정표이며, 의도된 계획에 따라 어떤 목적을 달성하기 위해 인적 · 물적 자원을 활용하는 일련의 집합적인 행동이라 할 수 있다. 또한 프로그램은 특정 목표를 성취하기 위한 활동들의 집합체이며 서비스 전달을 위한 도구이다.

사회복지프로그램은 추상적인 수준의 사회복지를 실천하는 수단이자 매개체이고, 사회복지실천과 사회복지정책을 구체적인 서비스의 실천으로 연결하는 활동들로 이루어진다. 아울러 사회복지프로그램은 사회복지실천의 도구이며, 사회복지정책이 의도하는 목적을 성취하는 도구이다. 이와 같이 사회복지프로그램은 개인, 가족, 집단 및 지역사회의 필요한 변화를 촉진시키는 실질적인 역할을 한다. 특히, 사회적으로 무엇이 바람직한지 혹은 바람직하지 않은지에 대한 가치판단이나 바람직한 상태로의 변화라는 사회복지의 목적이 결정되면, 그러한 목적을 성취하는 데 필요한 실천적인 활동들을 만들어내는 과정이 바로 사회복지프로그램의 개발이다(최호윤, 2007).

이상과 같이 사회복지프로그램이란 특정 사회복지조직에서 설정한 목적과 목표를 달성하는 데 필요한 활동 내용의 선정, 조직, 자원관리(인적 · 물적자원 관리) 및 실행, 평가 등에 관한 전체적인 계획이라고 할 수 있다. 이러한 맥락에서 보면 사회복지프로그램이란 사회복지조직에서 시행되는 특정의 목적을 달성하기 위한 활동들의 집합체라 할 수 있다(김영숙 외, 2002; 최호윤, 2007).

아울러 사회복지프로그램은 사회의 구성원들에 대한 원조를 제공함으로써 사회의 문제를 해결하고 욕구를 충족시킴과 동시에 사회복지사들에게는 성취와 만족감을 주는 수단으로 사회복지프로그램이란 지역사회와 나누는 의사소통 수단이다.

### 2) 프로그램의 유형

학자마다 사회복지프로그램을 분류하는 방법은 여러 가지가 있을 수 있는데, 크게 문제해결을 위한 전문임상 프로그램, 문화 및 여가생활 프로그램, 사회연계 프로그램, 사회운동 프로그램, 소득보장 프로그램으로 나눌 수 있다(우수명, 2004; 황성철, 2005; 김희성, 2009).

#### (1) 문제해결을 위한 전문임상 프로그램

문제중심형 프로그램으로, 특히 개인과 가족이 당면한 사회적 관계와 적응문제를 해결하기 위해서 실시되는데, 개인이나 가족 등 개별화된 대상의 심리적 문제를 돕기 위한 프로그램은 임상치료나 심리치료와 같은 전문적 개입이다.

#### (2) 문화 및 여가생활 프로그램

일반인들이 일상생활과 관련 있는 보편적인 삶의 질을 높일 수 있는 여가 프로그램이 포함된다. 청소년 분야의 축제, 체험활동, 야외 캠프활동 등이 있으며, 취미나 교양증진을 위한 취미교양 프로그램, 각종 스포츠 또는 운동이나 체육활동, 자원봉사활동 같은 문화프로그램이다.

#### (3) 발달 및 성장프로그램

개인이 인간으로 성장하고 발전하는 전 생애에 걸친 욕구 충족을 목적으로 사회화와 발달적 내용을 포함하고 있다. 예를 들면, 청소년 성장집단 프로그램, 방과 후 아동프로그램 등이 포함된다.

#### (4) 사회연계 프로그램

사회연계 프로그램은 사회복지기관과 지역사회의 외부자원 연결, 지역사회 내 다양한 활동주체들 간의 연계활동, 지역사회 중심의 교육훈련이나 사회개발과 같은 지역사회 중심의 네트워크 활동이 중심이 되는 프로그램이다.

#### (5) 사회운동 프로그램

사회운동 프로그램은 인권, 권익, 자치, 사상교육과 같이 사회적 제도의 변화 또는 구성원의 진보적 변화와 같은 사회적 변화를 위한 활동이라고 볼 수 있다. 대표적인 것으로 인권보호운동이나 법률적 권익옹호 사업과 같은 권익보호 프로그램이 있으며, 지역사회 문제나 현안에 대한 지역사회 주민들의 자발적 참여를 유도하고 해결해 나가는 지역공동체 프로그램과 같은 자치조직화 프로그램도 해당된다고 할 수 있다.

#### (6) 소득보장 프로그램

대부분의 소득유지 프로그램은 공적 분야의 기초생활보장제도나 사회보험에 의해 이루어지지만 실업자를 위한 재취업, 직업알선, 직업훈련도 클라이언트의 소득보장을 위해 이루어지는 다양한 프로그램에 포함된다. 특히, 최근에는 자활, 자립, 재활 등 근로연계 프로그램이 강화되는 추세이므로 사회복지기관의 프로그램에 많은 부분을 차지하고 있다.

### 3) 프로그램 개발의 중요성

사회복지기관은 클라이언트의 욕구에 대해 정확한 분석을 시도하고, 이를 바탕으로 사업을 기획해야 실패의 가능성을 줄일 수 있다는 것이고, 욕구에 기반을 둔 프로그램 기획은 효과적인 사회복지서비스의 설계와 실현을 위해 필수적인 것으로, 욕구조사는 새로운 프로그램을 개발하는 과정의 일부를 넘어 기존의 운영 중인 프로그램의 개선을 시도하거나, 사회복지기관의 중장기 전략을 수립하기 위한 수단으로 활용한다. 아울러 사회복지기관 운영의 효과성 및 효율성을 제고하는 데 필요한 중요한 정보를 제공하는 수단적 성격도 동시에 지닌다.

#### (1) 법적 규정과 평가에 대한 관심

「사회복지사업법」 제34조의5에 따르면 '사회복지관은 지역사회의 특성과 지역주민의 복지욕구를 고려하여 서비스 제공 등 지역복지증진을 위한 사업을 실시할 수 있다.'고 되어 있어 사회복지기관의 서비스 제공과정에서 지역주민에 대한 욕구파악의 중요성을 명시하고 있다. 한편,「사회복지사업법」제36조에 따르면 '시설의 장은 사회복지프로그램의 개발·평가에 관한 사항을 심의하기 위하여 시설에 운영위원회를 두어야 한다.'고 되어 있어 사회복지시설과 사회복지관 평가활동 역시 욕구조사활동의 활성화에 주요한 원인으로 작용하고 있는 것이다.

### (2) 전문성과 책임성에 대한 제고

사회복지 관련 프로그램의 예산은 대부분 조세로 충당된 정부보조금이거나 지역주민이나 기업에 의해 기부된 후원금과 같은 공공재원에 의해 조달되므로, 기금 조성의 목적이나 가치를 위하여 사용할 수 있도록 사회복지조직이 위탁받은 것이다. 따라서 사회복지조직이 임의대로 사용할 수 없으며, 동시에 사용에 대한 사회적 또는 위탁에 따른 책임을 가져야 한다(우수명, 2004). 이와 같은 책무성은 사회복지의 전문성 및 발전과 연관되어 있다. 프로그램의 개발과 평가를 통해 정보를 수집하고 분석하는 가장 과학적이고 체계적인 방법인 조사방법을 사회복지실천과정에 접목시킴으로써 전문성을 확보해야 한다.

### (3) 서비스 개발 및 제공 과정에서의 수혜자의 참여

사회복지실천과정에서 서비스를 제공받는 사람들의 견해와 이해를 반영하는 '참여적·민주적 절차'에 대한 관심이 최근 급격하게 증대되었다.

### (4) 사회복지조직의 홍보와 마케팅의 매개체

전문적이고 체계성이 갖추어진 프로그램의 개발과 평가활동은 사회복지조직의 운영에 있어서 전문성을 인정받는 데 영향을 미치며, 이에 따라 지역주민들이나 사업비를 제공하는 기관에 신뢰를 줄 수 있어 외부 자원이나 기금을 개발하거나 후원의 당위성과 타당성을 확보하는 데 많은 도움이 된다. 이는 사회복지조직의 홍보나 마케팅에도 중요한 요소가 된다.

### 4) 프로그램 개발의 원리와 과정

#### (1) 프로그램 개발의 원리

프로그램 개발의 원리를 참여자들의 상황적 요소 고려, 현실적인 여건들에 대한 충분한 고려, 클라이언트의 폭넓은 참여 보장, 참여자들의 발달 단계에 대한 고려, 참여자들의 다양한 활동영역에 대한 고려, 상황 변화에 대응할 수 있는 신축성 확보 등 여섯 가지로 설명하고 있다(최호윤, 2007).

① 참여자들의 상황적 요소 고려

프로그램 개발은 참여자들의 욕구와 특성에 적합하게 이루어져야 한다. 프로그램은 클라이언트들의 욕구들을 바탕으로 그 목적과 목표가 결정되고, 이를 성취할 수 있도록 구체화되어야 한다. 프로그램은 어디까지나 클라이언트들의 욕구는 물론, 그들이 지니고 있는 특성과 상황적 요소를 고려하여 개발되어야 한다. 무엇보다 중요한 것은 클라이언트들을 동일한 성격을 지닌 하나의 집단으로보다는 개별적인 독특성을 소유한 인격체로서 인식하여, 개개인의 다양성에 따라 프로그램이 보다 탄력적으로 운영될 수 있도록 프로그램을 개발해야 한다는 것이다.

② 현실적인 여건들에 대한 충분한 고려

프로그램 개발은 그 프로그램이 원활하게 수행하는 데 관련되는 제반 여건들을 충분히 고려하여 이루어져야 한다. 프로그램은 의도한 목적과 목표를 달성하기 위한 기능을 다하기 위해서는 추상적이고 이론적인 방향만 제시해서는 안 되며, 그 적용과 활용을 위해 제공되어야 하는 여러 가지 요소들을 고려하여 실질적으로 적용되고 일반화될 수 있도록 개발되어야 한다. 즉, 프로그램 운영자의 수행능력과 기술, 재정적인 여건, 자료와 시설의 요소, 행정적 지원, 지역사회의 욕구와 기대, 대외적인 협력관계 등의 현실적 여건(상황)을 바탕으로 개발되어야 한다.

③ 클라이언트의 폭넓은 참여 보장

프로그램 개발은 가능한 한 그 개발의 전 과정에 클라이언트들의 폭넓은 참여가 보장되는 상태에서 이루어져야 한다. 즉, 클라이언트들의 욕구반영과 자발적인 참여를 전제로 하는 프로그램의 개발이 되어야 한다. 또한 프로그램은 클라이언트들의 최대한의 상호협력 및 상호작용을 촉진하는 방향으로 개발되어야 한다.

④ 참여자들의 발달단계에 대한 고려

프로그램 개발은 참여자들의 발달단계에 적합하게 이루어져야 한다. 클라이언트들은 계속 변화하기 때문에 특정한 발달 수준에만 국한시킬 것이 아니라, 그들의 전 발달단계를 포괄할 수 있는 프로그램의 개발이 필요하다. 또한 프로그램은 어떤 문제가 발생할 때만 그 문제를 해결하기 위해 개발될 것이 아니라, 참여자들의 전반적인 성장 · 발달을 도모하고 제반 문제를 사전에 예방할 수 있는 차원에서 프로그램 개발이 적극 이루어져야 한다.

⑤ 참여자들의 다양한 활동영역에 대한 고려

프로그램 개발은 참여자들의 전체 생활과 통합될 수 있도록 포괄적으로 이루어져야 한다. 즉, 프로그램 참여자들의 균형 있는 성장 · 발달을 위해서 그들의 생활영역의 일부보다는 전체 활동과 통합될 수 있는 방향에서 개발될 필요가 있다. 그러기 위해서 프로그램의 범위는 특정한 활동영역에만 국한시킬 것이 아니라, 다양한 활동영역을 포괄하여 그 내용의 질과 양을 합리적으로 고려하여 균형 있게 개발해야 한다.

⑥ 상황 변화에 대응할 수 있는 신축성 확보

프로그램 개발은 항상 변화하는 상황에 신축성 있게 대응할 수 있도록 이루어져야 한다. 프로그램이 겨냥하고 있는 개인, 가족, 집단 또는 지역사회는 정체 상태에 있는 것이 아니기 때문에 변화하는 상황을 포용할 수 있도록 개발되어야 한다. 또한 프로그램을 개발하는 조직의 내부 및 외부 환경도 부단히 변하기 때문에 이에 대하여 충분히 대응할 수 있는 신축성 있는 프로그램의 개발이 필요하다.

### (2) 프로그램 개발 과정

① 문제 확인과 욕구 사정

프로그램 개발의 필요성과 타당성이 객관적으로 이해될 수 있는 문제 · 욕구의 규모와 심각성, 필요성을 제기하고 현존 서비스들의 중복이나 결함을 파악한다.

② 목적과 목표의 설정

파악된 문제를 해결하기 위한 실현 가능하고 구체적인 목표를 설정한다.

③ 개입 전략 선정

설정된 구체적인 목표들을 단계별로 달성하기 위해 적절한 대안을 선정하여 해당 과업과 책임 여부를 결정한다.

④ 프로그램 구성

목표를 달성할 프로그램을 구체적으로 설계하는 작업으로, 세부 목표별로 어떤 단위 프로그램을 제공할 것인가가 정해지면 서비스 대안의 전달방법을 결정한다.

⑤ 예산편성

프로그램을 구성하였다면 프로그램을 운영하는 데 필요한 예산의 편성 작업을 수행한다.

⑥ 프로그램 평가계획

목표달성의 여부에 대한 평가계획으로 양적으로 평가할 수 있는 목표의 식별, 월별, 연도별 업무수행 상황 점검, 부족함의 분석, 평가 결과를 지속적으로 피드백한다.

## 2. 욕구조사

욕구조사는 일정한 지역 내에서 생활하는 주민들의 욕구 수준을 계량적으로 측정하기 위한 방법으로, 사회복지서비스를 계획하고자 할 때 어디의 누가 어떤 서비스를 필요로 하는지를 정확히 측정해야 한다. 아울러 욕구조사는 주민들이 필요로 하는 각종 서비스 또는 프로그램을 식별해 우선순위를 정하고, 프로그램 운영에 필요한 예산할당 기준을 마련하며, 현재 수행 중인 프로그램의 평가에 필요한 보조자료를 마련하고, 프로그램을 수행하는 지역사회 내에 기관들 간의 상호 의존 및 활동상황을 파악하는 데 그 목적이 있다.

### 1) 욕구의 개념과 유형

#### (1) 욕구의 개념

욕구는 인간의 생존과 성장발전을 위해 필요하여 구하는 것으로, 적절한 음식, 주택, 소득, 사회참여 등이 포함된다. 이러한 것들이 특정 개인 또는 소수의 개인에 국한될 때는 개인적 욕구가 되고, 사회의 다수인에게로 확대가 되면 사회적 욕구가 되는 것이다(남기민 · 최성재, 2000).

또한 욕구는 가치관에 따라 달라지며, 생활수준, 사회정치적 환경 그리고 가용자원과 기술에 따라 변화되는 탄력성을 지닌다. 그리고 욕구는 정적이며 절대적이라기보다는 탄력적이며 상대적이다. 왜냐하면 비슷한 상황에 놓여 있다고 하더라도 개인마다 욕구수준이 다르며, 욕구를 느끼지 않을 수도 있기 때문이다. 또한 욕구는 시간이 지나면서 변화하기도 하며, 사회정치적 환경에 따라 욕구의 개념이 달라진다.

### (2) 브래드쇼(Bradshaw)의 욕구 유형

#### ① 규범적 욕구

전문가, 행정가 또는 사회과학자 등이 욕구의 상태를 규정하는 것으로 규범적 욕구란 관습, 권위, 일반적 합의에 의해 확립된 일정한 기준이 존재하며 이러한 기준이 욕구를 규정한다고 가정한다. 이러한 규범적 욕구는 지식의 발전과 사회의 가치기준의 변화에 따라서 달라질 수 있는 한계를 가지고 있으며, 전문가의 견해를 통해 욕구식별과 욕구수준에 대한 확신을 얻기도 하며, 객관성을 높이기도 한다. 예를 들면, 장애인복지기관 및 관련 단체를 방문하여 장애인그룹홈의 필요성과 현황에 대한 자료를 요청하여 분석하고, 장애인복지 전문가들의 의견을 수렴하는 것이다.

#### ② 감촉적(감지된) 욕구

욕구상태에 있는 당사자의 느낌에 의하여 인식되는 욕구로서 이러한 욕구조사는 주로 서베이 등을 통해 가능하고, 감지된 욕구는 규범적인 욕구의 경우 단일한 기준이 존재하여 전체적인 의미에서의 욕구에 관한 논의가 가능하다. 하지만 감지된 욕구의 경우는 사람마다 그 기준이 변화하고 또한 서로 다르다. 예를 들면, 장애인, 장애인부모, 관련기관 종사자들을 대상으로 장애인그룹홈의 수요에 대한 설문조사를 실시한다. 필요하다고 생각하는 정도와 이용할 의향이 있는지에 대한 질문을 포함하여 설문을 구성할 수 있을 것이다.

③ 표현적(표출된) 욕구

감촉적 욕구가 실제의 욕구충족 추구행위로 나타난 것으로 수요(demand)라고 할 수 있다. 표출된 욕구에 근거하여 프로그램을 기획하면 실제수요에 근접하여 기획하는 것이므로, 감지된 욕구에 근거하여 사업을 기획하는 경우보다 사업의 실패 가능성이 더 낮다고 할 수 있다. 그러나 새로운 욕구에 대해 실험적으로 접근하기보다는 이미 사회문제가 심각해져 욕구의 강도가 높을 경우에만 반응한다는 한계가 있으며, 전반적인 지역사회의 욕구에 대해서는 둔감할 수 있다. 예를 들면, 현재 지역사회 내에서 운영 중인 장애인그룹홈 프로그램의 데이터를 수집한다. 대기자 명단에 있는 사람들의 수를 파악하여 욕구를 측정한다.

④ 상대적(비교적) 욕구

상대적 욕구는 어떤 서비스를 받고 있는 사람들과 비슷한 특성을 갖고 있으면서도 서비스를 받지 않고 있는 사람들이 욕구의 상태에 있는 것이다. 지역 간의 비교를 통해 욕구를 추정하는 경우와 동일한 문제를 지닌 사람들을 분석하여 욕구충족을 위한 개입이 이루어지는 집단과 그렇지 않은 집단을 구분하여 상대적 욕구를 파악하는 것이 가능하다. 예를 들면, 지역사회의 장애인비율을 감안할 때, 해당 지역에 장애인그룹홈이 타 지역에 비해 부족하게 운영되고 있다면 상대적 욕구가 높다고 판단할 수 있을 것이다.

## 2) 욕구조사의 접근방법

### (1) 클라이언트 중심의 욕구조사

클라이언트 중심의 욕구조사는 특정 인구집단(아동, 노인, 장애인 등)을 위하여 서비스나 프로그램을 제공하는 기관에서 행하는 조사이다.

### (2) 서비스 중심의 욕구조사

서비스 중심의 욕구조사는 특수한 서비스를 제공하고 있는 기관에 의하여 행하는 조사이다.

#### (3) 지역사회 중심의 욕구조사

지역사회 중심의 욕구조사는 클라이언트 중심의 욕구조사와 서비스 중심의 욕구조사를 통합한 것으로 지역사회 전반의 문제를 확인하여 문제해결의 우선순위, 적절한 개입 대상 연구 및 적절한 서비스 수준 등을 파악하는 것이다.

### 3) 욕구조사의 자료수집방법

#### (1) 지역사회 공개토론회

지역사회 공개토론회는 지역사회에 거주하거나 활동하는 사람들은 그들의 생활경험이나 관찰 또는 정보를 통하여 지역의 사회적 욕구나 문제 등을 잘 알고 있다는 전제에서 이루어진다. 이 수집방법의 장점은 적은 비용으로 광범위한 지역, 계층 및 집단들의 의견 수렴, 문제에 대한 인식과 관심을 개인, 집단 또는 기관에 따라 식별 가능, 서베이 조사를 위한 사전 준비의 기회를 부여한다는 데 있다. 반면에 이 수집방법은 관심 있는 사람들만 참석하여 자기선택으로 인한 표본의 편의 현상이 발생하고, 참석자의 소수만이 의견을 발표하는 등의 단점이 있다. 이러한 단점을 개선하기 위해서는 특정 문제에 대한 소규모의 회의를 여러 번 개최하거나 지역사회 내의 다른 장소에서 여러 번 회의를 개최하는 것이 필요하다.

#### (2) 주요 정보제공자 조사

주요 정보제공자는 기관이 서비스 제공자, 인접 직종의 전문직 종사자, 지역 내의 사회복지단체의 대표자, 공직자 등을 포함하는 지역사회 전반에 문제에 대해 잘 알고 있는 것으로 인정되는 사람들을 통해서 욕구를 조사하는 방법이다. 이 방법은 비용이 적게 들고 표본을 쉽게 선정할 수 있고 지역의 전반적인 문제를 쉽게 파악하는 등의 장점이 있지만, 의도적 표집으로 표본의 편의 현상이 발생하고, 정보제공자들이 지적하는 문제들이 정치의식에 민감한 문제들이 되기 때문에 실제적으로 많은 주민들의 문제가 제외될 가능성이 크다는 단점이 있다.

### (3) 사회지표 분석

사회지표는 사회적, 경제적 및 인구적 특성에 근거하여 지역사회의 욕구를 추정(소득수준, 빈곤인구비율, 실업률, 영아 사망률, 주택보급률, 범죄율, 공적부조 수혜자 수 등)하는 방법이다. 이 방법은 지역단위별로 지표를 산정할 수 있기 때문에 좋은 자료로 활용 가능하다는 장점이 있지만, 조사가 자주 이루어지지 않기 때문에 매년 변화되는 추이를 파악할 수 없다는 단점이 있다.

### (4) 서베이 조사

전체를 대표할 수 있는 일부(표본)를 선정하여 이들로부터 질문지 또는 면접을 통하여 자료를 수집하는 방법이다. 이 방법은 실제적인 서비스 수혜자 또는 잠재적인 수혜자가 인식하는 욕구를 직접 파악할 수 있고, 표본을 통하여 대상자 전체의 욕구를 파악할 수 있다는 장점이 있지만, 비용이 많이 들고, 우송 질문지 방법을 사용하는 경우 회수율이 낮으며, 사회적으로 바람직한 응답을 얻게 되는 문제가 발생할 수 있다는 단점이 있다.

### (5) 델파이법

델파이법은 어떤 문제에 대하여 전문가들의 합의점을 찾는 방법으로 응답이 무기명이고, 대면적인 회의에서와 같은 즉각적인 환류를 통제하며, 개인의 의견을 집단적 통계 분석으로 처리하는 방법이다. 이 방법은 익명성으로 인하여 특정인의 영향을 줄일 수 있고, 집단의 의견에 개인을 순종시키려는 집단의 압력을 줄일 수 있으며, 응답자의 시간을 효율적으로 이용할 수 있다는 장점이 있지만, 반복적인 과정을 거치므로 시간이 많이 걸리고 극단적인 의견은 판단의 합의를 얻기 위해서는 제외되는 문제를 가지는 단점이 있다.

#### (6) 2차적 자료조사

2차적 자료조사는 지역사회 내의 사회복지기관의 서비스 수혜자에 관련된 기록을 검토하여 욕구를 파악하는 방법이다. 이 방법은 비용이 적게 들고 조사에 신축성을 기할 수 있다는 장점이 있지만, 자료의 비밀보장 필요성 때문에 기관 외부에서 접근이 어렵고, 기록 양식이 통일되고 있지 않기 때문에 필요한 자료를 공통적으로 얻기 힘들며, 서비스 이용자가 중심의 분석이므로 여기서 얻은 결과를 이용 가능 인구 전체에 적용시키기 곤란하다는 단점이 있다.

## 3. 프로포절 작성

프로포절이란 사회복지조직들이 수행하고자 하는 프로그램의 내용을 설명하는 사업계획서를 의미한다. 프로포절은 주로 경쟁력을 높여 서비스의 질을 개선하고 기금 배분의 투명성을 확보하기 위해 대부분의 재정지원자들이 기본적으로 요구하는 서류이다(김희성, 2009).

### 1) 프로포절 작성 시 고려사항

프로포절 작성 시 우선 다양한 재정지원단체들의 지원사업 내용에 대한 분석과 심사의 강조점을 면밀하게 검토하고 지원 경향에 관심을 두어야 한다(김희성, 2009). 각 재정지원단체별로 심사기준이 다양하기는 하지만, 사회복지 공동모금회 배분사업의 표준심사기준을 중심으로 프로포절 작성 시 고려해야 할 사항들을 기관 영역, 사업 영역, 그리고 기타 영역으로 구분하여 살펴보기로 하겠다.

#### (1) 기관 영역

프로포절 작성 시 기관 영역에 해당하는 신뢰성과 사업수행능력에 대한 충분한 검토가 있어야 한다.

① 신뢰성

신뢰성에는 해당 기관·시설의 주요 사업 및 활동, 사회복지 공동모금회 및 타 재단 사업의 수행 경험 및 결과, 조직 및 직원체계, 이사회 및 운영위원회의 구성 등이 고려되어야 한다.

② 사업수행능력

사업수행능력에는 유사·동일사업 수행 경험, 투입인력(사업담당자 및 슈퍼바이저) 구성, 신청한 사업 내용의 수행을 위한 조직, 인력, 예산 투입 정도 등이 고려되어야 한다.

### (2) 사업 영역

프로포절 작성 시 사업 영역의 측면에서 적합성, 실현 가능성, 투입요소의 적절성, 투입비용 등이 고려되어야 한다.

① 적합성

적합성에는 문제해결을 위한 목적 및 성과목표의 부합성, 목적 및 목표달성을 위한 프로그램 구성의 적합성, 대상자 및 대상자 선정기준의 타당성 등이 고려되어야 한다.

② 실현 가능성

실현 가능성에는 목적 및 성과목표의 실현 가능성, 목적 달성을 위한 세부사업 내용 및 평가계획의 실현 가능성, 성과목표 측정을 위해 제시한 지표의 타당성 등이 고려되어야 한다.

③ 투입요소의 적절성

투입요소의 적절성에는 지역자원, 담당인력, 투입시간, 장비 등의 투입요소의 적절성, 사업수행을 위한 인력 · 장비 · 시설 등의 타당성이 고려되어야 한다.

④ 투입비용

사업비 및 인건비 구성과 투입비용 수준의 적절성, 예산 항목 각 요소의 구체성이 고려되어야 한다.

### (3) 기타 영역

프로포절 작성 시 홍보 노력과 지역자원활용 및 자구계획에 대한 충분한 검토가 이루어져야 한다.

① 홍보노력과 지역자원활용

홍보노력과 지역자원활용에는 홍보계획의 적절성 및 실현 가능성, 사업성과물의 지역사회 홍보를 위한 매체 활용방안 등이 고려되어야 한다.

② 자구계획

자구계획 등 향후 운영계획의 합리성 및 타당성이 고려되어야 한다.

## 2) 프로포절 작성 내용

프로포절에는 프로그램명, 프로그램의 필요성(프로그램 계획 배경, 기존 유사사업과의 차별성, 신청기관의 강점), 참여자 모집 전략(참여 대상 및 인원, 참여자 선정 기준), 프로그램 목표 및 평가방법, 프로그램 내용 및 사업 집행 전략, 기관 연계 협력 전략, 예산 편성, 그리고 프로그램 종료 후 지향점(기대 효과, 결과의 활용 계획) 등이 포함되어야 하며(사회복지 공동모금회, 2020), 구체적인 내용은 다음과 같다.

### (1) 프로그램명

프로그램명은 프로그램의 대상, 목적, 방법과 관련된 정보를 포함하여 작성하고(예: 저소득층 방임아동의 보호학습지원을 위한 야간보호사업), 부제 사용도 가능하다.

### (2) 프로그램의 필요성

문제 확인은 프로그램의 필요성을 설명하기 위한 단계로 프로그램을 통해서 무엇을 하겠다는 것인지, 어떤 배경에서 또는 어떤 목적으로 프로그램을 하는 것인지, 어떻게 실행할 것인지, 그래서 기대되는 효과가 무엇인가를 논리적으로 설명하는 과정이다. 따라서 프로포절 작성 시 해당 지역사회 또는 보다 광범위한 사회에 대한 문제 상황의 본질, 규모 및 심각도가 객관적 통계 및 자료를 통해 제시되어야 한다. 또한 개인들은 어떻게 문제 상황에 영향을 받으며 그에 따른 결과는 무엇인지에 대하여 서술하여야 하며, 사회적 문제의 원인이 되는 주요 요인들이 구체적으로 명시되어야 한다. 아울러 대상자의 욕구와 문제점을 중심으로 구체적인 숫자, 객관적 자료를 중심으로 기술하여야 하며, 프로그램을 실행하고자 하는 대상자들의 지역 환경적 특성을 객관적인 자료로 제시하여야 한다. 아울러 해당 프로그램이 기존의 시각이나 접근방식과 다른 점은 무엇인지를 포함한 기존 유사사업과의 차별성을 제시하여야 하고, 해당 프로그램을 수행해야 하는 이유에 대해 사전조사 내용, 관련 분야 수행 경험 등을 포함하여 작성하여야 한다.

### (3) 참여자 모집 전략

참여자 모집에 있어서 참여 대상 및 인원, 참여자 선정 기준, 참여자 모집 방안과 같은 전략이 모색되어야 한다.

① 참여 대상 및 인원

프로그램 참여 대상으로는 핵심 참여자와 주변 참여자로 구분되고, 핵심 참여자는 성과를 측정하게 되는 대상이고, 주변 참여자는 성과측정 대상은 아니지만 핵심 참여자의 변화를 이끌어내는 데 중요한 역할을 하는 사람이다. 참여 인원은 몇 명으로 할지 전체적인 사업의 규모와 예산을 고려하여 결정한다.

② 참여자 선정 기준

프로그램에 참여하게 되는 대상의 선정 기준을 설정하여 참여자를 모집한다. 어떤 기준을 세워서 참여자를 모집할지를 결정해야 한다.

③ 참여자 모집 방안

프로그램 참여자 선정 기준에 적합한 참여자를 어떻게 모집할 예정인지 참여자 모집 방안을 수립한다. 지역사회 내 어디에 잠재적인 프로그램 참여자가 있는지, 어떤 매력을 제시해야 잠재적인 프로그램 참여자가 실제 참여하겠는지, 프로그램에 참여할 때 배려해야 할 부분은 무엇인지 등에 대한 방안을 수립해야 한다. 아울러 참여자 모집 방안이 프로그램의 내용과 체계에 맞게 개별적으로 수립되었는지, 프로그램의 내용과 기관의 역사와 특성, 지역사회의 현실을 충분하게 감안하여야 한다.

### (4) 목표 설정과 평가방법

① 목표 설정

프로그램의 목표는 〈표 13-1〉과 같이 실현 가능하며 측정 가능하여야 한다. 즉, 성취해야 할 결과가 현실적으로 측정 가능한 지표들로 반드시 지정되어야 하고, 프로그램의 필요성과 관련되어 설정되어야 하며, 목표들은 위계상 적절하게 구분되어 설정되어야 한다.

〈표 13-1〉 프로그램 성과목표의 설정

| 구분 | 내용 |
|---|---|
| 좋은 예 | 사업 내용에 따른 긍정적인 성과가 제시되는 경우 |
| | • 장애 자녀에 대한 이해 증진 및 부모 관계개선 프로그램<br>- 장애 자녀에 대한 부모의 이해도 증진<br>- 장애 자녀의 부 · 모 상호 간 관계 개선도 향상 |
| 피해야 할 예 | 산출 목표를 성과목표로 기재하는 경우 |
| | • 장애 자녀에 대한 이해 증진 및 부모 관계개선 프로그램<br>- 이해 증진 프로그램 탈락률 5% 미만<br>- 상호관계 개선 프로그램 출석률 90% 이상 |

출처: 사회복지 공동모금회(2020).

한편, 프로그램의 목표는 〈표 13-2〉와 같이 산출 목표(프로그램 시행을 통해 발생한 산출물)와 성과 목표(프로그램의 결과로 나타난 효과 또는 변화)로 구분되어 설정되어야 한다. 즉, 산출목표는 성과목표를 달성하기 위해 이끌어내야 하고 모니터링해야 하는 목표이고, 성과목표는 핵심 참여자의 어떤 부분을 어느 수준까지 변화시켜야 하고, 프로그램의 성과목표를 논리적으로 연결하여 설정하여야 한다.

〈표 13-2〉 산출목표

| 세부 사업명 | 산출목표 | 모니터링 방법 |
|---|---|---|
| 맞춤형 서비스 지원 | • 20가정 일반상담 5회, 총 100회 실시 | • 방문 일자별 상담기록 작성 |
| | • 20가정 심리 치료 1회, 총 120회 실시 | • 검사 결과/치료 일지 확인 |
| | • 서비스 통합 사례 회의 5회 실시 | • 사례회의록 작성 |
| | • 일상생활 지원 가정별 1회, 총 20회 실시 | • 자원연계 내역 기록 |
| 양육교육 프로그램 | • 전문가 상담 및 교육 가정별 2회, 총 20회 진행 | • 교육 일지 및 상담기록 작성 |

출처: 사회복지 공동모금회(2020).

② 성과목표 및 평가방법

평가방법에는 평가 도구 방법 및 측정 시기가 명시되어야 한다. 〈표 13-3〉과 같이 성과목표 달성 여부와 정도를 어떻게 평가할 것인지, 성과목표 달성 여부와 정도를 판단하기 위해 어떤 성과지표를 설정할 것인지, 제시된 성과목표에 대한 평가계획(자료수집방법, 측정시기 등)은 어떻게 수립할 것인지, 수치화하기 어려운 성과목표가 있다면 어떤 평가방법을 통해 변화의 수준과 의미를 파악할 것인지, 이에 대한 심도 있는 고려가 필요하다.

〈표 13-3〉 성과목표 및 평가방법

| 성과목표 | 평가 도구 및 방법 | 측정 시기 |
|---|---|---|
| 아동학대 행위자의 학대 위험요소 감소 | • 성과지표: 학대 위험 20% 감소<br>• 평가도구: 학대위험도 평가척도<br>• 평가방법: 학대행위자 20가정 대상 사전 사후 설문조사 | 사전(2월), 사후(12월) |
| 아동학대 행위자의 부모양육태도 향상 | • 성과지표: 부모 양육 태도 20% 향상<br>• 평가도구: 부모양육태도검사(PAP) 척도<br>• 평가방법: 부모, 가족구성원 사전 사후 설문조사 | 사전(4월), 사후(12월) |
| 아동학대 피해가정 가족 기능 강화 | • 평가주체: 본 기관 담당자<br>• 평가방법: 참여자 20가정 대상으로 구조화된 질문지를 통해 인터뷰 실시 | 사업종료 후(12월) |

출처: 사회복지 공동모금회(2020).

아울러 프로포절 작성 시 해당 프로그램의 성과목표를 달성했는지 여부를 입증하기 위하여 〈표 13-4〉와 같이 성과목표별로 성과지표와 자료원을 제시해야 하며, 자료의 수집 방법과 시기를 명시하여야 한다.

〈표 13-4〉 목표에 대한 평가방법

| | 성과 목표 | 평가 도구 및 방법 | 측정 시기 |
|---|---|---|---|
| 양적 평가 예시 | 장애 자녀에 대한 부모의 이해도 증진 | • 성과지표: 자녀 이해도 10% 증진<br>• 평가도구: 자녀 인식 척도<br>• 평가도구: 자녀 부모 중 주 양육자에게 자녀이해 설문지를 작성하도록 하여 사전, 사후 증진 정도 확인 | • 사업 시행 전(3월)<br>• 사업 종료 후(9월) |
| | 성과 목표 | 평가 도구 및 방법 | 측정 시기 |
| 질적 평가 예시 | 장애 자녀에 대한 이해 증진 및 상호 관계개선 | • 평가주체: 사업 담당자<br>• 평가방법: 자녀 부모대상 인터뷰를 통해 성과목표 달성 여부와 삶의 질 개선 정도 확인 | • 사업 종료 후(9월) |

출처: 사회복지 공동모금회(2020).

### (5) 프로그램 내용 및 프로그램 집행전략

① 프로그램 내용

프로그램이 달성해야 할 목적과 목표가 결정되고 나면 프로그램의 내용을 구체적으로 확립하고 기술하는 단계가 필요하다. 이를 위해서는 프로그램 실행을 위해 필요한 행동들을 설명해주는 프로그램 이론의 확인과 확립이 필요하다. 따라서 프로포절 작성 시 프로그램은 문제를 해결할 수 있는 이론적 근거를 바탕으로 개발되었는지, 프로그램은 하위목표를 달성할 수 있는 내용으로 이루어졌는지를 고려해야 한다. 아울러 프로그램에 투입되는 인력의 역할 및 자격수준이 명시되었는지와 장소, 시설 및 장비 등에 관한 원조환경이 묘사되었는지, 그리고 서비스 과정이 주요 과업과 함께 상세하게 서술되었는지가 고려되어야 할 것이다.

아무리 좋은 프로포절이라도 실제로 실행하는 단계에서 제대로 관리되지 않으면 아무 소용이 없다. 그러므로 구체적이고 체계적인 프로그램 관리를 할 수 있도록 인력, 행정 등의 조직에 대한 지원시스템을 갖추어야 하고, 프로그램을 수행하는 조직의 인력구성에 대한 명확한 제시가 있어야 한다. 아울러 프로포절 작성 시 프로그램에 대한 구체적인 수행방법이 〈표 13-5〉와 같이 서술되어야 하고, 실질적으로 어떤 프로그램을 수행할 것인지에 대하여 보다 구체적으로 제시하여야 한다.

〈표 13-5〉 프로그램 내용

| 세부 사업명 | 활동(수행방법) |
|---|---|
| 맞춤형 서비스 지원 | • 상담/심리치료: 담당자의 가정 방문을 통한 문제 파악 및 해결방안 모색/가정별 5회 전문 심리 검사/가정별 1회, 심리치료/가정별 6회<br>• 일상생활 지원: 주거환경 개선, 긴급생계지원, 학습지원 등 서비스연계/가정별 1회<br>• 사례 회의: 참여자 및 사업 담당자 대상 사례별 진행상황 점검 및 상호 피드백 실시/1회<br>• 정신 건강 지원: 정신의학 전문가 진단에 따라 치료 정신과 진료 지원/10가정 선정, 가정별 1회 |
| 양육교육 프로그램 | • 담당자 상담을 통해 양육교육이 필요한 10가정 선정<br>• 전문기관 연계를 통한 양육기술 상담 교육<br>- 행위자 초기 상담, 종합심리평가, 양육태도검사 각 1회 실시<br>- 양육태도 및 감정코칭 등 전문가를 통한 교육 2회 실시 |

출처: 사회복지 공동모금회(2020).

② 프로그램 진행 일정

프로그램 진행상황 검토와 보고 및 프로그램 실행을 위해서 구체적인 시간을 계획하기 위해서 〈표 13-6〉과 같이 Gantt Chart를 활용하도록 한다. Gantt Chart는 프로그램이 시작되는 기간부터 마무리되는 기간까지 일정한 기간별로 추진될 세부 프로그램과 구체적인 활동 내용을 간략하게 기술하고, 해당되는 달에 '→' 또는 음영처리로 추진계획을 기입하는 방법으로 작성한다.

〈표 13-6〉 프로그램 진행 일정

| 주요 내용 \ 기간 | | 1월 | 2월 | 3월 | 4월 | 5월 | 6월 | 7월 | 8월 | 9월 | 10월 | 11월 | 12월 |
|---|---|---|---|---|---|---|---|---|---|---|---|---|---|
| 참여자 선정 | | | | | | | | | | | | | |
| 맞춤형 서비스지원 | 상담/심리치료 | | | | | | | | | | | | |
| | 일상/정신건강 지원 | | | | | | | | | | | | |
| | 사례회의 | | | | | | | | | | | | |
| 양육 교육 프로그램 | 초기상담/검사 | | | | | | | | | | | | |
| | 교육 진행 | | | | | | | | | | | | |

출처: 사회복지 공동모금회(2020).

③ 기관 연계협력 전략

해당 프로그램의 성공적인 성과를 도출하기 위해 〈표 13-7〉과 같이 현재 유지하고 있는 지역자원을 어떻게 활용할 수 있는지를 구체적으로 기입한다.

〈표 13-7〉 기관 연계협력 전략

| 협력 기관명 | 세부 사업명 | 협력 계획 | 비고 |
|---|---|---|---|
| △△복지관 | 맞춤형 서비스 지원 | • 일상생활 지원(긴급생계지원) 연계 | 협약 체결 예정 |
| ○○대학병원 | 맞춤형 서비스 지원 | • 정신의학 자문 제공, 의료서비스 연계 | 협약 체결(20XX) |

출처: 사회복지 공동모금회(2020).

### (6) 예산계획

예산 수립은 일반적으로 프로그램 수행에 필요한 재정을 계획하는 과정으로 프로그램의 목표달성을 위해서 사용할 지출내용과 재원조달계획을 말한다. 따라서 프로포절 작성 시 프로그램 운영비용이 세부 항목별로 표기되었는지, 예산 사용이 효과적인지에 대해 고려해야 한다. 아울러 사업비 및 인건비 구성과 투입비용 수준의 적절성을 고려해야 한다.

〈표 13-8〉 예산계획

| 목 | 세목 | 세세목 | 계 | 산출근거 | 예산조달 계획 | | | | |
|---|---|---|---|---|---|---|---|---|---|
| | | | | | 신청금액 | 비율(%) | 자부담 | 비율(%) | 자부담 재원 |
| 총 계 | | | 52,150,000 | | 48,900,000 | 100 | 3,250,000 | 100 | |
| 인건비 | 전담인력 | 급여 | 16,000,000 | 1,600,000원×10월×1명 | 16,000,000 | | | | |
| | | 사회보험 | 1,750,000 | 175,000원×10월×1명 | | | 1,750,000 | | 자체예산 |
| | 소 계 | | 17,750,000 | | 16,000,000 | 32.7 | 1,750,000 | 53.8 | |
| 사업비 | 맞춤형 서비스 지원 | 상담/심리 | 17,500,000 | 가정 방문 다과<br>10,000원×20가정×5회 | | | 1,000,000 | | 자체예산 |
| | | | | 심리 검사<br>200,000원×20가정×1회 | 4,000,000 | | | | |
| | | | | 심리 치료비<br>100,000원×20가정×6회 | 12,000,000 | | | | |
| | | | | 사례회의 자문 및 진행비<br>100,000원×5회 | | | 500,000 | | 자체예산 |
| | | 심화 프로그램 | 4,000,000 | 전문상담<br>100,000원×10가정×1회 | 1,000,000 | | | | |
| | | | | 정신과 진료 지원<br>300,000원×10가정×1회 | 3,000,000 | | | | |
| | 양육교육 프로그램 | 양육기술 상담교육 | 12,000,000 | 강사비(특별강사, 2시간)<br>400,000원×20회 | 8,000,000 | | | | |
| | | | | 교재, 교구<br>200,000원×10회 | 2,000,000 | | | | |
| | | | | 교육진행비<br>100,000원×20회 | 2,000,000 | | | | |
| | 소 계 | | 33,500,000 | | 32,000,000 | 65.4 | 1,500,000 | 46.2 | |
| 관리운영비 | 관리 운영비 관리 | 교통비 | 600,000 | 50,000원×12월×1명 | 600,000 | | | | |
| | | 사무 용품비 | 300,000 | 100,000원×3회 | 300,000 | | | | |
| | 소 계 | | 900,000 | | 900,000 | 1.9 | | | |

출처: 사회복지공동모금회(2020).

#### (7) 프로그램 종료 후 지향점

프로그램이 종료된 후에는 사업 수행으로 인한 기대 효과와 사업 결과의 활용 계획이 제시되어야 한다.

## 4. 프로그램 평가

### 1) 프로그램 평가의 개념과 중요성

#### (1) 프로그램 평가의 개념

프로그램 평가란 어떤 개입기술이나 프로그램의 개선 또는 계속 수행 여부를 결정짓기 위해 개별적인 개입기술이나 프로그램이 목표하는 바를 어느 정도 달성하였는지를 측정하는 것을 말한다. 즉, 조사방법론을 적용해 프로그램의 효과성을 측정하는 응용 조사이다. 개인이나 집단에 대한 개입 효과를 평가하는 조사를 단일사례 연구조사라 하고, 프로그램이나 조직체의 효과를 평가하는 조사를 평가조사라 부르는 것이 일반적이다(강종수, 2019).

#### (2) 프로그램 평가의 중요성

프로그램 평가는 프로그램 관리능력의 향상과 프로그램의 지원과 조정의 측면에서 그 중요성이 강조되고 있다(정무성 외, 2001).

① 프로그램 관리능력의 향상

프로그램 평가는 사회복지프로그램의 관리능력을 향상시킨다. 프로그램의 평가는 사회복지행정가에게 프로그램의 효율성, 품질, 효과성에 대한 평가·판단을 내리는 데 활용할 수 있도록 다양한 정보를 제공한다. 아울러 프로그램 참여자의 만족도를 증진시킬 수 있도록 프로그램 초기 단계부터 프로그램의 지속적인 모니터링을 통해 서비스의 향상을 꾀할 수 있도록 한다.

② 프로그램의 지원과 조정

프로그램 평가는 사회복지프로그램의 지원을 조정하고 개발하는 데 영향을 미친다. 재정지원자들이 자원 배분에 대한 결정을 내리는 데 있어 평가의 결과를 중요한 정보로 활용하고 있으며, 또한 사회복지프로그램들의 개입 효과성을 비교하는 데 있어 중요한 근거로 활용할 수 있다. 따라서 평가는 사회복지 관련 예산의 편성뿐만 아니라, 일반적인 사회복지기금정책이나 종합적인 정부예산과 자금정책에도 많은 영향을 미칠 수 있다.

## 2) 프로그램 평가의 목적

프로그램 평가는 프로그램의 계획이나 운영과정에 필요한 피드백 정보 제공, 책임성 이행, 그리고 이론 형성에 기여 등과 같은 목적을 가지고 있다(성규탁, 2003).

### (1) 프로그램의 계획이나 운영과정에 필요한 피드백 정보 제공

프로그램 평가는 프로그램의 중단, 축소, 유지, 확대 여부를 결정하는 데 필요한 정보를 제공하고, 또한 프로그램의 내용을 수정하거나 보다 효율적인 운영에 필요한 정보도 제공해 준다. 사업평가 또는 프로그램 평가는 프로그램의 효과성과 효율성을 평가하므로, 효과성이 어느 정도인지를 알아서 효과성이 낮으면 중단하거나 축소할 수 있고 효과성이 높으면 유지 또는 확대할 수 있는 판단의 근거가 된다. 그리고 프로그램의 효과성과 효율성을 동시에 고려하여 바람직한 목표를 수정하여 설정할 수 있고 효율성을 고려하여 운영방법 등을 개선할 수 있는 것이다.

### (2) 책임성 이행

사회복지활동은 개인이나 단체에 의한 자선적 활동이 아닌 사회적 또는 국가적 차원에서 제도화된 활동이다. 즉, 사회복지가 사회의 제도적 활동이 되고 있으며, 사회복지조직이 사회로부터 사회복지활동을 할 수 있도록 사회적 인정을 받았고, 사회적으로 인정을 받은 사회복지조직은 지역사회에 대하여 책무성을 가지고 사회복지활동을 해야 한다는 것을 의미한다. 사회복지 관련 예산을 포함한 자원이 제한되어 있고, 복지비용의 제한적 공급으로 인해 효과성과 효율성을 기반으로 하는 책임성이 강조되고 있는 상황이다. 이처럼 프로그램 평가는 사회복지조직이 어느 정도 책임성을 이행하고 있는지를 판단할 수 있는 중요한 자료가 되고 있으며, 사회복지실천가와 사회복지프로그램 담당자에게 보다 더 책임성을 기하도록 자극을 주는 역할을 한다고 볼 수 있다. 아울러 프로그램의 평가는 사회복지조직의 이사회와 재정지원기관 등에 보고되어 그 사회복지조직이 어느 정도 책임성을 이행하는지를 증명할 수 있는 중요한 자료가 되고 있다.

#### (3) 이론 형성에 기여

프로그램 평가는 프로그램 운영방법에서부터 프로그램 결과에 이르는 상관관계를 검토, 확인, 검증하는 것이다. 검증 결과 타당성이 있는 것으로 확인된 가설들은 채택되어 이론으로 발전되고, 그렇지 못한 경우는 이론을 수정하는 데 기여하기도 한다.

### 3) 프로그램 평가의 유형

프로그램 평가의 유형은 평가목적, 평가의 단계, 자료수집의 방법에 따라 다음과 같이 구분된다.

#### (1) 평가목적에 따른 구분

① 총괄(결과)평가

총괄평가는 프로그램이 종결된 이후 프로그램 결과를 평가하여 궁극적으로 프로그램이 미친 영향을 파악하기 위한 것이다.

② 형성(과정)평가

형성평가는 프로그램 수행 중간에 프로그램 운영 및 활동을 분석함으로써 프로그램의 긍정적인 효과나 부작용의 발생과정을 밝히고, 향후 프로그램 운영개선에 필요한 정보를 얻기 위한 것이다.

③ 통합평가

통합평가는 형성평가와 총괄평가를 통합한 평가로, 시행 단계마다 나타나는 특성이나 문제에 융통성 있게 사용할 수 있다.

### (2) 평가의 단계에 따른 구분

① 사전평가

사전평가는 프로그램을 실행하기 전에 수행하는 평가를 말한다. 이 평가는 프로그램의 욕구, 개념의 적합성, 운영 측면에 있어 실현 가능성, 재정적 지원의 원천 등을 판단하기 위한 것이다.

② 과정평가

과정평가는 프로그램을 집행하는 과정에서 이루어지는 평가로서, 기존의 프로그램 목표가 제대로 달성될 수 있도록 프로그램이 실행되고 있는지, 단계별 · 과정별 전략과 하위목표가 적절하게 진행되고 있는지를 판단하는 것이다.

③ 사후평가

사후평가는 프로그램의 실시 후에 당초 목표로 했던 결과나 영향을 평가하는 것이다. 평가에 따라 프로그램을 변경하거나 지속 혹은 종결 여부를 결정하기도 한다.

### (3) 자료수집의 방법에 따른 구분

① 양적평가

양적평가는 평가를 위해서 수집되는 자료가 주로 계량화되어 실험조사와 같은 설계를 통해 객관적 자료가 연역적 방법으로 분석되는 것을 강조하는 평가방법이다.

② 질적평가

질적평가는 자연스러운 상황에서 수량화되지 않는 자료를 수집하여 귀납적으로 자료를 분석하는 데 의미를 두는 조사평가방법이다.

## 4) 프로그램 평가의 기준

### (1) 노력성(effort)

노력성은 프로그램의 수행을 위해 혹은 목표달성을 위해 얼마나 많은 노력을 기울였는가를 평가하는 것이다. 프로그램의 수행 및 목표달성에 필요한 인적·물적자원 등을 기준으로 얼마나 투입하였는가를 보는 것이다. 어떠한 경우에 기관들은 서비스를 제공받은 클라이언트의 수, 프로그램 진행에 소모된 시간 수 등의 투입량을 보기도 한다.

### (2) 효과성(effectiveness)

효과성이란 목표달성의 총량에 기여한 성취 정도를 측정할 때의 산출결과를 말한다. 다시 말해, 효과성 평가는 프로그램이 원래 의도했던 목표를 달성하였는지를 판단하기 위한 것이라 할 수 있다.

### (3) 효율성(efficiency)

효율성은 일반적으로 최소의 자원을 투입하여 최대의 효과를 내는 것을 의미한다. 프로그램의 결과로 이루어진 성과물들이 프로그램에 투입한 자원과 비교하여, 최소비용으로 얼마나 최대의 산출을 얻었는가를 평가하는 것이다.

### (4) 서비스 질(quality)

서비스 질은 사회복지기관이 서비스 목적을 달성하기 위해 필요한 방법과 기술을 얼마나 적절하게 사용하였는가와 관련된 것이다. 이는 사회복지사의 전문성과도 관련된 것이다. 프로그램의 질을 평가함에 있어서 전문성은 클라이언트의 서비스 만족도 조사, 단일 사례분석, 프로그램 운영자들의 교육 수준, 경험 연수, 특정 자격증의 취득 여부 등을 통해 판단할 수 있다.

### (5) 클라이언트의 만족도

클라이언트 만족도는 서비스의 주체가 클라이언트라는 관점에서 서비스의 질을 측정한 것으로 클라이언트가 직접 서비스의 효과성과 질을 평가하는 것과 관련된다. 클라이언트 만족도는 단순히 이용자의 서비스에 대한 만족 여부만 묻는 것이 아니라 불만 및 고충이 무엇이었는지, 그에 대한 해결이 얼마나 되었는지, 어떤 욕구를 가지고 있었는지에 대한 것까지 포함한다.

### (6) 과정(process)

과정은 노력이 산출로 옮겨지는 절차를 말한다. 산출물이 만들어지기 위한 이전 단계로서의 중간 과정이 체계적이고 합리적으로 어떻게 구조화되어 있는지, 그리고 미리 정해진 절차나 규정에 따라 서비스가 제공되는가 등에 초점을 둔다. 이들 과정적인 요소들은 결국 프로그램 효과에 영향을 주기 때문에 현재의 서비스 제공방식 혹은 조직운영방식에 대한 내부 분석적 및 진단적 특성을 갖는다.

### (7) 영향(impact)

이 평가 기준은 주어진 목표에 대해 특정한 성과를 나타내고 있다면, 그것이 원래 의도했던 사회문제의 해결에 어느 정도의 영향을 미쳤는지를 평가하는 것을 말한다. 사회문제들에 관한 지표의 개선에 대해 해당 프로그램이 몇 % 정도 기여했는지를 확인하는 것이다.

# ▪ 참고문헌 ▪

강용규 외(2013),『사회복지행정론』, 공동체.
강종수(2019),『사회복지행정의 이해』, 학지사.
강철희 외(2003),『사회복지행정론』, 박영사.
권육상(2007),『사회복지행정론』, 유풍출판사.
김경우(2007),『사회복지행정론』, 동문사.
김경희(2009),『사회복지행정론』, 청목출판사.
김규정(2002),『행정학원론』, 법문사.
김기태 외(2005),『사회복지행정론』, 대왕사.
김병식 외(2003),『사회복지행정론』, 창지사.
김영종(2003),『복지행정론』, 형설출판사.
김영종(2017),『사회복지행정』, 학지사.
김영호 외(2001),『사회복지 사무관리 실무』, 양서원.
김익균 외(2011),『사회복지행정론』, 정민사.
김치영 · 최용민(2006),『사회복지행징론』, 21세기사.
김형식(2020),『사회복지행정론』, 양서원.
김형식 · 이영철 · 신준섭(2013),『사회복지행정론』, 양서원.
김희성(2009),『사회복지 프로포절 작성법』, 공동체.
남기민 · 최성재(2000),『사회복지행정론』, 나남.
남일재 · 오주 · 문영주(2011),『현대 사회복지행정의 이해』, 정민사.
박경일 외(2010),『사회복지행정론』, 양서원.

박경규(2019),『신인사관리』, 홍문사.
박내희(1996),『조직행동론』, 박영사.
박동서(2005),『한국행정론』, 법문사.
박영국(2008),「사회복지조직 관리자의 리더십이 조직시민행동과 조직유효성에 미치는 영향」, 대구대학교 대학원, 박사학위논문.
박영배(2001),『조직행위론』, 법문사.
박차상(2008),『사회복지행정론』, 양서원.
배은영 외(2012),『사회복지행정론』, 공동체.
변재관 외(2000),『참여형 지역복지 체계론』, 나눔의집.
사회복지공동모금회(2020), '2020 배분사업 안내', 사회복지공동모금회.
서울복지재단(2010), '2010 창의아카데미: 사회복지시설 회계업무 매뉴얼 교육', 서울복지재단.
성규탁(2003),『사회복지행정론』, 법문사.
신복기 외(2019),『사회복지행정론』, 공동체.
신유근(1990),『조직행위론』, 다산출판사.
안해균(1982),『현대정치학』, 다산출판사.
오석홍(2016),『행정학』, 박영사.
오석홍(2020),『조직이론』, 박영사.
오세영(2018),『사회복지행정론』, 신정.
우수명(2007),『TP사회복지 Program 개발과 평가』, 인간과 복지.
우종모 외(2004),『사회복지행정론』, 양서원.
유종해(2015),『현대행정학』, 박영사.
이동규(2006),『사회복지법인의 경영과 회계』, 집문당.
이봉주 외(2012),『사회복지행정론』, 나남.
이상구 외(2009),『사회복지행정론』, 학현사.
이창원 외(2004),『정보사회와 현대조직』, 박영사.
이한검(2001),『인간행동론』, 형설출판사.
이현주 외(2002), "지역사회복지협의체 시범사업 평가와 모형 개발", 한국보건사회연구원.
임창희(2007),『조직행동』, 학현사.
장신재(2005),『사회복지행정론-사회복지기관 행정을 중심으로』, 나눔의집.
장인협 · 이정호(2006),『사회복지행정론』, 서울대학교 출판부.
지은구(2005),『사회복지행정론』, 청목출판사.
최성재 · 남기민(2016),『사회복지행정론』, 나남.

한국사회복지행정학회(2003),『한국의 사회복지행정』, 학현사.
허만형(2005),『사회복지행정론』, 법문사.
홍봉수 외(2016),『사회복지행정론』, 공동체.
황성철 외(2009),『사회복지행정론』, 학현사.
황성철(2005),『사회복지프로그램 개발과 평가』, 공동체.

Austin, M. J.(1981) Supervisory Management for the Human Service, Englewood Cliffs, NJ: Prentice-Hall.

Gilbert, N. & Specht, H.(1986) Dimensions of Social Welfare Policy, Englewood Cliffs, NJ: Prentice-Hall.

Hansenfeld, Y.(1983) Human Service Organization, Englewood Cliffs, NJ: Prentice-Hall.

Hansenfeld, Y.(1992) Human Services as Complex Organization, Newbury Park, London: Sage.

Patti, R. J.(1983) Social Welfare Administration: managing social program in development context, Englewood Cliffs, NJ: Prentice-Hall.

Redfield(1958) Communication in Management, Chicago: University of Chicago.

Schmidt, S. M. and Kochan, T. A.(1972) "Conflict Toward Conceptual Clarity", Administrative Science Quarterly. 17.

Skidmore, R. A.(1990) Social Work Administration: Dynamic Management and Human Relationships, Englewood Cliffs, NJ: Prentice-Hall.

Skidmore, R. A.(1995) Social Work Administration, Needham heightgs, MA: Allyn & Bacon.

Trecker, H. B.(1977) Social Work Administration: Principles and Practices, NY: Association Press.

York, R. O.(1983) Human Service Planning: Concepts, Tools & Methods, Chapel Hill: The University of North Carolina Press.

# ■ 찾아보기 ■

## 인명

## 내 용

### ㄹ



### ㅁ



### ㅂ

ㅇ

## 저자 소개

**신창식**(辛昌植) csshin@dju.kr
숭실대학교 사회사업학과 졸업(학사)
숭실대학교 대학원 사회사업학과 졸업(석사)
영국 The University of Nottingham 대학원 사회복지학과 졸업(박사)
현재 대전대학교 사회복지학과 교수

〈저서 및 논문〉

지역사회정신보건정책 및 서비스(도서출판 다운샘, 2007)
사회복지학개론(공동체, 2007)
현대사회문제와 사회복지(학지사, 2010)
사회복지법제론(교육과학사, 2012) 외 저서 및 논문 다수

(2판)
# 사회복지행정론

2013년 7월 15일 1판 1쇄 발행
2021년 8월 25일 2판 1쇄 인쇄
2021년 8월 30일 2판 1쇄 발행

저 자 • 신창식
발행자 • 한정주
발행처 • 교육과학사

경기도 파주시 광인사길 71
전화 • 031)955-6956~8 / 팩스 031)955-6037
Home-page • http://www.kyoyookbook.co.kr
E-mail • kyoyook@chol.com
등록 • 1970년 5월 18일 제2-73호

정가 20,000원

ISBN 978-89-254-1619-9

낙장 · 파본은 교환해 드립니다.
Printed in Korea.
저자와의 협의하에 인지를 생략합니다.